产业结构调整中的财政金融支持体系建设

CHANYEJIEGOU TIAOZHENGZHONG DE CAIZHENGJINRONG ZHICHITIXI JIANSHE

李友元◎著

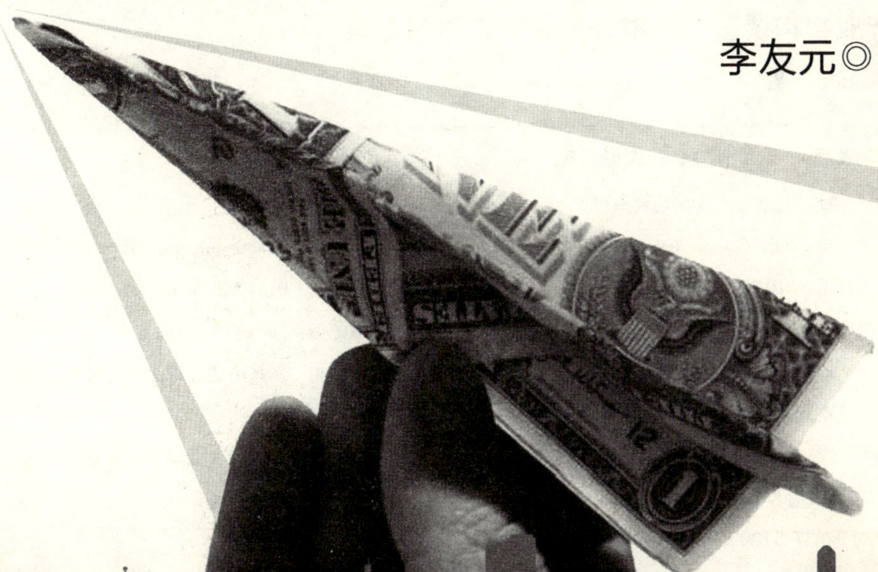

知识产权出版社
全国百佳图书出版单位

内容提要

本书的目的主要是探讨产业结构调整中政府政策支持体系的建设问题，讨论对象侧重于财政金融政策支持体系。本书对产业结构调整的基本理论以及政府在其中的职能定位作了较完整的梳理，在此基础上，对财政金融体系在产业结构调整中的功能、作用路径、政策取向、外部保障以及政策体系的构建进行了全面的探讨。财政政策是政府实施既定的产业调整战略的最主要的政策手段，其政策体系包括支出政策、税收政策、财政信用政策，本书的侧重点放在微观的激励性政策的讨论上。本书分别讨论了银行主导型的金融体系、资本市场主导性的金融体系以及银行业结构对产业结构调整的金融支持问题，对我国产业结构调整的金融支持模式进行了专门的讨论。本书对风险投资体系和政府担保体系也分别作了专章讨论。

责任编辑：兰涛

图书在版编目（CIP）数据

产业结构调整中的财政金融支持体系建设/李友元著.
—北京：知识产权出版社，2012.1
ISBN 978-7-5130-0857-0

Ⅰ.①产… Ⅱ.①李… Ⅲ.①产业结构调整—金融支持—对比研究—世界 Ⅳ.①F113.1②F831.0

中国版本图书馆CIP数据核字（2011）第200047号

产业结构调整中的财政金融支持体系建设

李友元 著

出版发行：知识产权出版社

社 址：北京市海淀区马甸南村1号　　邮 编：100088
网 址：http://www.ipph.cn　　邮 箱：bjb@cnipr.com
发行电话：010-82000860 转 8101/8102　　传 真：010-82000860 转 8240
责编电话：010-82000860 转 8325　　责编邮箱：lantao@cnipr.com
印 刷：保定市中画美凯印刷有限公司　　经 销：新华书店及相关销售网点
开 本：787mm×1092mm 1/16　　印 张：15.5
版 次：2012年1月第1版　　印 次：2012年1月第1次印刷
字 数：206千字　　定 价：45.00元

ISBN 978-7-5130-0857-0/F·463(3753)

目　录

前　言

一、问题的提出

加快经济发展方式的转变，推进经济结构战略性调整是关系我国经济发展全局的重大命题。2007 年，中国共产党第十七大报告指出，实现未来经济发展目标“关键要在加快转变经济发展方式，完善社会主义市场经济体制方面取得重大进展”，“加快转变经济发展方式，推动产业结构优化升级”。2010 年中国共产党十七届五中全会通过《中共中央关于制定国民经济和社会发展第十二个五年规划的建议》，明确提出制定“十二五”规划纲要的主题是科学发展，主线是加快转变经济发展方式。

经济发展方式是指一国或地区实现经济增长、经济结构优化和经济质量提高的方式和模式。加快转变经济发展方式，关键在于促进经济增长由主要依靠投资、出口拉动向依靠消费、投资、出口协调拉动转变，由主要依靠第二产业带动向依靠第一、第二、第三产业协同带动转变，由主要依靠增加物质资源消耗向主要依靠科技创新、科技进步转变。推动产业结构调整，优化产业结构，增强产业发展的协调性，直接关系到经济增长的速度和质量，是加快经济发展方式转变的重要途径和主要内容。

改革开放 30 多年来，我国经济在追求高增长、低通胀的宏观目标指引下取得了令人瞩目的成绩，经济结构和投资结构确实发生了巨大的变化，从一个农业产业为主的落后国家成长为初步工业化的国家，综合国力迅速增强。特别是自20世纪90年代以来我国以高新技术为核心的电子及通信产品制造业、邮电通信业、石油化学工业、医药制造业，以生产服务为核心的第三产业得到了快速发展，对于我国经济增长质量的提高起到了积极的作用。然而，同时我们也不得不承认中国经济在发展中始终受到结构制约的困扰，经济增长主要依靠投资拉动，消费需求的格局没有实质性改观。一方面，传统产业尤其是高能耗高污染的产业在国家的产业结构中仍然占据主导地位，高技术产业比重较低，农业基础薄弱，服务业尤其是生产性服务业发展相对滞后。在工业内部，工业经济增长点单一，部分行业产能过剩的矛盾凸显。近年来急剧的工业化发展也给社会带来了资源极度浪费、环境严重污染等问题。从资源的使用来看，我国许多重要资源严重短缺。据有关资料统计，我国人均土地、人均水资源分别只有世界人均水平的35.9%、25%，石油等资源的人均水平更低。而资源的消耗量则随着经济的持续快速增长和经济总量的扩大越来越大，2009年达到29.1亿吨标准煤。石油、铁矿石等资源对进口的依赖性也越来越大。与此同时，我国资源和资源性产品的价格长期偏低，没有充分反映资源的稀缺程度，也没有包括资源开采利用对环境损害的补偿成本，导致资源利用率低，浪费严重。经济增长和资源环境的矛盾更加突出，资源环境的承载能力已达到或接近极限。

从世界经济发展的格局来看，一方面，当今世界共同面临着能源资源紧缺、气候变化、生态环境保护、国家经济安全等重大挑战，围绕着市场、资源、技术、人才、标准等的竞争更加激烈。另一方面，一些重要科技领域显现出革命性突破的先兆，新技术革命和产业革命初现端倪，科技创新已成为国际经济与产业竞争的核心与关键。未来国家之间的经济竞争在于对先进技术的掌握及其产业化，在于自主创新能力的大幅度提高，在于对国家发展有战略意义的先导产业或企业的大规模出现。历史的经验表明，谁能抓住机遇，在科技创新方面占据优势，并主动转变经济发展方式，调整产业结构，谁就能掌握经济发展的主动权。第二次世界大战后，日本利用模拟技术，调整产业结构，赢得了持续几十年的经济快速增长，一跃成为世界经济大国。20 世纪 90 年代，美国抓住信息革命的机遇，建立起以信息产业为主体的后现代工业产业体系，成功实现了由现代工业向后现代工业的产业结构巨变，从而实现了将近 10 年（118 个月）的持续经济繁荣。反观我国的产业，总体上处于国际分工的中低端，科技创新能力不强，能源资源和关键核心技术对外的依赖程度过大，劳动力资源结构性短缺。这些都决定了传统的经济发展方式难以为继，产业结构调整升级迫在眉睫。特别是 2008 年国际金融危机之后，各国都在寻求产业转型和升级之路，抢占经济发展的制高点。相比较而言，中国所面临的产业转型和升级的任务就更为沉重了。中国经济要实现可持续发展，要在国际竞争中占有一席之地，就必须在推动产业结构转型升级、发展和培育新兴产业，完善现代产业体系，全面提升产业技术水平方面取得突破。

产业结构升级势在必行，但由于我国市场机制还不尽完善，使单纯依赖市场很难在短时间内实现产业结构的升级，只有在正确处理各种利益关系的前提下，把产业结构的市场调节和政府调节、引导、控制有机地结合起来，在充分发挥市场机制配置资源的基础性作用的同时，不断完善政府政策体系，提高其及时性和有效性，使两种调节优势互补，各有侧重，才能使产业结构的演进和调整朝着预期的方向和目标发展。

当前，我国从中央到地方各级政府都纷纷把产业结构调整作为转变经济发展方式的主要目标，并制定产业发展规划及相应的配套政策。但关键是如何去促进产业结构的调整？产业结构调整的主体到底是谁？政府在产业结构调整中应发挥什么作用？政府作用的方式是什么？应采取什么样的政策措施，各政策措施之间如何进行组合、配套才能有效地推动或促进产业结构的调整？这些都值得我们进行深入的研究。

二、几个基本概念的界定

（一）经济发展与经济增长

经济发展是一个国家或地区随着产出增长而出现在经济、社会、政治多方面的变化，是一个从传统经济向现代经济、从不发达状态向发达状态、从低级的经济形态向高级的经济形态转变的过程。其特征主要表现在几个方面：经济总量的大幅度增长、全要素生产率的大幅度提高、产业结构的急剧变革、社会结构和意识形态的迅速改变。所以，经济发展不仅表现为经济增长速度的加快和总产出数量的增加上，还表现在质量的提高和经济结构的优化上，包括：投入结构的变化、产出结构的变化（主要表现为产业结构的变化）、居民生活水平的提高、分配状况的改善。所以，经济发展是一个全面的概念，不单纯是经济指标的衡量，而且是社会进步目标的实现。

经济增长是一个偏重于数量的概念，表明的是生产速度和产出的增长，通常用GDP来衡量。经济增长是经济发展的基础，但经济增长并不同时意味着经济发展，因为GDP并不能反映经济结构，即使GDP有较快发展速度，也未必有好的经济增长质量。但是，经济增长与经济结构的优化并不是完全脱节的，他们之间存在互动的关系。经济增长取决于各种资源，如劳动力、资本、技术以及土地等自然资源的动员及有效配置，而产业结构的变动代表着资源从生产率低的部门向生产率高的部门流动，从而使资源得到更有效、更合理的配置。现代经济增长本质上是一个产业结构不断转换的连锁演变过程，一定的经济增长阶段与一定的产业结构相对应。

经济增长方式通常是指决定经济增长的各种生产要素的组合方式以及生产要素组合在经济增长中的效应。经济增长方式可以从一个角度说明经济增长的来源，亦有人称之为“经济增长模式”。经济增长方式可以从不同的角度进行划分。马克思主义经济学按照生产规模扩大实现的方式，把经济增长方式归结为内涵的增长和外延的增长。按照马克思的观点，外延增长主要通过增加生产要素的投入来实现生产规模的扩大和经济的增长，而内涵增长主要通过技术进步和科学管理来提高生产要素的质量和使用效益从而实现生产规模的扩大和生产水平的提高。现代经济学从经营的角度将经济增长的方式分为粗放型经济增长和集约型经济增长。粗放型经济增长方式是指主要依靠增加资金、资源的投入来增加产品的数量，推动经济增长的方式。这种增长方式实质上是以数量的增长速度为核心。集约型经济增长方式指依靠生产要素的优化组合，通过提高生产要素的质量和使用效率，通过技术进步、提高劳动者素质、提高资金、设备、原材料的利用率而实现经济的增长。这种经济增长方式的实质是以提高经济增长质量和经济效益为核心的。

两种经济增长方式的划分实际上存在相通之处。粗放型经济增长方式是在生产要素质量、结构、使用效率和技术水平不变的情况下，依靠生产要素的大量投入和扩张实现经济增长的。这种经济增长方式可以和外延式的经济增长相联系。集约型经济增长方式是在生产规模不变的基础上，采用新技术、新工艺，改进机器设备、加大科技含量的方式来增加产出，所以，这种经济增长方式可以与内涵式增长方式相对应。

经济发展方式是指一国或地区实现经济增长、经济结构优化和经济质量提高的方式和模式。经济发展方式的转变，就是经济增长由粗放型到集约型，经济结构由低级向高级转变，从而实现经济的全面、协调、可持续发展。由于经济增长与产业结构的优化存在内在的联系，所以，加快产业结构的调整，成为促进经济发展方式转变的当务之急。

（二）产业、产业结构和产业结构调整

产业是指生产某种同一属性商品或劳务的企业的集合，也是国民经济

部门根据一定的标准进行的划分。产业的内涵是随着社会生产力发展和社会分工的发展而逐步完善发展的。最初的产业专指工业部门，英语 Industry 狭义的含义是指工业，广义的含义指产业。到了近现代，随着社会生产力的进一步发展，社会分工更加明确，工业、农业、商业、交通运输业、建筑业等均有了相当规模的发展，特别是服务业得到了极大发展，产业的内涵和外延都得到了扩展。现在所指的产业活动，不仅包括了生产领域、流通领域，而且把所有为生产、生活服务的活动都纳入了产业的范围，扩展到了服务部门、文化教育部门以及公共行政事务部门的活动。

产业可以从不同角度进行分类：按国民经济的部门划分，可以分为工业、农业、交通运输业、建筑业、商业、服务业等，在工业内部中又可以分为加工工业和基础工业、轻工业和重工业等；按生产要素的密集程度划分，可以分为劳动密集型产业、资本密集型产业、知识技术密集型产业；按照产业的技术先进程度，可以划分为传统产业和高新技术产业；按照在经济发展中的地位重要性，可分为新兴产业、主导产业、支柱产业；等等。

从国民经济核算的角度，现在国际上通行的产业分类是三分法，即把社会经济部门划分为三次产业：第一产业（农业和采掘业）、第二产业（制造业）和第三产业（服务业）。三次产业作为一个经济概念是由英籍新西兰澳塔哥大学教授费希尔（Allan G. B. Fisher）在 1935 年首次提出。英籍澳大利亚经济学家克拉克（Colin G. Clark）在 1940 年出版的《经济进步的条件》一书中广泛运用了“三次产业”的思想，并对三次产业分类法进行了系统总结和归纳，“产业三分法”得以确立。由此，克拉克也被视为三次产业划分法的首创者之一。第二次世界大战后，第三产业在各国得到快速发展，三次产业划分法由此在各国得到普遍采用。我国在 20 世纪 80 年代中期开始采用三次产业划分法。根据国家统计局 2003 年发布的《三次产业划分规定》，第一产业是指农、林、牧、渔业。第二产业包括采矿业；制造业；电力、燃气及水的生产和供应业；建筑业。第三产业指除了第一产业、第二产业以外的其他产业，具体包括：交通运输、仓储和邮政业；信息传输、计算机服务和软件业；批发和零售业；住宿和餐饮业；金融业；房地产业；科学研究、技术服务和地质勘查业；水利、环境和公共设施管理业；居民服务和其他服务业；教育；卫生、社会保障和社会福利业；文化、体育和娱乐业；公共管理和社会组织；国际组织。这种划分，已经把产业的内涵和外延扩展到了政府和第三方组织提供的所有公共行政事务活动的范围。

产业结构这一概念的应用始于20世纪40年代，在其发展过程中，该概念的意义和用法出现许多不同角度的认识。它可以是指各产业部门之间的相互联结关系，既用来解释各产业间的关系结构，也用来解释产业内部的企业间的关系结构。它也可以是指国家或地区所拥有的劳动力、资本、技术、自然资源等要素资源在各产业间的分配与比例构成。现在一般认为，产业结构主要是指国民经济中产业的构成及其相互关系，包括质的联系和量的比例。产业结构的质的方面主要是指产业结构由哪些部门、行业构成，其组合方式、技术基础如何，存在哪些本质的联系；量的方面，就是各产业部门在社会生产总量中所占的份额。广义的产业结构还包括产业内部的企业间的关系结构以及产业在空间上的分布。从研究方法看，产业结构又可以分为静态的研究和动态的研究。静态的研究是分析一国或地区一定时期各产业间的技术经济数量比例关系，从而形成产业关联理论。动态的研究是研究不同产业间技术经济联系及联系方式的发展变化方式，从而揭示国民经济各产业部门中起主导或支配地位的产业部门不断替代的规律及其相应的社会经济效率。

一个国家或地区的产业结构状况，是多种因素综合作用的结果，反映一个国家或地区的资源配置的状况和经济发展水平。

产业结构的调整是指产业结构向高级化、合理化发展的变动过程。产业结构的高级化是指产业结构从低度水准向高度水准的发展升级过程，是对原有产业结构的扬弃。产业结构的合理化是指在产业结构转型和升级过程中，产业之间协调能力加强和关联水平的提高过程。从理论上讲，经济增长是在各产业协调发展基础上进行的，产业之间保持一定的协调平衡关系是经济增长的基本条件。

从调整的方式看，产业结构调整可以分为自我调整和非自我的调整。自我调整是指产业结构随着价格、供给与需求等因素的变化而进行的常规性的调整，这是一种市场性的调整。非自我的调整是一种对产业结构的升级和协调进行的人为的推动，主要是以政府为主来进行的，指政府通过对产业结构演变规律的认识，在尊重市场原则的基础上，通过各种政策措施，加快产业技术进步，推动产业结构高度化，协调产业间的平衡、协调发展。就总体趋势而言，随着一个国家或地区的经济发展，技术进步的速度和频率不断加快，人均收入的增加，资源配置状况发生变化，新产业不断涌现，产业结构会发生相应的转换和升级，由劳动密集型产业向资本密集型产业，再向知识技术密集型产业顺次转换；由传统产业向新兴产业，再向新兴和传统相结合产业转换；由低附加值产业向高附加值产业转换。在产业结构转型和升级过程中，还伴随着产业之间协调能力加强和关联水平的提高问题，包括产业之间的相对地位是否协调、产业间关联方式是否协调、产业结构与社会需求（供给）的结构是否协调等。在市场经济条件下，投资决策是由企业根据市场的需求及价格信号做出的，由于市场的失效问题，企业或产业的技术进步程度和速度的不均等，产业结构的升级与一国或地区社会经济发展需要和发展目标并不能保持一致的步伐，各产业的发展不会按其地位、作用自动到位，如经济增长中主导产业、支柱产业的发展问题，经济发展中的基础产业发展问题以及第一、第二、第三产业的协调发展问题等，需要政府介入进行必要的调整。

从内容层次上，产业结构的调整包括两个层次的内容：一是存量结构的调整，指一国或地区既定产业结构的重新整合，一般包括了各种资源在产业间的重新组合以及产业所占比重的重新调整。从其发生的原因看，它既可能是随着供求结构、相对价格等内生因素发生变动而进行的常规性的、自我的调整，也可能是政府根据一定时期的经济发展目标，对产业结构失衡做出的积极的适应性反应。二是增量结构调整，指一国或地区的产业结构根据本国或本地区客观经济条件和经济环境而进行的调整，实现产业的升级换代，是在一定存量结构基础上发生的资源增量及其变动幅度、速度和方向的调整和控制，在这一过程中，一般伴随着产业的外延化扩展，新产业的出现以及产业的多元化。

三、本书的研究思路和框架

政府在产业结构调整中的作用可以涉及多个层面。从作用空间看，从宏观经济稳定、要素价格体系的合理化、产业发展规划的制定，到市场的培育、劳动力素质提高、创新体系的建设等，政府都可以有所作为，以促进产业结构的升级调整。从作用的对象看，政府出台的有关产业调整方面的政策既可以针对一般的市场环境，也可以是针对具体的行业（企业）、具体的经济活动。从政府的政策体系看，在产业结构调整方面可使用的政策有产业政策、金融政策、财政政策。本书的目的主要探讨产业结构调整中政府政策支持体系的建设问题，讨论对象侧重于财政、金融政策支持体系，并主要侧重于激励性的政策。对政府有关宏观经济环境方面政策、产业（规划）政策不作过多阐述，同时，在讨论中，对财政、金融政策涉及的一些基本原理以及政策效应也不作深入阐述和分析。

本书共分五章，各章内容简介如下：

第一章为“经济发展、产业结构调整与政府”。该章实际上带有导论的性质，对产业结构调整的基本理论以及政府在其中的职能定位作较完整的梳理。在本章中，主要阐述了经济发展中产业结构演进的一般规律、经济增长和产业结构变动的相互关系、影响产业结构变动的主要因素以及产业结构发展的趋势，在此基础上，对产业结构调整中政府介入的必要性从理论上和不同国家产业升级特点两个方面进行了论证，进而讨论了政府干预的范围、干预的度的界定和干预的方式。

第二章为“产业结构调整中的财政支持体系”。本章主要讨论产业结构调整中财政支持的政策取向、作用路径、外部保障以及财政支持的政策体系的构建。在政策体系的讨论中，侧重点放在微观的激励性政策的讨论上，如激励性支出政策、激励性税收政策、激励性的财政信用政策。但是，对于属于支出政策范围的财政科技支出、教育支出除了在第一节财政支持政策的作用路径中有所讨论外，在政策体系的讨论中就不再展开，主要原因是作者认为，尽管这些支出对产业结构升级所必须的技术创新和技术进步、人力资本的供给有重要的作用，但它毕竟是政府作为公共物品和服务的提供者所承担的一般职责。而对于政府采购政策、税收政策则考虑到内容较多，出于结构平衡的需要，在本章中分别作专门一节分析和讨论。

第三章为“产业结构调整中的金融支持体系”。本章全面地阐述了金融体系（商业性金融、政策性金融）在产业结构调整中的功能和作用，在此基础上从金融体系结构的角度分别讨论了银行主导型的金融体系、资本市场主导型的金融体系以及银行业结构对产业结构调整的金融支持问题。最后，对我国产业结构调整的金融支持模式进行了专门的讨论。

第四章为“高新技术产业发展与金融支持”。本章是在第三章的基础上单独对高新技术产业的金融支持问题所作的专门讨论。在内容安排上，是从高新技术产业资金需求特点出发，探讨风险投资体系的建设及其对高新技术企业发展的作用，进而到政府对风险投资的支持体系，再到我国风险投资体系的建设和完善。这一章实际上是上一章内容的延伸，但内容又不限于金融问题，还包含了政府对风险投资体系支持的财政政策，如财政资金对风险投资体系的直接和间接支持、税收对风险投资的激励。

第五章为“产业结构调整中财政金融支持的共振点”。这一章专门分析产业结构调整中的政府担保问题。政府担保在第二章和第四章都有所涉及，但由于政府担保有其本身的理论体系和运行规律，所以，在前面两章的基础上又作专章讨论。这一章主要讨论产业结构调整中政府担保的作用机制、我国的政府担保体系及运行、完善我国政府担保体系的建议。

最后要说的是，在上面各章的分析、讨论中，也不同程度地涉及了对一些国家和地区产业结构调整的财政金融政策的经验比较，以作为我国完善产业结构调整的财政金融支持体系建设的借鉴。

第一章　经济发展、产业结构调整与政府

第一节　产业结构演进的一般规律

一、经济发展中产业结构演进的一般规律

经济发展是一个国家或地区随着产出增长而出现在经济、社会、政治多方面的变化，是一个从传统经济向现代经济、从不发达状态向发达状态、从低级的经济形态向高级的经济形态转变的过程。其特征主要表现在几个方面：经济总量的大幅度增长、全要素生产率的大幅度提高、产业结构的急剧变革、社会结构和意识形态的迅速改变。所以，经济发展不仅表现为经济增长速度的加快和总产出数量的增加上，还表现在质量的提高和经济结构的优化上。经济发展的过程不仅包括经济增长中经济总量的扩张过程，而且包括经济进步中创新能力的提高过程和产业结构的变动过程。当代的经济发展尤其强调经济增长与社会、生态的协调以及产业结构的调整和升级，特别是经济增长与产业结构变化之间的对应关系。世界各国经济发展的历史也证实了经济总量增长与产业结构之间必然是同步相对应的。

最早注意到经济总量增长与结构变动之间存在关联的是英国经济学家威廉·配弟（William Petty）。配弟早在17世纪就曾经设想在经济发展中，产业人口将从农业转向工业，再从工业转向商业，因为“工业收益比农业多得多，而商业的收益又比工业多得多”。[1] 配弟还指出，由于当时的荷兰大部分人口都从事制造业和商业，因此，荷兰的收入要大大高于欧洲的其他国家。[2] 18世纪中叶后，工业部门在第一次、第二次产业革命推动下突飞猛进，服务部门也有较大发展，大量劳动力和资本不仅继续流入第二产业，而且更多地流入商业和物流、教育和科研、文化艺术、旅游和娱乐、卫生保健以及政府的公共服务等服务业，威廉·配弟的这一猜想成为现实。到了20世纪初期，先行工业化国家的服务业（包括一般服务和政府的公共服务）无论在就业方面还是增加值方面都超过了工业，成为国民经济中比重最大的产业。在20世纪30年代大危机时期，工业部门衰退，从统计上更体现出服务部门在经济中的明显优势。

但是，三次产业作为一个经济概念是由英籍新西兰经济学家费希尔（A. G. Fischer）于20世纪30年代提出的。费希尔以统计数字为依据，首次提出了三次产业的划分方法，即将产业划分为第一产业（农业和采掘业）、第二产业（制造业）和第三产业（服务业）。英籍澳大利亚经济学家克拉克（Coling S. Clark）接踵而至，从效率和需求因素出发，提出了经济发展和产业结构之间的相对应关系。克拉克1940年在《经济进步的条件》一书中，就经济发展中就业人口在三次产业中的分布结构，探讨了经济发展中产业结构发展的趋势。克拉克通过对40多个国家不同时期三次产业的劳动投入和总产出资料的整理与比较，指出随着全社会人均国民收入水平的提高，劳动力首先由第一次产业向第二次产业转移。当人均国民

[1] William Petty. Political Arithmetic［M］. 陈东野译. 北京：商务印书馆，1928.

[2] 当时正值工业化前期，商业以地理大发现为契机而成其鼎盛，而荷兰作为“海上马车夫”也通过海上贸易在欧洲确立起经济上的绝对优势。所以，配弟的观点带明显的重商主义的色彩。

收入水平进一步提高时，劳动力便向第三次产业转移。克拉克认为，劳动力从第一次产业转向第二、第三次产业的原因是由经济发展中各产业间出现收入的相对差异造成的。[1] 克拉克的理论有三个重要前提：第一，在探讨产业结构演变规律时，是以若干国家在时间的推移中发生的变化为依据的。这种时间系列意味着经济发展是和不断提高着的人均国民收入水平相对应的。第二，在分析产业结构演变时，是使用劳动力这一指标考察在经济发展过程中，劳动力在各产业中的分布状况将发生的变化。第三，对产业结构的研究是以三次产业分类法为基本框架的。克拉克的这三个前提，使他的研究理论很难得以进一步的深入。

美国经济学家西蒙·库兹涅茨（Simon Kuznets）在继承克拉克研究成果的基础上，从劳动力结构和部门产值结构方面对人均产值与结构变动的关系作了更为彻底的考察，揭示了产业结构变动的总方向，并在深化产业结构演变的诱因分析方面取得了突出成就。[2] 1971 年，库兹涅茨在其著作《各国经济增长》中，将全球 57 个国家和地区按各自在 1958 年的人均 GDP 水平划分为 8 个组别，分别考察其产业结构。根据 1958 年这个时间断面的不同国家和地区处于不同的发展阶段，以及它们的产业结构的不同特征，得出了产值的高增长率与结构高变换率相关联的结论。库兹涅茨还分析了结构变动在不同总量增长时点上的状态，在分析中，他将产业结构重新划分为“农业部门”、“工业部门”和“服务部门”。

在克拉克和库兹涅茨研究成果的基础上，钱纳里（Hollis B. Chenery）对产业结构的演进作了进一步研究，把研究范围进一步拓展到低收入的发展中国家，即第二次世界大战后以工业化为主线的发展中国家。在研究方法上，除了统计归纳法外，还采用了经济计量模型的分析方法，在结合各

[1] 克拉克认为自己的发现只不过印证了威廉·配弟的观点，后人也将配弟与克拉克的观点并称为“配弟—克拉克”定理。

[2] 库兹涅茨擅长国化经济统计，特别是国民收入统计，在西方有“GDP 之父”的美名。1971 年，由于他在研究产业结构理论方面的成就，获得诺贝尔经济学奖。

国经济发展与结构变动的不同特点的基础上，得出了一些规律性的典型事实与结论，从而大大深化了对产业结构及其一般趋势的认识。

世界经济的发展验证了克拉克、库兹涅茨等人的研究，即随着经济发展，人均收入水平提高，第一产业相对地位下降（产值比重和就业比重都下降），第二产业和第三产业相对地位上升。而20世纪特别是第二次世界大战以后，发达国家产业结构变动速度加快，一个显著的特征就是第一产业和第二产业的产值比重一直在下降，第三产业的产值比重一直在上升。20世纪70年代以后，各国产业结构出现了以服务部门比重急剧上升为特征的新变化，而服务业内部，比重上升最快的是与现代经济发展联系最紧密的金融、保险、咨询、不动产、技术服务等行业，传统的第三产业如商业、餐饮业等则是呈下降趋势。产业结构演变的趋势为克拉克、库兹涅茨等人的论断提供了现实的证明。

二、经济增长与产业结构变化的关系

在经济发展的过程中，经济总量的规模扩大与产业结构的调整与演变，是一个过程的两个方面。离开了结构的分析，人们难以解释经济总量增长的原因。传统的经济增长的原因，认为经济增长是在竞争均衡的假设下，资本积累、劳动力增加和技术变化长期作用的结果。现代经济理论则在经济增长模型的基础上加入了结构状况和变动对经济增长的影响的研究，从而得出经济结构状况和变动对经济增长的影响至关重要的结论。正如诺思所说，经济结构转变不是经济增长的表现，就是经济增长本身。

就经济增长与产业结构变动两者之间的关系而言，产业结构是以往经济增长的结果和未来经济增长的基础，所以，经济增长和产业结构变动是互为因果，相互依赖的。

1. 经济增长引起产业结构的变动

在经济发展的过程中，当经济增长到一定程度，人均收入发生显著变化，带来一系列经济因素的变化。首先，人均收入增加，使消费需求结构发生变化，而消费需求变动又会直接拉动产业结构的变动。其次，人均收入上升到一定程度，也会引起供给环境和供给因素的变化，从而对产业结构的变化发生影响。库兹涅茨的研究也论证了这一点。库兹涅茨发现“现代经济增长”是名副其实的“现代现象”，并识别出现代经济增长的多个基本特征，其中包括经济结构变化快速。库兹涅茨认为，经济增长因素主要是知识存量的增加、劳动生产力的提高和结构方面的变化。但在总量增长和经济结构变动的关系中，首要问题是总量增长，只有总量的高增长率，才能导致经济结构的高变换率，他认为，在一定的条件下按人口平均的产值增长率越高，消费者需求的结构改变也越大，而需求结构的高变化率拉动生产结构的高转换率。[1]

2. 产业结构变化是经济增长的重要因素

经济增长在一定程度上取决于产业结构的状态。首先，经济增长主要取决于各种资源，如劳动力、资金、技术等的动员及有效配置，而产业结构的变动代表着资源从生产率低的部门向生产率高的部门流动能够使资源得到更有效、合理的配置。其次，主导产业的更替是经济增长的主导力量。现代经济增长实质上是部门增长的过程。经济增长总是先由某一产业部门率先采用先进技术开始的。发展经济学的代表人物罗斯托（W. W. Rostow）认为经济增长是主导部门依次更替的结果，它根植于现代技术所提供的生产函数的累积和扩散之中。这些发生在技术和组织的变化只能从部门的角度加以研究。[2] 罗斯托认为：（1）新技术的吸收本来就是一个部门的过程，按罗斯托说法，技术创新是具体的，它总是与某一特定部门中的经济问题相联系。所以，吸收新技术并不是出现在通常所说的

---

[1] 西蒙·库兹涅茨（1923）. 现代经济的增长：发现和反映［M］//现代国外经济学论文选第2辑. 北京：商务印书馆，1981：21.

[2] W. W. 罗斯托. 从起飞进入维护增长的经济学［M］. 成都：四川人民出版社，1998：5－7.

国民生产总值或投资这样的指数抽象物中，也不出现于农业、工业或服务业这类指数抽象物中，因此，技术创新能否出现和是否可行，是由特定部门广泛的关系及其特点决定的。引进新的重要技术或创新于某个部门之中，是一个与其他部门以及整个部门的运转相联系的纵横交错的复杂过程。(2）经济增长是由主导部门依次更替的结果。一个或几个新的制造业部门的迅速增长，是经济转变的强有力的核心动力。这些具有新的生产函数的主导部门会发出各种扩散效应，从而使经济增长产生飞跃。罗斯托认为，在新旧主导产业部门的消退和继起过程中，“增长的完整行列就不再仅仅是总量的变动了，它完成了在一连串的部门中高潮的继起并依次关联于主导部门的序列，而这也标志着现代经济史的历程”。❶

在罗斯托的研究中，他采取了非均衡动态结构的演进分析法，论证了经济增长并不是脱离产业结构而单独发生的经济过程，恰恰是产业结构不断变化而促使其功能不断提高的结果。❷ 罗斯托把经济增长划分为不同的阶段，并把产业结构状态作为经济增长阶段的重要标志。

钱纳里是把经济增长过程看作国民经济结构的一组变化，认为这组变化与国民收入水平的增长有密切的关系。钱纳里使用库兹涅茨的统计归纳方法进行了广泛分析，他在对101个国家结构转变和影响结构变化的多种因素的深入、全面分析的基础上，构造了反映结构转换的主要变量典型关系的“发展模式”，以更加深入地研究现代经济发展中总量增长与结构变动的联系。“发展模式”的核心思想包括：(1）经济结构转变同经济增长之间具有密切相关关系，这不仅表现为不同的收入水平上经济结构的不同，而且表现为经济结构的转变，特别是非均衡条件下的结构转变。(2）工业化是经济结构转变的重要阶段。(3）工业化（经济结构）的转变取决于两类主要因素的演化：总需求的水平和要素供给的结构。为了将分析的结

❶ W. W. 罗斯托. 从起飞进入维护增长的经济学［M］. 成都：四川人民出版社，1988：7.

❷ 潘强恩，马传景. 经济结构与经济增长［M］. 北京：经济科学出版社，1998：33－34.

果更广泛地适用于各国和各种经济过程，钱纳里进一步使用了几个基本的回归方程对“发展模式”的复合，得出一个具有一般意义的“标准结构”。根据“标准结构”的描述性结论，结构变化的75%～80%发生于人均GDP在100～1 000美元发展区间，其中最重要的积累过程和资源配置过程都发生显著的、深刻的变化。结构的改善往往伴随资源配量效率的提高，由此促进经济总量的增长。

新剑桥学派学者柏西内蒂把经济系统视为一系列“纵向联合的部门”之和。在这样的系统中，经济增长有三种情况：一是经济增长由人口增长所引起，不存在技术改进；二是由人口增长和技术进步共同引起；三是由结构变化引起。他认为在第三种情况下，由于不同部门之间的生产率提高速度与需求扩张程度是不同的，由此发生资本和劳动在不同部门之间的转移。所以，经济系统的构成既要根据产量，又要依据就业和生产能力而不断变化，这种变化是保证经济不断增长的条件。

上述的分析说明，经济增长过程并不是一个能脱离产业结构而单独发展的过程，现代经济增长本质上是一个产业结构不断转换的连锁演变过程，经济增长阶段与一定的产业结构相对应。

三、产业结构变动的影响因素

对于经济增长过程中影响产业结构变动的因素，西方经济学家从不同的角度进行了探讨。克拉克把劳动力在三次产业之间分布结构变动的原因归纳为两个因素：需求和效率因素。克拉克认为，随着人均收入的增加，对农产品的相对需求一直在下降，而对制造品的相对需求开始上升然后下降，让位于服务业。至于效率，克拉克认为，不同部门存在不同的生产效率。劳动生产力的提高与持续下降的相对需求结合在一起，导致制造业、农业的劳动力比例下降，而服务业效率也得到巨大改善。但由于对服务业各个部门的需求要比生产率增长来得更为迅猛，因而服务业中劳动力的相对比例相应地迅速提高。库兹涅茨把产业结构变动的因素归结为三个方面：国内消费需求结构、对外贸易和生产技术水平及其变量。在三个因素中，第三个因素最重要。钱纳里对产业结构变动的原因也提出了他的见解。他在《工业化和经济增长的比较研究》一书中说到："人们曾提出各种假说来解释结构转变的基本过程，这些假设可以分为三组：需求说，以恩格尔定律所作的概括为基础；贸易说，以资本和劳动技能的积累而产生的比较优势的变化为基础；技术说，涉及加工产品对原材料的替代以及生产率增长速度差异的影响。"❶ 钱纳里进而以制造业的特点来说明需求和技术对产业结构变动的影响。他认为制造业有如下四个特点：一是工业品的需求弹性高：二是工业品的可贸易程度高；三是工业部门较容易实现部门间配置并从专业化和规范经济中挖掘潜在收益；四是制造业是技术变化的主要领域。在这四个特点中，具有决定性意义的还是技术变化常常发生在制造部门这一点上，因为需求弹性高的工业品本身常常就是创新的产物。美国经济学家阿瑟·刘易斯在1955年出版的《经济增长现实》一书中，全面分析了对经济发展和产业结构起作用的各种经济和非经济因素。包括资本积累、技术进步、人口增长、社会结构、经济制度、宗教、文化历史传统、政治、心理等。

实际上，产业结构的变动不外是需求变化和市场供给条件变动引起的。在经济增长的过程中，引起产业结构变动因素很多，而且各因素都有不同的作用机制。其中，最基本的因素包括了自然资源、人口、技术进步、国家的经济体制和政策等。而这些因素一般都是通过需求和供给发生作用的。

从需求的层面上看，在市场经济社会，各产业的产出只有经过市场的交换，其价值才能实现，所以，市场的需求决定了一个产业存在的价值。

---

❶ H. 钱纳里. 工业化的经济增长的比较研究［M］. 广州：暨南大学出版社，1997：245.

在一定的收入水平下，人们的可支配收入总是与有支付能力的需求存在着某种函数关系。随着人们收入的增加，不仅消费的总量扩大，人们的消费需求结构发生变化，而且是在满足基本生活需要的基础上逐步向更高层次的需求转移，由此带动产业结构的变动。

一般认为，需求结构有三个区别较为明显的层次或阶段：生存需求，享受需求和发展需求。与需求结构的三个层次相对应，产业结构也在不同的阶段呈现出相应不同的产出结构。在工业化初期，人均收入低，人们的需求主要是解决生存需要，对农业和轻纺工业产品需求最大，而且由于人均产值低，也无力发展资本有机构成高的产业。因此，产业结构中农业和纺织业占有较大的比重。随着工业化的进行，人均产值和收入水平提高，人们的消费需求从基本解决温饱，向享受需求层次过渡，尤其对耐用消费品的需求迅速增长，从而拉动以耐用消费品生产为中心的基础工业和加工工业发展，推进产业结构从以农业、轻纺工业为重心向以基础工业、加工工业为重心转换。在实现工业化进入人均产值和人均收入水平更高的阶段后，人们消费由数量转向质量，需求又进一步向发展需求层次过渡，物质生活和精神生活的要求都大大提高。在满足多样、新颖、高质量物质产品需求的同时，在社会分工日益深化下，现代服务性产业又成为人们需求的重心，以信息咨询业为中心的高科技产业，又逐步取代加工工业的主导地位，这就实现了又一次产业结构的重大转换。❶

从供给的层面上看，对产业结构的变动起作用的一般是指作为生产要素的劳动、资本和自然资源等的供给状况。一个经济最优的产业结构是由其要素禀赋结构所决定的。但是，生产要素的流动和集聚并不是直接对产业的发展产生作用的，而是由企业按照成本降低和劳动生产率提高的预期，被企业吸收后，才对产业结构的变动发挥积极作用的。

---

❶ 张培刚. 发展经济学教程［M］. 北京：经济科学出版社，2001：513－514.

在一定的需求水平下，供给方面的变化主要是技术进步引起的。经济增长方式或产业结构的变动实质上取决于生产要素组合方式的变动。劳动、资本和自然资源这些生产要素如何进行组合并从事生产要靠技术，而能增加利益的生产要素组合方式的变动就是技术进步。首先，技术进步会影响生产成本和相对价格，影响着资源的分配。技术进步所带来的新的生产工具、新的生产工艺和新的材料，会大幅度提高现有生产的劳动生产率，从而导致现有生产的相对成本下降。在市场经济中，相对成本低的产业，会有更强的竞争能力，吸引资源向该产业部门流动，使其迅速获得扩大，从而改变产业之间的投入产出关系，推动产业结构变动。其次，技术进步通常不仅使应用该项技术的产业与所属企业收益，还会影响到与该产业相关的其他产业。这种跨行业影响的特征在一些基础科学技术上表现犹为明显，如高新材料技术、信息科学技术、生物医学、环境科学、新能源等。再次，由于技术进步会开发新的产品，形成新兴产业和部门，这也必然引起产业结构的升级变动。

在生产要素禀赋基础上的确定性技术要发挥作用，还必须考虑到制度环境的因素。广义的制度环境包括了一切有利于技术进步的组织与制度，如法律制度、政策措施和文化环境。从某种意义上说，支撑技术变革的制度设计对经济增长和产业结构发展的作用要远比技术变革本身的意义更为深远。同样的技术，在不同的制度条件下所能发挥的作用是不一样的。这一点，已经被世界各国经济发展的历史所证实。因此，在禀赋和技术给定的条件下，制度供给成为决定产业和经济发展的关键。

在经济发展过程中，供给因素和需求因素对产业结构的影响往往是交织在一起的。如人口不仅作为劳动资源从供给方面影响产业结构变动，而且作为消费者又从需求方面对产业结构变动发生重大影响。技术进步和技术创新不仅从供给方面直接发挥重要作用，而且，新的发明满足了潜在需求，创造了新的需求，引起对生产和生活的新变化，进而使产业结构发生

变化。

要注意的是，无论是需求因素还是供给因素，都不是直接对产业的变动发生作用的。一定的产业结构是市场机制配置的结果，无论是需求因素还是供给因素都是在市场机制的作用下来对产业的变动发生积极影响的。

第二节　产业结构发展的趋势

一、产业结构的高级化和软化

随着经济和社会的发展，人类分工的不断深化，产业结构在不断发展变化。从历史上看，三次产业结构的变迁经历了从农业为主体的经济到以工业为主体的经济，再到以服务业或第三产业为主体的经济的过程。在这个过程中，产业结构内部也在不断发生变化。在第一产业内部，传统农业向现代化农业发展，农业生产经营走向企业化和组织化，向工业化和标准化发展，并由此使产业细分化，农业产业链拉长。在第二产业内部，则表现为资本密集型的重化工业比重逐渐下降，资本技术密集型、技术知识密集型的产业所占比重迅速上升。在第三产业内部，比重上升最快的是与现代经济发展关系密切的金融（保险）、咨询、设计、不动产、技术服务业行业，而传统的第三产业如商业、餐饮业比重则呈下降趋势。同时，随着现代服务业规模的日益增大，各种服务性的劳动从生产过程中分离出来，成为独立的部门。这样的产业演进过程呈现出了结构水平由低到高，结构联系由松到紧的趋势。

产业结构的高级化是指产业总体发展水平不断提高的过程，即产业结构由低水平状态向高水平状态发展的过程。产业结构高级化的原因是技术进步，高新技术在产业结构中的地位增强。表现为：一是创新技术的发展和使用导致新产业出现和迅速增加，并向其他产业不断扩散实现经济量的增长。从17世纪的产业革命开始，每一个新产业都是在技术革命或技术扩张的基础上形成的，第一次产业革命之后，出现了纺纱机和蒸汽机，纺织业和纺织机械制造业的诞生，进而推动钢铁冶炼的发展，钢铁产业的发展又拉动了采矿和煤炭工业规模的扩张，从而形成了工业初期的产业群。第二次产业革命的核心内容是电的发明，促进了电机产业、家用电器产业、通信产业的发展，进而提高了化学工业、冶金工业的生产效率，进一步扩大了工业产业群。第三次产业革命是以计算机技术为代表，推动了微电子技术、光纤通信、新材料、生物工程、宇航开发和应用，使数控机床、机器人等自动化、智能化设备的生产迅速发展，信息通信产业发生显著变化，成为新的主导产业。所以产业结构升级从一定意义上说是产业技术结构升级。二是技术的进步导致现有产业的改造、更新和发展，促使资源的更有效配置，提高劳动生产率，使产业在规模扩张的同时，发生质量上的结构变动。三是技术进步扩展了可用资源的范围，增加了资源供给，并使资源在三次产业之间转移成为可能。

这样的演变过程，是知识和技术的蕴涵量不断提升的过程，也可以看成是产业结构不断软化的过程，即有形的生产要素（资源）在产业发展中的相对地位日益降低，而知识技术、服务和信息等软生产要素（资源）的作用在日益提高，各种软生产要素在产业中的投入量迅速增大。产业结构的高级化和软化趋势实际上也告诉我们，一个国家在转变经济发展方式，进行产业结构调整中，目光不能只盯住高新技术产业，尽管高新技术产业在整个国家或地区的产业发展中地位非常重要。国家或地区产业结构的调整战略应该注重于科学技术，特别是新的科学技术在整个产业链条和环节的应用。

二、产业的相互渗透和融合

随着经济的增长，社会分工日益细化，产业部门不断增多，同时产业

之间的关联度日益增强，呈现了产业之间的相互渗透和融合，既包括高新产业与传统产业之间的渗透与融合，如高新技术产业与工业、农业、第三产业，尤其是资讯和服务业之间的渗透与融合，也包括了不同产业之间的相互渗透与融合。

产业融合最早表现为信息技术和互联网发展所推动的电信、广电和出版等部门的相互渗透和融合。随着以信息技术为代表的技术创新和技术变革的进一步发展，产业融合逐步向产业经济的各个方面全面渗透。

产业融合是产业创新的新范式。产业融合以技术创新为重要基础，由于作为高新技术载体的电子信息、生物工程等高科技产业与其他产业之间具有广泛的关联性，因此，产业融合易于发生在高科技产业与其他产业之间。同时，生产力的发展使服务业成为经济中的重要战略部门，服务业作为知识资本与经济发展战略要素的载体，日益与其他产业全面融合发展。

库兹涅茨在1966年所著的《现代经济增长》一书中指出："从19世纪后半叶开始，发达国家经济增长的主要源泉始终是基于科学的技术，标志着现代经济时代的划时代创新，在于科学被广泛地应用于解决经济生产领域的问题。"❶ 新技术对产业结构发展的作用通过两种形式进行：一是由创新技术的发展和使用导致新产业的出现和迅速增长，并向其他产业不断扩散实现经济总量的增长；二是由改良技术的使用致使现有产业的改造更新和发展，从而促进资源的更有效配置，提高劳动生产率。后者就是高新技术向其他产业的渗透和融合。第一次产业革命中诞生的大机器工业对科学技术的运用提出了强烈的要求，并为科学与生产过程的紧密联系创造了条件。到了19世纪后期，第二次产业革命开始后，源源不断涌现的"基于科学的技术"或与科学相关的技术就逐渐占据了主导地位，成为先行工业化国家经济增长的主要源泉。高新技术对经济生产过程的渗入是通过产

❶ 库兹涅茨. 现代经济增长. 戴睿，易诚泽. 北京经济学院出版社，1991：7 – 8.

业化和市场途径进行的。另一方面，高新技术产业的迅速发展为传统产业的现代化提供了条件。就高新技术产业与传统产业的关系而言，传统产业要在知识经济时代获得可持续发展的基础并壮大，就必须引入高新技术来改造自身，获得可持续发展的基础和条件。而高新技术产业，不仅要注意产业自身的发展，同样也要关注传统产业发展所需的信息技术和知识，并随时为其提供。离开了传统产业，高新技术产业同样难以生存和发展。特别是现代信息通信技术的快速发展及其对各产业部门的广泛渗透，成为当今经济的突出特征，并带来了经济效率的改进。信息通信产业的产品本身具有多样性和广泛的应用性，决定了它们在向社会提供通信信息服务的同时，对其他产业部门的高度渗透性。传统产业通过吸收信息产业的有关信息、技术，使其从新产品的研究与开发到产品生产、产品营销等实现系统的信息化模式，从而使内部资源结构不断趋于合理，劳动力素质提高，生产技术改进，营销方法不断改变，产品等级不断提升，从根本上降低成本，增加收益。而信息产业在为传统产业提供信息、技术的同时，实际上也拓展了自己的应用市场。

信息通信产业是以计算机和通信技术为手段，以互联网商业化和数码化的多媒体技术为特征，把越来越多的生产和服务环节卷入进来。有经济学家把信息技术革命称为是一个“服务业的故事”，其原因有四点：一是催生信息通信技术产业的几个关键要件，如早期的政府采购、大学、风险投资、股票市场和期权市场、律师和会计师事务所都属于第三产业（部门）的活动。二是随着产业的成熟，西方发达国家的产业越来越多地通过外包和直接投资在国外进行制造，其本土的信息产业的构成主要是服务部分，即软件加工服务部分。三是就信息通信技术的使用而言，服务部门的工厂投资最为密集。四是密集使用IT资本使服务业发生了深刻转型，促进服务业效率转型。[1]

信息通信产业的这种特征，使得有人亦称之为“信息服务业”。[2] 不仅如此，信息通信产业的发展也使其他产业之间的联系变得更为紧密，如服务业与制造业的趋同趋势。基于信息技术的服务可以在分离的国家和地区进行，离岸服务贸易和若干网络的服务概念应运而生，并成为目前国际贸易和投资政策的热点问题。用 C. 弗贝曼和 L. 特的话说：“从根本上说，信息通信技术使服务业更具贸易性并且更像制造业，使工业和服务业更加趋向一致。”[3]

制造业和服务业的融合也是产业融合的一个典型特点。一方面制造业包含有越来越多的服务内容，如制造业企业中的研发、原材料和零部件采购、产品设计、物流管理、质量管理和认证、品牌营销、售后服务、金融服务等，甚至于以服务作为主要内容，如一些信息产业的企业（电脑制作商），在传统意义上都属于服务业务。另一方面，在现代信息通信技术的条件下，很多服务内容可以由电子信息技术来存储并借助电信业远距离传输，改变了传统服务业既不能储存也不能运输，必须在消费现场提供的特点，使服务产品在很多方面更像制造业的产品。人们通常把这种服务业称之为“生产性服务业”。吴敬琏认为，服务业与制造业的融合有两种基本的互动形式：一种是企业中两种业务的“纵向整合”（vertical integration），如企业内部独立的研发部门及从事品牌营销和售后服务的部门。另一种是制造业“外购”（buying-in）服务业产品。这种外购体现在服务业产出中作为中间投入品售与其他生产者的部分在全部生产投入中所占比重不断增加。[4] 这些作为中间投入品的服务并没有体现为具体的产品，都可归类为

---

[1] 吴敬琏. 中国增长模式抉择［M］. 上海：上海远东出版社，2005：95 – 99.

[2] 冯梅，陈志楣. 北京信息服务业发展问题研究［M］. 北京：经济科学出版社，2007：77 – 78.

[3] 吴敬琏. 中国增长模式抉择［M］. 上海：上海远东出版社，2005：99.

[4] 吴敬琏. 中国增长模式抉择［M］. 上海：上海远东出版社，2005：81.

服务，由此，克服了许多人所担心的由于服务业迅猛发展所带来的“鲍莫尔病”和“产业空洞化”问题。[1] 同时，也使生产性服务业的发展有别于传统的服务业，所以，人们更愿意用“现代服务业”来概括其发展。

服务业的发展，特别是包括了生产性服务业在内的现代服务业的异军突起，使克拉克在1940年提出的“产业三分”的提法得到进一步确立。但产业渗透和融合又导致产业部门的界限更为模糊，产业结构的变化很难再用传统的产业结构三次划分的分析方法来进行研究。产业发展中的这种产业相互渗透和融合的趋势决定了政府政策的作用点不能再单纯集中于某一类产业。

三、区域产业发展与结构优化

区域产业结构既指地区内部各产业部门之间的内在联系及其比例关系，也指通过产业关联而形成的地区间经济关系。区域产业结构的形成和发展是企业群在空间上的集聚和扩张过程，其根本原因在于生产要素禀赋的区际差异及企业对比较优势的追求。任何一个国家或地区，其产业快速成长的动力机制之一就是企业的扩张以及企业对要素的集聚功能。主导产业群及其若干伴生企业群在空间上的极化，便形成区域经济中心，成为经济成长的增长极。在经济发展的最初阶段，具有良好的地缘优势或企业率先发展的地区，一开始就有了较强的吸收生产要素的能力，当各种要素在此停留并被企业吸收后，企业规模扩张，市场网络扩大，分工与企业化程

---

[1] 1967年美国经济学家威廉·鲍莫尔在一篇研究经济增长的论文中提出两部门宏观经济增长模型，其中一个是“进步部门”，如制造企业，一个是“停滞部门”，如市政服务、教育、表演艺术、饭店和休闲等服务部门。进步部门的生产率增长相对快速，而服务部门的劳动生产率却难以提高。因而，随着制造业的生产率改进，服务业在整个经济中的比重反而上升。此即著名的“鲍莫尔病”（baumol's cost disease或baumol's disease）。此论点提出后，引起社会上极大关注，学界和媒体纷纷发表意见，担忧发达国家的服务业超越制造业的发展会引起“产业空洞化”（Industrial Hollow-Out）。产业空洞化，亦称产业空心化。有两层含义：一是指一个国家或地区的制造业转移到其他国家或地区，导致本土就业机会减少，市场需求下降，经济增长放慢；二是指技术密集型产业没有核心技术，形成对跨国公司的技术依赖。此处当指第一种类型的产业空洞化。

度也得以深化。当市场容量远大于企业经济规模时，新的企业不断被建立，外来要素迅速被转移过来，发展形成城市规模经济。在这一漫长的经济规模集聚过程中，产业结构不断地由低级向高级形态演进，产业综合竞争力不断增强。

地区资源禀赋的差别本身就意味着地区市场容量、需求层次、供给能力的不同，从而与互相匹配的优势产业也不同，这客观上决定了区域产业结构的差别和区际贸易的产生。通过区际间的贸易，反过来使地区的优势转换为最大的经济利益，使各地区有能力集中发展对本地区有利的产业，进一步强化区域间产业结构的差别并促进区域内产业结构的升级。

区域产业结构是一个国家产业结构的组成部分，各地区的产业结构共同构成一个大的国家的“共同体”，形成国家的产业结构。也意味着从国家层面上说，一个区域产业结构的优化不仅要考虑区域产业结构的差别，也要考虑不同区域产业结构的协调。

四、产业结构调整与产业集群

科技进步及其所导致的分工的深化，使得产业间的关联性越来越强。而在另一方面，随着技术的迅猛发展，尤其是交通和通信方面的技术进步，生产要素空间聚集的重要性下降，许多生产要素失去了区域的垄断性，生产活动可以在更大范围内进行区位选择。信息技术的进步和网络安全性能的提高使国际的金融、投资活动能在全球范围内迅速完成，而标准化生产技术的提高，可以减少生产活动对本地特殊技能的依赖，生产工艺的进步和生产模式的改变，客观上使企业的生产环节上具有更大的可分性，而企业也会通过转包、全球采购和转移部分生产环节等渠道实现投资收益的最大化。从理论上说，这一切都使得经济活动在空间上的分布趋于均衡，削弱了区位对产业结构和布局的影响。但现实并非如此，无论是在全球范围上还是在一国范围内，经济分布的地理集中程度非但没有弱化，反而越来越高。一些优势的区域通过区域内产业集群方式来集聚企业和产业，提升本区域的竞争能力。这一切使得我们在讨论产业结构的发展，特别是区域产业结构的发展和经济增长时，必须跳出原有的理论，关注产业的空间聚集与扩散，从产业关联与产业地域结构的角度来研究地区生产（经济）综合体的形成以及区域经济增长的机制创新系统。产业集群理论较好解释了以上提出的问题。

一般认为，产业集群理论始于马歇尔关于外部经济和产业区的研究，在20世纪70年代初，伴随着对经济全球背景下新产业区的认识和研究而兴起。90年代后，由波特的产业集群概念及相关的理论分析框架（钻石理论）而进入高潮。

所谓产业集群是指由同类及相关企业和机构基于产业关联基础上的空间聚集，是一种典型的企业网络组织。波特在《竞争论》一书中对产业集群作了详细的描述："产业集群是在某特定领域中，一群在地理上邻近，有交互关联的企业和相关法人机构，并以彼此的共通性和互补性相联结。……产业集群具有许多不同的形式，要视其纵深程度和复杂性而定。不过，绝大多数产业集群包含最终产品或服务厂商、企业元件、零部件、机器设备以及服务供应商、金融机构及其相关产业的厂商。产业集群也包含下游产业的成员（如销售渠道、顾客），互补性产品制造商，专业化基础设施的供应商，政府与其他提供专业化训练、教育、信息、研究和技术支援的机构（如大学、职业训练机构）以及治安标准的机构。对产业集群有重大影响力的政府机关，也可视为它的一部分。最后，产业集群还包括同业公会和其他支持产业集群成员的民间团体。"❶

产业集群形成后会出现三种效应：聚集经济效应、网络效应、技术创新效应。这些效应的形成，可以使产业集群所在区域成为集群核心产业和

---

❶ 迈克尔·波特. 竞争论［M］. 高登北，李明轩译. 北京：中信出版社，2003.

相关产业的优势区位，吸引经济资源向该区域集聚，实现区域经济规模的扩张。正是由于产业集群能产生如此大的聚集效应，近年以培育产业集群，增强产业集群竞争力为目的产业集群规划和政策引起了各国学者的广泛关注，在理论上对产业集群政策的作用、产业集群政策与国家区域创新系统的关系、政府的作用及定位、产业集群规划的方法及应注意的问题也进行了深入的研究。一些国际经济组织，如经济合作发展组织、联合国工业发展组织、世界银行也都力图在一些国家推进产业集群规划和政策的实践，并获得了广泛的认同。产业集群理论的提出，也意味着在产业发展及结构优化的问题上，不能一味再按原有的产业结构理论去研究。

第三节　产业结构调整中的政府行为

一、产业结构调整中政府介入的必要性

（一）理论视角看政府介入的必要性

按西方传统的经济理论，市场价格机制能够调节经济中的投资、消费、储蓄、信贷等的供给和需求，使之自动达成均衡，从而使经济趋向于稳定和增长，政府的职责多在于维持市场秩序，让市场的价格机制充分发挥作用。以马歇尔为首的新古典经济学派认为，一定状态的经济结构、产业结构是市场机制配置资源的结果。新古典学派虽然没有专门阐述产业结构调整的问题，但却强调了市场在结构调整中的作用而完全排斥政府行为。第二次世界大战后，凯恩斯主义的兴起，提出要求政府积极干预经济，但也只是要求政府扮演“救火队”的角色，只有在出现问题后才采取行动，而经济总体的发展趋势、供给水平与结构等问题仍然要由市场机制

来决定。20 世纪 70 年代后出现的一些新的经济理论，创建了收益递增—不完全竞争理论，为理解政府干预经济的原因和划清界限，提供了新的视角。[1]

与传统的要素禀赋理论从要素的供给出发来研究贸易行为不同，建立在规模经济和收益递增模型基础上的新贸易理论认为现代的国际贸易，并不是产生于国与国之间的要素禀赋的差异，而主要是由于收益递增所形成的国际分工。产生收益递增的原因在于规模经济。所以国家必须保护本国相对落后的产业，其中包括高科技产业。一旦一国帮助本国公司在国际市场上取得了优势，规模收益递增、积累过程与路径依赖相关的积极反馈都将有助于提高全社会的技术水平，不断增强自己在全球市场上的竞争力。特别是高科技产业产生的技术外溢效应，有助于其他部门和产业的发展，对全社会有益。政府要对这些部门的研发活动给予支持，使其免受自由贸易的伤害。

新经济增长理论把以往被认为是经济增长中的外生变量转变为内生变量。新经济增长理论放弃了新古典增长理论中规模收益不变的基本假设，而采用规模收益递增来解释经济增长。新经济增长理论认为，经济增长是经济系统内部诸多因素相互作用的结果，在这些因素中，技术进步是决定因素。技术进步使得生产呈规模收益递增，并使得经济实现持续增长。由于技术、知识积累和人力资本等都具有溢出效应即外部效应，技术、知识的溢出造成厂商的私人收益率低于社会收益率，技术创新者无法得到新技术带来的全部收益，厂商用于生产知识和技术的投资将会减少，从而使得

---

[1] “新经济理论”或“新经济学”以著名经济学家迪克西特和斯蒂格茨所创建的收益递增—不完全竞争模型为基础。美国著名经济学家保罗·克鲁格曼将“新经济学”的研究划分为四个阶段：第一个阶段是 20 世纪 70 年代后期出现的新产业组织理论，构建出了与新产业组织与结构的收益递增—不完全竞争模型；第二阶段是 20 世纪 80 年代初期以来的新贸易理论，构建了收益递增情况下的国际贸易理论模型；第三浪潮是 20 世纪 80 年代中期以来出现的新增长理论，构建了收益递增情况下的经济增长模型；第四次则是 20 世纪 80 年代末期以来出现的新经济地理学，试图根据收益递增—不完全竞争模型对经济的空间结构做出解释。

经济上处于竞争性均衡增长状态时不能达到社会最优状态，因此，影响经济当事人最优选择行为的政策可以影响经济的长期增长。由此，肯定了政府干预的合理性，认为缺乏政府干预的经济体系的分散均衡只能是一种社会次优结果。早期的理论分析中，新增长理论仍以完全竞争为基本的分析框架。20 世纪 90 年代以后，一些经济学家抛弃了完全竞争的假设，开始在垄断竞争的框架下进行分析，从而把诸如模仿和创新等行为也纳入到了经济增长的模型当中。认为根据知识外溢程度的不同，某些行业或企业的（如高科技企业）垄断会表现得特别强，它们在内部进行着的持续不断的技术创新活动，先来者能够以此作为阻止后来者与其竞争的屏障。这就意味着，某些企业的地位很重要，它们所带动的技术创新能够引领一国经济保持较长时期的持续增长。在这样的理论分析的基础上，新增长理论建议政府对物质资本、设备投资作基础设施增加投资，同时鼓励对人力资本的积累，加大科技投入。对于科技创新而产生的垄断，由于其垄断权是创新得以补偿的保障，不仅不能消除垄断，而且还要维持创新部门和研发部门的垄断收益，即对新产品的发明创造给予鼓励，具体包括为研究和开发支出提供税收激励和补贴、对购买中间产品给予补贴以及对最终产品给予补贴。

新经济地理学采用收益递增—不完全竞争模型的建模技巧对空间经济结构与变化过程进行考察。新经济地理学把收益递增对生产活动空间分布的影响划分为三个层次：在最高层次上，一国内部主要区域之间的不平衡过程是由累积过程驱动的，这些过程又是根植于收益递增的。在中等层次上，城市本身的存在是一种收益递增的现象。在最低层次上，一些特定产业的地方化现象，明显地受到历史和偶然事件累积过程的影响。新经济地理学主要集中讨论了最高层次和最低层次的收益递增，即区域核心—外围之间的不平衡发展过程和特定产业的地方化过程。经济地理学强调区域核心—外围结构的形成过程以及特定产业地方化过程不是要素禀赋特征决定的，在很大程度上受非经济因素、路径依赖、偶然机会和积累过程影响。以“路径依赖”来说，经济活动在某个地区的最初设立和集中只是偶然，而一旦工业建立起来或经济活动开展起来，积累的力量和反馈机制会导致经济活动在那个地区不断加强。这种领先地位常常使该国从规模经济中获益，并压制后来者。因此，新经济地理学认为，在国际市场上，一旦一个国家确立了该国企业在这些领域中的领先地位，其他国家的企业在竞争中就很难有机会取胜，自由贸易的结果将不是使各国的发展水平趋于接近，而是会不断拉开彼此间的差距。为此试图赶超先进的后进国家必须建立恰当的创新制度系统和保护性的经济政策体系，以确保本国企业在某些行业中成为核心。

上述的新经济理论，都强调市场的非完全竞争性质，肯定路径依赖在历史发展中的重要作用以及政府在产业发展中的作用。为了推动对经济具有重要意义的技术进步的发展，政府应积极介入供给领域，除了在供给总量上的平衡外，还要在经济结构的优化方面有所作为。这种对供给的干预，不能等同于对生产领域的直接干预，而是创建有助于激励创新的制度体系，来对供给的激励和供给的结构进行调整，通过税收、政府采购、转移支付等手段，建立国家创新体系，提升社会整体的知识技能水平和创新意识，促进产业结构的升级和发展。

（二）不同国家产业升级的特点决定政府介入的必要性

发达国家的一个特征是其产业发展处于世界产业链的前沿。对国民经济中下一个新的有前景的产业何在，绝大多数情况下每个企业的看法会不同，很难形成社会共识，政府也不可能有比企业更准确的信息。在这样的条件下，从促进经济发展的动力机制来讲，政府对企业投资和产业升级的最好管理方式，是让企业凭自己的分析来判断新产业方向和选择投资项目。在众多投资中，少数企业的项目会成功，多数企业的项目会失败。发达国家正是靠那些经过市场筛选、事后证明成功的少数企业的投资项目，推动一批新产业的出现。从而带动整个国民经济持续发展。所以，在发达国家，政府除了维持宏观经济稳定及金融市场的有效运行，不应该制定产业政策，不应该干预企业投资。

在极少数情况下，发达国家也有可能出现产能过剩、结构不合理的情况，众多企业同时看好某个相同的产业，导致企业投资的趋同，如 20 世纪 90 年代的信息产业和互联网，每个企业都确信这些投资项目是获利极高的好项目，于是大量资金投向这个项目，结果导致整个社会的过度投资。等这些投资完成后，产能出现严重过剩，价格大幅下跌，投资回报远低于当初预期，大量企业因此而破产，导致银行坏账激增、股市暴跌，触发金融危机。这时候就需要政府通过宏观调控来进行治理。

发展中国家的产业在世界产业链中处于较低部位，其经济发展轨迹是在世界产业链内部，沿着现在各种资本和技术密集程度不同的产业台阶，由低向高不断升级的过程。由于在每个发展阶段的产业升级中，大多数企业所要投资的是技术成熟、产品市场已经存在、处于世界产业链内部的产业，因而企业对新的、有前景产业的选择很容易趋同，每个企业对其投资都有很高的回报预期，金融机构也会认为是好项目而竞相给予资金支持。此时，靠政府的利率等宏观调控手段难以进行有效地引导。这样，到企业投资完成后，将不可避免地出现产能严重过剩，大量企业亏损破产，银行呆坏账急剧上升的严重后果。在这样的情况下，政府的产业政策以及其他政策对产业升级和发展的影响作用就非常重要。由于发展中国家的产业升级并非像发达国家那样是属于不确定的事件，企业和政府都可以事先有相当准确的信息和判断，而且政府对整个经济中的投资、信贷总量、国内外市场需求等信息的掌握比个别企业和金融机构有优势，因此，政府应该利用这种总量优势，制定产业政策，对市场准入和银行信贷制定标准，并监督检查这些标准的实施，同时，适时发布投资规模、信贷总量和市场需求情况的变化，避免过度投资、投资趋同的现象过度发生。同时，制定适当的产业与发展规则，并通过财政税收手段促使产业规划的实现。

二、产业结构调整中的政府职能定位

（一）产业结构调整中政府的职能范围

在市场经济条件下，只有企业才是经济活动的主体。产业结构的调整和升级是由企业实现的，是企业在既定的经济环境中进行产品、产业和技术选择的“自然演进”过程。但是，外部性、不完全竞争等市场失效的存在，技术创新、产业发展对制度基础的需求，发展中国家产业升级的特点决定了需要有政府外生力量的催化作用，这样，经济增长和产业结构的调整、升级才能步入快速和健康的轨道。M.波特将政府看成产业的支持者或实质协助者。他认为，一国的产业竞争力取决于四个基本因素：生产要素；需求条件；相关支撑产业；企业的经营战略、结构和竞争对手。除此之外，还有两个辅助因素：机遇和政府作用。“机遇”即指产业竞争环境发生变化，打破了原来的状态，带来新的竞争空间。产业发展机会通常在基础发明创新、战争、政治环境发展、国外市场需求等方面出现重大变革与突破时才能到来。机会这个因素非政府所能控制和影响，但政府的影响力对产品竞争力的形成是重要的，政府的产业政策、教育措施、补贴和资本市场政策会影响到生产要素，也会影响到国内需求市场，对生产战略、同业竞争、以及相关支撑产业的影响也很微妙。波特认为，在经济全球化的形势下，以自由放任和政府干预来划分政府角色已经过时。政府的角色应当是市场竞争的催化剂，政府应当鼓励竞争，激励企业提高报酬。政府应该做的是为企业营造有利的发展环境。

1. 维护市场的良好运转，为企业的产业和技术选择提供良好的市场环境

政府在经济发展中的基本职能是维护市场的良好运转，基本的政策就

是为自由、开放和竞争的产品及要素市场的运转消除各种可能存在的障碍。从微观角度，要提供公共物品、制订市场规则、保证市场开放、限制垄断，以创造公平、透明的竞争环境和条件。同时，要尽力维护中小企业利益。从宏观而言，一是要保持宏观经济的稳定，二是要促进要素价格体系的合理化。

产业结构调整的根本在于企业对产业的选择，而企业的选择是在一定的宏观经济环境中进行的。就产业结构调整而言，宏观经济环境的最根本特征就是要素价格体系。[1] 林毅夫认为，一个经济的最优产业是由其要素禀赋结构所内生决定的。作为实现产业结构调整和升级主体的企业对产业和技术的选择取决于资本、劳动和自然资源的相对价格，只有当国家经济的价格结构能够反映资本、劳动和自然资源的相对丰裕度的时候，企业才能根据比较优势选择自己的产业和技术。而只有当价格是由竞争性市场决定的时候，价格结构才能反映每一个要素的相对丰裕度。对宏观经济来说，要素价格体系是可以调整的，政府可以通过各种政策手段调节要素的相对价格，如通过货币政策调节利率及资本市场供给；通过法律（行政）手段和财政政策调节工资水平、利率水平、自然资源和能源价格；通过税收调节要素或商品之间的相对价格以及企业利润水平等，最终为企业的产业选择创造一个有利的宏观经济环境。[2]

2. 信息整合与提供

在产业结构的调整和升级过程中，企业拥有的相关产品市场、产业和技术的各种信息是很重要的。企业不管是在成熟的产业中升级自己的产品

---

[1] 林毅夫、苏剑在“论我国经济增长方式的转变”（《管理世界》，2007 年第 11 期）一文中的原话为：“经济增长是由企业实现的，而企业是在一定的宏观经济环境中生产的，这个宏观经济环境的最根本特征就是要素价格体系。”实际上，对产业结构调整而言，也是如此。在这篇文章中，还提出，要转换我国的经济增长方式，首先要转变目标增长方式；其次要进行要素价格体系的改革；在此基础上，还应进行一些配套改革以硬化个体微观主体的约束。

[2] 林毅夫. 自力更生、经济发展与转型［M］. 北京：北京大学出版社，2004：12，林毅夫，苏剑. 论我国经济增长方式的转变［J］. 管理世界. 2007（11）.

或技术，还是从一个产业向另一个新产业转移，都需要拥有相应数量和质量的信息。但信息存在失灵问题，且信息并不一定是自由获得的，信息的获得需要花费一定成本。由企业各自花费资源去搜寻和分析产业、产品及技术的信息容易形成企业间的信息壁垒，或者造成信息的重复投资。然而，信息具有公共物品性质，一旦信息收集加工的完成，信息分享成本接近零。[1] 政府对整个经济中的投资、信贷总量，国内外市场需求等信息的掌握比企业更有优势。政府可以承担起信息收集方面的主要任务，凭借各类官方统计数据和公布各类法规，向企业提供与技术、产品以及需求量方面有关的信息。

3. 人力资本[2]的开发与供给

产业结构的升级往往伴随着技术的升级和创新。新的产业和技术对人力资本有着与老产业和技术不同的需求。所以企业的产业和技术升级与否也取决于企业之外是否存在新的人力资本的供给。人力资本（Human capital）通常被定义为依附于每个人的体力和智力所具有的劳动（包括体力劳动和脑力劳动）的价值总和，是生产要素中最重要的组成部分。[3] 企业在新兴起的产业环境中与新的产业竞争，需要更多的具有改善技术的人力资本。这些新的人力资本不可能完全通过企业自身来解决。所以，在产业结构调整升级中，需要政府加强教育（在一般的基础教育之外）和培训，同时鼓励企业（产业）自身发展专业教育训练。

4. 创新和投资的激励机制的建立

产业和技术升级往往是一种创新活动，而创新往往面临着许多的不确

---

[1] 林毅夫．自力更生、经济发展与转型［M］．北京：北京大学出版社，2004：12.

[2] 也有人把它称为人力资源（Human resource），但资本和资源是两个有联系而又根本不同的概念。

[3] 在现代经济增长理论中，通常假定社会产出是由物质资本、人力资本和技术进步来共同创造的。相对于物质资本和自然资源，人能够积累资本并利用自然资源去建立社会、经济和政治组织，并使一个国家得到发展，所以，它是一种积极的生产要素。参见张培刚．发展经济学教程［M］．北京：经济科学出版社，2001：351.

定性和风险，包括市场风险和技术风险。由创新风险而导致的成本是一种社会成本，必须由社会承担。而且，创新可能失败，这种失败可能为其他企业提供有价值的经验或信息。从另一个角度说，创新成功也会为其他企业提供外部性，[1] 以便其他企业从事类似的升级，这样，第一个企业可能享有的创新租金也就很快消失。因此，创新可能失败的成本与成功后的利润之间是不对称的。创新带来的外部性以及创新失败成本与成功利润之间的差异应由政府来补偿，政府可以采取补贴、税收优惠或贷款担保的形式来进行激励。诺斯说过："我们必须建立恰当的激励，鼓励人们去投资于有效率的技术，提高他们的技能并组织有效的市场，而这些激励措施都包含于制度当中。"[2]

5. 不同产业和部门的协调

产业之间是相互联系的，产业和技术的升级常常要求不同企业和部门能够协调配合。根据产业集群理论，一个国家产业的发展和升级不能仅仅依靠几个单纯的企业（或产业），必须要有上、下游产业及相关产业的发展。产业竞争优势不仅体现在产业内部，还要体现在客户、供应商和相关产业的竞争优势上，很多产业往往会因为其他产业具有竞争优势而具有了潜在的优势，因为相关产业的表现与能力会带动上、下游产业的创新。所以，政府可以通过产业政策协调不同产业和部门的企业，从而实现产业和技术的升级。

6. 开放的金融市场和融资渠道的建立

要素禀赋结构升级是产业和技术结构升级的基础，要素禀赋结构的升级意味着资本相对于劳动力的增长。当企业进行产业和技术改造或进行产业转移而对新的产业和技术投资时，需要有充沛的、低成本的资本，这就

---

[1] 林毅夫. 自力更生，经济发展与转型［M］. 北京：北京大学出版社，2004：13.

[2] 张杰，高晓红，李宏瑾. 全球经济演进：结构、逻辑与中国因素［M］. 北京：中国人民大学出版社，2007：209.

需要一个完善的资本市场和开放的融资渠道。

金融市场的主要功能在于动员资金、配置资金和分散风险，其中，配置功能是最基本的。因为将有限的资金配置好了，不仅创造的剩余多，且资金的回报高，动员起来的资金也会最多。同样的资金，如果配置到有竞争力的产业部门中最有效率的企业，风险也必然最小。[1] 因此，在经济发展中，产业结构要成功地转换升级不能缺少开放而公平的金融市场。特别是对技术创新来说，技术创新的风险需要有一个能够提供大规模资金，又能转移分散风险的资本市场，高科技必须要有高的投入，这就决定了创新活动背后需要强大的投融资体系的支撑。这种投融资的支撑不是传统的金融体系所能提供的。一个健全的、创新的投融资体系应包括四个部分：政府科技投入、企业科技投入、风险投资和金融投资。其中，政府的科技投入是重要的引导力量，企业科技投入是主体，风险投资和金融投资是重要支撑。

（二）产业结构调整中政府介入度的界定

1. 不是产业结构变动的直接行为者

政府在产业结构调整升级中扮演重要角色，但有一点是确定的，即它不等于政府可以取代市场而直接地进行产业的打造。正如我们前面所说，产业结构的调整和升级是由企业进行的，而非政府。企业本身在财务预算的约束下，根据市场信息和制度安排给出的激励来选择是否进行新技术的采用，是否投资创新。政府根本不可能以产业参与者的角色跟上市场变动的步调，也无法依赖扭曲市场的政治力量来做决策，“政府只是竞争环节中的一部分，政府能够做的是打造或影响企业周边的机制结构，以及提供企业所需的资源。……当政府介入产业时，应该注意并决定市场需要创造

---

[1] 林毅夫. 自生能力，经济发展与转型［M］. 北京：北京大学出版社，2004：6.

哪些条件，并且鼓励企业行为”。[1] 也就是说，政府在产业结构调整和升级中的地位，不是作为产业结构变动的直接行为者，而是作为合作者，催化者或促进者来体现的，通过适当地运用产业政策和财政金融政策来促进产业结构的发展。

现代社会变得越来越复杂，越来越多元化，公共事务完全由政府来处理，成本太高，副作用大。所以，一个有限政府或有效政府的建立是很重要的。就政府与市场的一般关系来说，在那些可以发挥市场功能的领域，或者通过一些办法能够促进市场运行的地方，政府应尽量减少干预。当然，这并不一定说政府要做到规模最小，而是应重视通过市场来发挥作用。在那些不能依靠市场的领域，政府应当发挥更大的作用。就产业结构调整升级来说，主要应依靠市场的力量来进行，但也不能坐等市场机制来自动地达到，需要有政府的力量来推动。一般来说，产业结构的调整和升级，要靠技术创新和组织创新，所以，要促进产业结构的调整和升级，必须要有一个有利于公平竞争的制度架构。由于制度框架在很大程度上是由政府制定的，所以，产业结构的调整需要政府的力量。但是，对政府的作用要有清醒的认识。政府作用是相对于市场而言的，撇开市场机制的完善，认为只要加强政府规划和领导，就可以推动整个经济的技术进步、高新技术产业的发展及产业结构的调整升级，是错误的。

2. 制定适当的产业政策

产业政策是政府实行的与产业发展有关的一切政策及措施的总和，其核心是产业结构问题。对于一国的产业发展而言，产业政策是政府非常重要的政策手段，任何一个有能力履行经济职能的政府都会针对本国产业结

---

[1] M. 波持. 国家竞争优势［M］. 李明轩，邱如美译. 北京：华夏出版社，2002：6－7.

构发展制定某种类型或形式的产业政策。[1] 一般认为产业政策所注重的政策目标包括：

（1）弥补市场失效，解决资源配置的效率问题。市场经济条件下，市场机制应该在资源配置中发挥基础性作用。由于存在垄断、信息不对称、规模经济、外部性、公共品等方面的市场失效，如果没有政府对产业活动的干预，不可能实现有效的资源配置。如自然垄断行业的发展问题、一些竞争性行业中由规模经济效益所导致的垄断问题、工业化过程中的环境污染保护问题、新技术研究开发活动的外部性等，都需要一定的产业政策的干预。

（2）促进产业结构的优化。如通过保护和促进幼稚产业的发展，帮助衰退产业进行有序、低成本的退出和调整，扶持战略型新兴产业的成长壮大等，实现产业结构的合理化和高度化等。

（3）增强企业创新能力，开拓国际市场，增强产业国际竞争力。

（4）对于发展中国家以及政府主导型市场经济国家，产业政策还具有实施赶超策略，推进工业化和现代化进程的目标。

产业政策在一国经济发展中的重要作用，越来越受到各国政府决策部门的重视。一个适当的产业政策制定必须考虑几个问题：

（1）关于政府产业政策制定的目标。首先，政府的政策应该以创造产

---

[1] 对于产业政策这一概念的内涵，人们在理论上有不同的认识。一种观点认为产业政策主要包括产业发展规划、产业组织形式、技术经济与环境保护等市场准入标准、投融资政策、税收政策、相关的国际贸易政策。并认为从产业政策的性质和作用范围，可以分为广义的和狭义的产业政策：广义的产业政策，如市场准入标准、竞争规则、关税政策、国际贸易规则等，它属于政府的规制，具有共性，所有的经济主体普遍遵循。广义的产业政策是政府管理经济的普遍行为，是为了规范经济主体行为和市场竞争秩序，是维护国家利益所必需的。美国实行的“301”条款以及经常性的贸易报复措施，欧盟实行的产品与环保技术标准等非关税壁垒，都属于广义的产业保护政策。而狭义的产业政策是指带有特殊性的、针对个别产业制定的发展规划、投融资政策和税收政策等。参见王洛林．中国战略机遇期的经济发展研究报告［M］．北京：社会科学文献出版社，2005：87．周叔莲等主编的《中国产业政策研究》一书认为，严格的经济学范畴意义上的产业政策，是指国家（政府）系统设计的有关产业发展，特别是产业结构演变的政策目标和政策措施的总和。根据产业政策实施的对象分为一般性产业政策和选择性产业政策。根据产业政策作用的范围分为宏观产业政策和微观产业政策。根据产业政策的具体内容则可分为：科学技术政策、产业发展政策、反垄断政策、劳动政策、直接管理政策。参见周叔莲，裴叔平，陈树勋．中国产业政策研究［M］．北京：经济管理出版社，1990．

业发展的环境为根本目标。波特认为，政府产业政策的主要目标是发展提高生产力的人力资源和资本。他认为一个国家的经济政策和长期提高生产力是同一回事。要提高生产力，经济就必须不断发展，要达到经济发展的目标，现有产业必须无止境地改善和加强，并培养在新的产业领域里成功的能力。政府产业政策的角色就在于刺激产业，鼓励发展和创新。因此，政府的政策应以创造产业发展的环境为根本目标。❶ 其次，政府政策的目标必须是着眼于提升产业竞争优势，而不是强调维护已有的优势。因为，产业技术在空间上的区位优势以及时间优势是很容易被打破的。

（2）关于政府产业政策的内容或重点。首先，政府政策的重点在于创造有利于产业结构调整升级的环境，如人力资源、科技、经济信息、基础设施及其他生产要素在数量上和质量上的改善。就技术进步而言，要注意的是，绝大部分对生产技术有方向性影响的基础科学、共用性应用科学领域的突破，不是由企业完成的，必须由政府加大投入。其次，政府的政策不仅要鼓励企业进行产业结构升级的活动，也应该影响企业放弃缺乏生产率的产业或产业环节，而走进更高生产率的产业。再次，政府政策的对象不能过分关注于某一个产业。产业结构的调整升级与产业分类方式并无太多的关联性，高科技产业或低科技产业，朝阳产业或夕阳产业，制造业或服务业，乃至于劳动密集（资本密集）型或知识密集型产业的划分往往意味着某个范畴的产业优于另一类范畴的产业，基于这样划分基础上的政府政策不利于产业结构的合理、健康发展。产业结构是经济发展中的长期动态问题，在科学技术日益发展的当代经济社会，绝大多数的产业要在竞争中生存或发展，都必然要走上高科技或知识密集型产业的道路，即便现在不是，将来也必然要走上这条路，象征现代科技的微电子、尖端材料、信息软件和其他技术，正在改变每一个产业从产品到价值链的面貌，❷ 产业

❶ M. 波特. 国家竞争优势［M］. 李明轩，邱如美译. 北京：华夏出版社，2002.
❷ M. 波特. 国家竞争优势［M］. 李明轩，邱如美译. 北京：华夏出版社，2002：610－611.

高端化、产业间融合以及生产性服务业的发展趋势已证明了这一点。政府要提供任何产业都能创新的环境，而不是注重某一个产业。最后，要注意地区产业结构的趋同问题。地方政府的产业发展规划通常更偏重本地区的经济发展需要，而不考虑国家的发展规划和产业政策导向，甚至不考虑本地区的资源禀赋结构，盲目发展短期内高盈利的产业，造成地区间产业结构趋同的现象，进而影响国家产业政策目标的实现。

（3）关于政府产业政策的政策措施和政策体系。首先，产业政策对大多数产业来说是一种外部的影响因素。产业政策要真正发挥作用，必须深入到产业内部，如产业发展的技术、资金、人力等的投入、运行，并发生影响。这就需要政府考虑政策措施体系的设计及协调问题，要建立一个可以支撑产业结构调整升级成功的适当的政策支撑体系，并把单项的政策措施放入到总体整合的政策体系框架中去检验。因为，一项特定的政策如税收政策、财政补贴政策、信贷政策、政府采购政策等所能产生的效果，往往离不开其他变数的表现。所以，政府必须考虑各个政策彼此之间的的互动性。同时，也要考虑到各种产业政策措施的实施通常伴随着财政上的成本负担以及由此而伴随的各种负面效应，因此，对各种政策的目标、结果和实施成本进行综合衡量是必要的。其次，政府政策的制定是一个非常复杂的问题，牵一发而动全身。因为，产业结构的调整涉及到许多横跨传统的社会和产业领域，也涉及纵向延伸的产业链条和环节。而且，政府政策制定过程中要经过立法部门和许多相关政府机关，容易造成主管部门的交叉或政策的不连续、不衔接问题。这是政府在制定政策时必须考虑的问题。

（4）产业的调整和升级是长期的任务，一个产业要形成竞争优势，需要十年或更长时间。要达到既定的产业调整的目标，不能指望能够一蹴而就。所以，政府的政策要保持一定的稳定性和长期性。

值得注意的是，产业政策也有其一定的局限性。政府制定产业政策的

前提是政府决策层有能力制定出合理的产业政策，并且政府的行政执行系统有能力并有效地推动产业政策。但是，正如市场存在失效一样，政府当局也可能存在失效。在政策的决策阶段，政府机构及其官员的利益最大化倾向、信息的不完全以及政府机构行政效率低下等问题的存在，会使得产业政策的决策并非如社会预期的那样科学化，能够符合社会整体利益与社会的福利目标。就执行阶段而言，中央政府和地方各级政府的不同利益偏好和矛盾也容易影响国家产业政策目标的实现。

（三）产业结构调整中政府干预方式的选择

政府干预产业结构的手段很多，大致可以归集为两类：直接干预手段和间接引导手段。

直接干预手段包括政府对稀缺资源的投向进行直接管理、在特定产业创办国有企业、对特定产业的进入实施进入壁垒、对特定产业和产品实施价格管制、对进口物资的种类和流向实行管理等。直接干预手段的优点是实施比较简便、短期内干预效果明显。但要求：首先，政府能够对全社会的一切经济活动，包括物质资源和人力资源状况、技术可能性、需求结构变动拥有全部的信息。而恰恰这是一个不可能达到的假设。其次，政府必须有足够的决策能力和行政执行能力，能够保证其对经济性的分析和相关决策的正确，并能够避免正确决策实施过程中可能发生的扭曲。第三，政府还必须具有相当经济权力，控制足够的经济资源实施各种较强硬的干预措施。因此，在政府能力有限的情况下，这种直接干预容易造成资源配置和产业结构的扭曲。

间接干预手段包括政府通过公布相关信息和政府政策倾向等进行政策引导，对相关产业实行财政、税收、金融以及其他方面的优惠或惩罚等。相对于直接干预，间接干预手段属于对市场的温和介入，对资源配置的影响程度较轻。但只有在经济的市场化程度达到一定水平、财政税收和金融体系相对完善时，间接干预才有可能具备充足的可利用实施的工具和畅通的传导途径。此外，间接干预起效慢，结果不明显也都在一定程度上约束了起作用空间。

产业结构政策的间接干预手段与直接干预手段的作用机理、作用条件、作用效果不同，其在产业结构演进过程中往往是相辅相成、配合使用的。同时也要根据不同国家的具体国情及经济发展的不同时期，选择更加适合的干预途径。就间接干预内部，也要注意处理好财政政策和金融政策的协调配合。在财政政策内部，还要处理好财政支出、补贴、税收等各种政策工具和手段的衔接。

第二章　产业结构调整中的财政支持体系

第一节　产业结构调整中财政支持的作用机制

一、产业结构调整中财政支持的政策取向

在经济资源稀缺的约束下，能够更好地促进资源的合理配置和有效利用，实现经济的持续增长，是实现产业结构优化的一种重要的动力机制。这就决定了促进产业结构调整的财政政策目标具有以下特征：宏观层面上要创造一个有利于产业结构调整的宏观经济环境，除了通常意义上的宏观经济的稳定，还要有一个能够反映我国要素禀赋结构特征的合理的要素价格体系，以及包括人力资源和科学技术在内的生产力要素的提升；微观层面上，通过影响企业的成本收益，推动技术创新和进步，使企业的选择与国家产业政策目标相一致。

（一）产业结构调整中宏观层面的财政政策取向

1. 促进要素价格体系的合理化

如第一章所分析，产业结构调整的根本在于企业对产业的选择，而企

业的微观决策是在一定的要素价格体系下进行的。对企业来说，要素价格体系是外生的，任何一个单独的企业都无力影响它。但是，对于整个宏观经济来说，要素价格体系是可以调整的，政府可以运用一系列政策手段调节要素的相对价格，除了法律和行政手段、货币政策外，通过财政政策可以调节工资水平、利率水平、自然资源和能源价格；通过税收可以调节要素或商品之间的相对价格及企业利润水平等，最终为企业的产业选择创造一个有利的宏观经济环境。

2. **创造和提升生产要素**

产业结构升级的根本原因在于要素禀赋的升级，包括技术进步以及与技术进步相关联的新的人力资本的供给。根据新古典增长模型：

$$Yt = At\ Lt^{\alpha}Kt^{\beta}$$

其中，Y、L、K 分别表示国内生产总值、劳动和资本，At 表示技术进步带来的索洛剩余，α、β 分别表示劳动和资本的产出弹性，α 等于 $(1-\beta)$。新古典增长理论将技术进步视为常数项 At 所表示的余值，来度量全要素生产率（TFP），对上式两边取自然对数有：

$$\ln Yt = \ln At + \alpha\ln Lt + \beta\ln Kt$$

全要素生产率是指扣除了资本和劳动投入的贡献以外其他所有能够促进经济增长的因素贡献的总和，包括设备和工艺技术、产业结构调整、教育进步等因素作用。其中人力资本和 R&D 资本是技术进步和经济增长的重要来源。[1] 诺贝尔经济学奖获得者舒尔茨（Theodore W. Shultz）也认为，技术进步来源于人力资本投资，即人的知识积累和技能提高。[2]

产业结构的变化通常与技术进步相联系。广义上的技术进步包含了 R&D 能力的提高、技术整合能力和产品质量的提高、对新产业或产业新环

---

[1] 新古典增长理论把宏观意义上的技术进步看成经济增长的一个外生变量，而新增长理论则将技术进步看成是内生的，并试图用内生的因素，如制度、环境等解释经济增长问题。

[2] 舒尔茨. 报酬递增的源泉［M］. 姚志勇等译. 北京：北京大学出版社，2001：15－19.

节的渗透能力提升等。技术的进步通常不仅使应用这项技术的产业与企业受益，还会影响到与该产业相关的其他产业。因此，在政策取向上：

第一，财政要加强对科技研发的支持。对科技研发的支持，政府可以直接从事科学研发创新，也可以对企业的研发行为实施补贴，或者对企业研发行为本身进行补贴，或者对吸收引进新技术进行补贴。一个国家的科技研发不能完全依赖企业，因为科技研发的成果，往往影响层面超越单个企业。产业结构的调整、升级光靠市场进行科学和技术商业化是不行的，重要科学研究必须要由政府研究机构直接进行，同时，也必须要有鼓励技术进步、鼓励研发的财政政策。

第二，财政要支持教育和培训，通过教育和培训提升人力资本。一个企业进行产业和技术的升级是否成功取决于企业之外是否存在新的人力资本的供给。在一个新的、前沿性的产业和技术中，人力资本和物质资本的互补性越来越强。首先，企业要在新起的产业环境和新的产业中竞争，需要有具有改善技术的人力资源；其次，企业管理人员及员工要面对和解决新技术所带来的生产和市场等方面的不确定性，还要对引进的新技术进行改良，以适应本企业的环境；再次，要达到高的生产力需要有经验的管理人员和技工。一个国家经济要发展，人力资源的质量必须持续提高，政府要提升产业水平，强化教育和技术培训是最有远见、最可行的手段，不仅要改善一般的教育体系，而且要鼓励企业自行发展专业的技术教育和培训。

在以上这些方面，财政教育支出、财政科技投入以及税收、补贴等财政激励手段的运用可以发挥很大的作用。

（二）产业结构调整中微观层面的财政政策取向

产业结构调整中微观层面的财政政策是一种带有导向性的间接参与市场运行的财政调控政策，其本质上是一种供给管理型财政政策，在经济资源稀缺的约束下，通过经济利益诱导生产要素的配置，实现产业结构向预定目标调整。

微观层面的财政政策对产业结构调整的支持可有激励性和限制性之分。所谓限制性的财政政策主要针对衰退产业中个别拒绝退出的企业，如涉及环境污染严重，但又需求旺盛的产业中的企业，采取税收附加、差别税率等抑制性手段，促使其加快产业转移。激励性的财政政策则是侧重于以激励来实现引导，引入制度设计中的激励机制，使市场主体沿着产业结构升级的轨迹进行选择。对于主导产业或需鼓励发展的产业，如高科技产业、生产性服务业等，要通过财政税收手段进行扶持，在增加其利润的同时降低进入成本；对于衰退产业，在降低其经营利润的同时，也要注意降低其退出的成本。特别是对一些退出成本高的企业，应该给予适当的财政补贴，鼓励其尽快进行产业转移。

在微观层面实施产业结构调整的财政政策时，还有几个方面的问题需要给予特别的注意：

第一，不合理的产业重复建设问题。在产业结构调整过程中，对市场需求迅速增长的产业的重复建设或过度投资的问题不可避免地会出现。产业发展中的过度投资和重复建设以及由此导致的过度竞争是企业的市场决策，应该由市场机制去解决，但是，仅仅依靠市场机制去调节往往要付出巨大的经济代价和机会成本。对于这种社会私人资本的重复、过度投资问题，除了政府通过发布产业信息给予预警外，财政在制定税收优惠、财政补贴的激励性政策时应综合考虑，避免对社会私人资本的过度诱导，以造成产业发展激励的扭曲。

第二，产业结构调整中退出机制的建立和完善问题。在产业结构调整中，必然涉及部分衰退产业中的企业的退出问题。由于资源枯竭、价格上涨和技术更替等方面的原因，个别产业逐渐丧失竞争力而在产业结构中的地位趋于下降，呈现出衰退的特征。针对衰退产业调整的财政政策的措施包括：（1）设立产业衰退援助基金，对衰退产业的退出与转产给予援助、

补贴，并对安置衰退产业退出职工的企业提供税收优惠或贷款补贴。(2) 对于个别拒绝退出或退出成本过高的企业，可以采取税收的抑制性手段或财政补贴的手段促使其加快产业转移。(3) 适当增加失业补助金，增加社会保障支出以及再就业培训，加大对职工安置、转岗和再就业的扶持。对于无法通过存量调整进入其他行业，只能采取破产、关闭等方式退出原有产业的企业，或者在调整过程中需要大量裁员的企业，对其员工的安置问题，必须要统筹考虑。除对录用衰退产业退出企业的工人的企业予以补贴或提供税收优惠，政府出资和支持公共工程招标与录用衰退产业中退出企业工人相结合外，一个完善的社会保障制度对产业结构调整具有重要的意义，它可以为产业结构的调整提供一个有力的保障，如延长失业保险、增加失业补助金、采取提前退休制度等，来对产业结构的调整提供支持。由此可见，产业结构调整过程中，一个完善的退出机制的建立并不仅是对退出企业本身的财政抑制或财政的激励问题。

第三，财政政策工具的使用应注意时空的衔接。在时间层面，激励何时开始，何时退出，应有一套科学的标准，符合产业发展周期的基本规律。处于不同的产业生命周期阶段[1]，产业所适用的激励政策是不同的。在产业的形成阶段，政策要体现国家产业导向，对符合国家产业发展政策的幼稚产业、先导产业予以扶持，通过降低幼稚产业、先导产业的税收负担，增加对产业内企业信贷资金扶持等措施加快企业发展。在成长期，产业发展速度大大超过了整个产业系统的平均发展速度，政府应采用“取予结合，取之有度”的政策导向，激励处于成长期的产业通过资本运营组建大型企业集团，优化资源配置，在促使相关产业发展成熟的同时加速经济增长。在成熟期，产业发展速度开始放缓，政府应坚持公平原则，统一税负，充分发挥市场竞争机制，促使资源在产业内部合理流动，提高产业投

[1] 根据产品的经济寿命不同可以把产业生命周期分为四个阶段：形成期、成长期、成熟期和衰退期。

资回报率。在产业衰退期，根据本国的比较优势和衰退产业使用要素的比例调整激励政策，促使不具比较优势的产业内企业向外转移或主动淘汰。

在空间层面，激励应从国家区域产业结构布局和各地实际情况出发。长期以来，我国生产布局落后，区域产业结构趋同，产业布局严重失衡。随着市场经济体制改革的不断深化，不同类型区域的产业布局将在市场机制作用下按各自比较优势调整。东部地区正逐渐形成高新技术产业为主的主导产业群，而中部地区则将形成冶金、重工业及机械制造为主的主导产业群，西部地区将以资源开发为主，适度有选择的发展加工工业，因此，根据不同的发展战略制定更加适合当地发展的财政激励措施，在东部地区激励更多的侧重高新技术出口制造业，在中西部地区加强对劳动密集型产业的激励，引导东部原有的制造业向中西部转移，而对于东北老工业基地，激励就要着眼于促进高新技术对传统制造业的改造。

二、产业结构调整中财政政策的作用路径

如第一章所分析，需求结构、供给结构是实现产业结构升级的重要途径，因此，旨在促进产业结构优化升级的财政政策也必然需要借助相关因素和特定的传导机制实现其应有的政策目标。

（一）通过改变需求结构作用于产业结构

在一个对需求与供给传导相对健全的经济中，财政政策可以通过调整需求结构进而影响供给，最终改变产业结构。需求是影响产业结构的一个重要因素，在市场最终需求结构变化后，产品市场的供求双方会做出相应的变化，最终影响到产业结构的变动。财政对需求的影响可以通过多渠道进行。通过税收、对个人的转移支付可以改变收入与财富的分配状况，同时对产品设置差别税负，使不同产品之间的价格比发生变化，改变市场中原有的消费需求结构，既包括最终的消费需求结构，也包括中间品的消费

需求结构。也可以通过所得税、商品税影响相关产业部门内在成本一效益关系的变动，在利润的激励下，使生产要素向高收益产业转移，引导社会原有投资需求结构的变动，实现产业的更替，推动产业结构优化升级。也可以通过政府采购为新产品、新技术创造一种“市场需求”，落实国家产业发展规划的实施。

（二）通过刺激供给影响产业结构

1. 财政与资本供给

资本是影响产业结构优化升级最直接的因素，一般通过调整增量资本和存量资本来实施。增量资本调整是通过改变对社会资本的投向和各产业部门投资份额来促进产业结构升级，而存量资本调整是通过加速现有存量资本在产业间的流动和转移来实现产业结构的优化重组。财政政策可以通过作用于资本初始配置和重新组合影响资本供给，从而达到改变产业结构的目的。在初始配置方面，一方面可以通过相关财政激励措施提升企业效益，加强企业自主融资的内在动力，使企业所在产业得到进一步发展，另一方面，通过培育多元化投资主体，鼓励包括政府投资、私人投资及国外投资在内的多种投资形式的发展并存，引导社会私人资本投资新兴产业领域。在资本的重新组合方面，政府可以通过税收促进企业并购实现资本的合理流动，改变原有的产业结构均衡。财政对于资本供给的引导应立足于对风险投资的鼓励，广义的风险投资泛指一切具有高风险、高潜在收益的投资，狭义的风险投资是指以高新技术为基础，生产与经营技术密集型产品的投资。政府通过财政政策引导风险资本投向蕴藏着失败风险的高新技术及其产品的研究开发领域，促使高新技术成果尽快商品化、产业化。

2. 财政与人力资本供给

人力资本是影响产业结构优化升级的关键因素。所谓人力资本是指依附每个人的体力和智力所具有的劳动（包括体力劳动和脑力劳动）价值总和。人力资本是人们在教育、职业培训、健康、移民等方面的投资所形成的。❶ 产业结构升级一方面要求有足够的必要质量的劳动力，另一方面劳动力在产业间的转移也必须以具备相应的劳动技能为前提。在劳动力数量方面，财政可以通过税收影响产业的劳动收益，改变不同产业中劳动者对劳动与闲暇的选择，进而影响产业间劳动力的相对价格，使劳动力由低收入的产业不断流向高收入的产业，改变原有的劳动力结构布局，从而影响产业结构。在劳动力质量方面，政府可以增加全社会的教育投入，鼓励教育产业发展，并运用有关的财政税收手段，提高企业在职培训的偏好，直接和间接的增加人力资本投资，提高劳动力质量，提升产业劳动生产效率，推动技术和产业的升级。

3. 财政与技术进步、技术创新

经济结构演进归根到底由生产力的发展状况决定，“科学技术是第一生产力”，因此，技术进步成为产业结构优化升级的根本动因。技术进步的途径有技术自主创新、技术模仿和技术扩散。技术转移和引进作为对技术扩散的另一种角度的表述。从技术进步获取的方式来看，一般认为三种方式：一是政府部门提供支持的研究与开发活动。基础性科学技术知识及共用性应用技术大都采取这种方式进行；二是私人部门为了经济利益而进行的研究与开发活动。应用性技术主要来源于此类活动；三是实践经验积累，即“干中学”。❷ 第一种方式需要财政的支出给予支撑，第二种方式政府可运用相应的财政政策优惠，如财政补贴、税收优惠等，借由价格机制作用于产品的最优组合，进而影响企业的边际成本和边际收益，激励企业推进技术进步，做好传统产业的技术改造和高新技术产业的扩张，打破原

---

❶ 舒尔茨认为，人力资本的形成有五个途径：①健康设施和服务，一般包括所有影响人均预期寿命和人体体力、精力、耐久力及活力的支出；②在职培训，包括企业组织的传统学徒式教育；③初、中和高级的教育；④不是由企业组织的成人在职教育；⑤为适应工作机会的改变而进行的个人和家庭移民。卢卡斯认为，人力资本积累的两个途径在于教育和干中学（learning - doing）。

❷ 张培刚. 发展经济学教程［M］. 北京：经济科学出版社，2001：379 - 380.

有产业结构下的均衡，向更高更合理的产业布局演进。另一个角度说，教育、人类资本的开发与供给和技术进步、技术创新也有极大关系。教育增加个体的能力首先表现在创新，如发明新产品、新技术、新的工艺流程；其次表现在采纳新技术，然后加速新技术在经济中的扩散。[1] 所以，通过财政的教育投入，也可以促进技术的进步和技术的创新。

三、产业结构调整中财政政策作用发挥的外部保障

（一）财政政策需要完善的市场机制配合

政府的财政政策，虽然其目的为了纠正市场失灵，但政策还是要借助市场机制的传导才能收到应有的效果。其中的重点是理顺价格机制，建立健全金融市场。不管政府对目标产业给予的税收优惠还是贷款贴息形式的措施，其激励效果是建立在微观主体企业的生产函数会对政策产生正确的反映的基础之上的。所以，在运用财政政策来干预产业结构调整时，要加大各方面的改革力度，完善市场机制，如加快企业改革和银行改革；要建立完善的资本市场体系；建立健全社会信用体系，消除或减弱信用市场上的道德风险和逆向选择等。

（二）财政激励需要完善的法律环境支持

加强立法，将政府的财政激励的相关政策措施提升到法律的高度，依法确立政府与市场的新型关系。法律不仅用来规制企业行为，而且也是政府干预微观经济运营的重要依据。一方面，能够增强政策的可靠性，使企业愿意将之作为经营决策的重要依据；另一方面，以法的形式约束政府行为，确保财政激励不会超越引导直接干预经济运行。首先是财政领域本身

[1] 郭玉清. 内生创新增长理论研究评述（上）[J]. 经济学动态，2007（8）.

的法律制度的完善，如在税收制度的完善、预算法律的完善、政府采购法律的完善、政府担保法律的建设和完善等。其次，是与财政政策实施相关的法律制度的完善，如公司法、合伙企业法、招投标法等。

（三）财政政策与世界贸易组织规则的协调

世界贸易组织的原则和规则对一些政府的经济行为有所限制，因此，财政政策的制定中，必须考虑与世界贸易组织原则和规则的协调问题。如在促进出口方面和保护国内处于幼稚期的高新产业方面，财政政策应充分利用 WTO 的“绿箱”政策（不引起贸易扭曲的政策），在世界贸易组织有关原则和协议允许范围内，通过制度创新加大对企业支持力度。一是适应 WTO 规则要求，将目前以区域性为主的财税优惠政策改为以产业导向为主，实行保护重点产业的税收政策，对农业、基础产业、高新技术产业及其他具有重大国家利益而需要扶持的行业，实行重点支持；二是基于世贸组织乌拉圭回合协定关于补助金只能用于支持技术开发、地区开发、环境保护等规定精神，根据世界贸易组织补贴的规定，[1] 支持科技创新，补贴基础研究和科研开发，激励企业加大技术开发费和新产品试制费提取比例；三是为了增强国内高新技术产品在进入阶段的国际竞争力，在实践中可依据世贸组织保护民族幼稚工业的有关条款，适时推行反倾销关税制度。

又如在财政补贴方面，根据世贸组织《补贴与反补贴措施协定》中有关研究开发投入的非歧视性原则条款，财政补贴应重点放在支持竞争前研究开发活动上。这样，既能减少对企业经营的直接干预，也满足世贸组织

[1] 国家可以对基础性研究给予资助，资助额可以达到成本的 75%，对于竞争性开发的研究资助可以达到成本的 50%。

的规则要求。❶

在政府采购方面，即使加入WTO的《政府采购协议》后，也要借鉴发达国家的经验，制定保护国内产业的措施。一是规定政府采购的本地含量。在政府采购中规定国内产品和劳务的含量。二是给予本国企业的价格优惠。对于本国的供应商，招标价格可以比国外供应商适当高一些。三是优先购买本国产品。如美国制定了《购买美国产品法》，规定政府采购要优先购买国内的商品，除非这些商品的价格是不合理的。四是在一些领域限制或禁止外国企业进入。如美国加入《政府采购协议》后，电信领域仍不对欧盟开放。

第二节 产业结构调整中财政支持的政策体系

从各国的实践看，旨在影响产业结构的财政政策中，除了作用于产业调整宏观经济环境的政策外，作用于微观主体的财政政策侧重以激励性政策为主。❷ 以财政激励为载体的财政政策是一种带有导向型的、间接参与市场运行的政策。根据性质划分，财政激励常用的政策工具有三种，激励性财政支出政策、激励性税收政策和激励性财政信用政策。

---

❶ 按世贸组织《补贴与反补贴措施协定》，"竞争前研究开发活动"是指将工业研究成果转化为新的、改型的或改进的产品、工艺或服务的计划、蓝图或设计，无论是否用于销售或使用，包括创造不能用于商业用途的第一个原型。此外，世贸组织《补贴与反补贴措施协定》中还规定了对公司进行研究活动的援助，或对高等教育机构、研究机构与公司签约进行研究活动的援助限制条件，如援助涵盖不超过工业研究成本的75%或竞争前开发活动成本的50%，且此种援助仅限于人事成本；专门和永久用于研究活动的仪器、设备、土地和建筑物的成本；专门用于研究活动的咨询和等效服务的费用；因研究活动而发生的额外间接成本；因研究活动而发生的其他日常费用。吴敬琏. 中国经济增长方式抉择［M］. 上海：上海远东出版社，2006：167.

❷ 在这里，我们把政府用于一般教育、科研以及其他提供公共物品和服务等方面的支出划归到宏观层面上的财政政策，不在这里作分析。特别是财政教育支出、科技支出，尽管它们与科技进步、科技创新有着直接的关系。本节以及其后的内容侧重分析激励性的微观财政政策。

一、激励性的支出政策

激励性的支出政策主要有政府采购、财政补贴等，这些政策工具对企业的产业选择能间接起到示范效应，使之根据国家产业政策的发展要求，引导社会资源的合理流向。

（一）政府采购

政府采购作为政府预算支出的重要内容，构成社会总需求的重要组成部分，它的投向和投量将对社会的生产及消费等产生重要影响，具有强大的宏观调控功能。具体到产业结构调整，人们普遍认为政府采购能为技术创新提供巨大而稳定的市场。政府订购本国技术创新产品要比投入大量研发费用更有意义，因为“市场需求拉动”的创新比“供给推动”的创新更容易成功。发达国家日益重视该手段在促进技术创新，推动产业发展上的作用，如近年来国际上提倡的“绿色采购”，对于引领绿色消费观念，提升绿色生产技术，加大企业节能减排的动力方面作用显著，极大的促进了环境友好型绿色产业的发展。

政府采购对产业结构的引导，是建立在对市场需求的影响之上。由于政府采购一般量大面广，政府采购能直接提升对采购产品的需求，刺激该产品的生产。加之其对私人需求具有很强的导向作用，在一定程度上扩大了某一产业的需求，从而使该产业在整个社会经济中的比重得到提升，进而改变原有的产业结构。

政府采购资金庞大的规模优势能够在技术创新及产业升级完成过程中体现导向作用，落实政府意图，能够创造和补充出一个市场，帮助国家战略所需技术创新的充分实现。但水能载舟，亦能覆舟。原因是政府采购通常会变成一个保护市场，这恰恰是企业自主创新的大忌。要使政府采购成为促进自主创新的正面力量，应该遵循下列原则：

（1）抢先性需求，即政府的采购应刺激先进产品和服务的需求，并借此带动本国企业走到这些领域；

（2）扮演强势挑剔型客户，即政府采购应该定下严格的、性能专业的产品标准；

（3）采购内容要反映国际上的需求趋势；

（4）采购程序要有利于创新；

（5）采购程序要包含竞争。

就长期而言，政府采购必须对外国厂商开放市场，以刺激本国企业进一步的创新能力。

（二）财政补贴

符合产业激励的财政补贴一般有三个政策含义：一是对衰退产业中退出成本过高的企业给予的弥补；二是对企业遵循政府的产业发展战略和规划时，可能会遭致损失的弥补；三是政府针对某一重点产业领域（如中小企业的研究开发及技术创新等）进行的特殊扶植。通常所说的激励性的财政补贴多是从第三种政策含义而言，主要目的是为了提高该国在相关产业上的优势。从世界各发达国家的经验来看，这种补贴政策的作用对象多集中于中小企业、高新技术企业和创新研究，具体包括对高新技术开发与引进的补贴、设备更新补贴、利息补贴等。

财政补贴对生产者选择的激励作用可分为替代效应和收入效应。替代效应是由于财政补贴可以降低企业人员成本、技术开发成本和固定资产成本，使享受相关补贴的产品 X_1 相对于无补贴的产品 X_2 的价格下降，在图 2－1－a 中，P 变为 P′，追求利润最大化的企业必然改变原有的生产布局，用更多的 X_1 替代 X_2（A_1A_1'）；收入效应则表现为通过政府补贴，会增加生产者可支配的经济资源，增强了商品的生产能力，使生产者的生产可能性曲线向外移动，在图 2－1－b 中，T 变为 T′，相应企业会增加 X_1 的供给

(B_1B_1')。并且财政补贴所带来的替代效应和收入效应方向一致，扩大了补贴品的市场总量（$A_1A_1'+B_1B_1'$）。

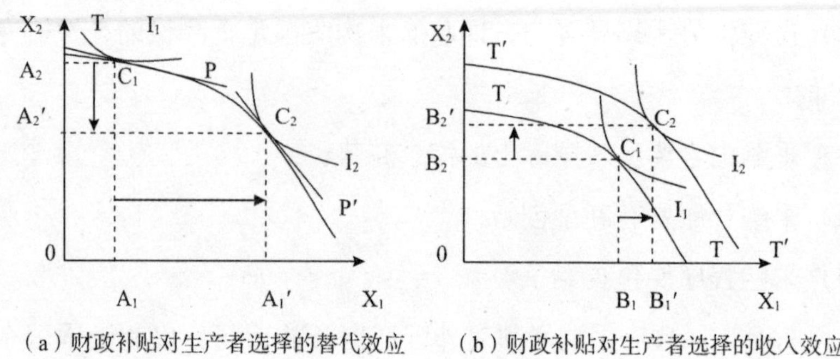

（a）财政补贴对生产者选择的替代效应　　（b）财政补贴对生产者选择的收入效应

图 2－1　财政补贴的替代效应和收入效应

财政补贴政策与其他激励性财政政策相比较，如税收激励，其特点在于政策受益对象明确，具有较好的针对性。因为它是对特定的部门、企业或项目进行的补贴，补贴对象具有特殊性，是可以甄别的，操作性较强。但补贴政策与其他政策手段相比，也有局限性，其局限集中于：

（1）资金来源有限，容易对其他财政支出产生挤出；

（2）受益面窄，只能针对少数的特定产业或经济行为有限的支持；

（3）对企业研发采取直接补贴的鼓励需要政府从商业观点去评价企业的研发计划很困难，容易造成寻租行为；

（4）容易导致过度补贴，不仅会弱化激励效果，还会损害市场原有的公平和效率。这一点最令人担忧。企业为了避免承担财务风险，容易产生应付了事的倾向。而且，这种激励容易扭曲企业行为，引导企业用政府补贴资金去处理早已商业化的项目，或夸大研究成果。特别是在对衰退产业中企业实施补贴政策促其退出时，对需求旺盛的企业实行不当补贴，给企业造成预算软约束的预期，诱发企业扩大规模，强化过剩生产能力，减弱市场机制。

（5）补贴往往带有某种条件的限制，反过来会限制企业的灵活性。当企业面对产业调整和创新的压力时，补贴政策通常会延缓企业必要的行动。

二、激励性的税收政策

税收政策的变化会引起企业成本结构发生相应的变化，进而影响企业收益，最终引起产业结构的变化。

通过选择性地降低部门或产业的税收负担，不同的税收政策会影响企业的预期收益，作用于产业结构优化升级。为简化起见，这里采用两部门的分析模型：生产 X 产品的 X 部门与生产 Y 产品的 Y 部门。

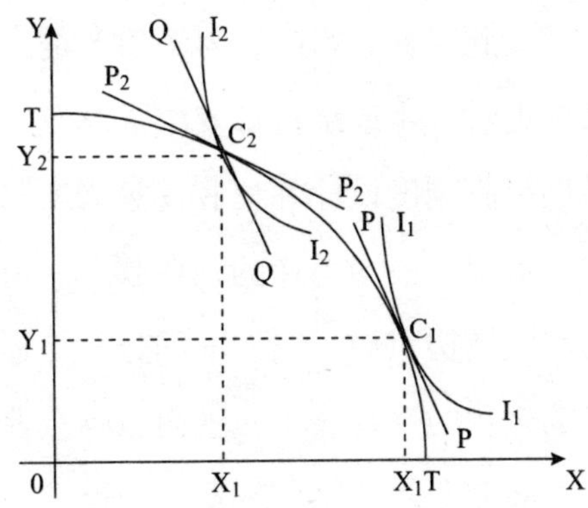

图 2－2　不同税负下资源配置情况

在图 2－2 中，TT 线表示生产可能性曲线，是在社会一定资源下的产品 X 与 Y 的产量组合。I_1、I_2 为消费者无差异曲线。PP 线为 TT 线与 I_1、I_2 线的公切线，对于 TT 线而言，PP 线代表了商品 X 与 Y 的边际成本比，对于 I_1、I_2 线而言，PP 线的斜率等于商品 X 与 Y 的相对价格。在政府实行差别税负之前，TT 线与 I_1 线的切点为 C_1 点，在此点无差异曲线的斜率等于生产可能性曲线的斜率，也就意味着生产转换率等于产品的边际替代率，表示为：

MRSXY = UX/UY = PX/PY = MCX/MCY = MRTXY

此时，X 部门生产产量为 X_1 的产品，Y 部门生产产量为 Y_1 的产品。现假定政府对 Y 产品实行税收优惠，对 X 产品不优惠，此时，

（UX/UY） = PX/PY = MCX/MCY（1 + TY）

由于 TY > 0，故 MRSXY = （UX/UY） = PX/PY > MCX/MCY = MRTXY

这样，X 与 Y 之间的资源配置状况就会发生改变，资源由 X 部门流向 Y 部门，直到 X 与 Y 的产品边际替代率与生产边际转换率相等为止。在图中表现为，当对 Y 实行税收优惠时，X 与 Y 的边际成本比率发生变化，TT 线的切线斜率随之改变。TT 线的切点由 C_1 转移到 C_2，切线 PP 变为 QQ。同时，X 与 Y 的相对价格比也发生变化，X 的相对价格提高，相对价格线由 PP 变为 P_2P_2，前者的斜率大于后者。I_2 为与新的相对价格线相切的无差异曲线，它与 TT 线相交于 C_2 点。这是在新的边际成本比率下企业能够达到的最高无差异曲线。此时，Y 的产量为 Y_2，X 的产量为 X_2。这样，无论是从投入看还是从产出看，生产结构都发生了改变。

税收政策通常借助税收制度设计和税收优惠来实施激励，通过选择性降低部门或企业的税收负担，改变企业的预期收益，引导纳税人从事特定经济行为，最终改变产业结构布局。如上面的分析，通过税收优惠安排设置差别税负，可以影响企业的生产成本，进而影响企业产品的市场价格和产品的附加值，改变不同产业间的比较利益。为追求税收制度安排带来的超额利润，理性的生产者会选择更多的提供享受税收优惠的商品，从而使资源流向享受税收优惠的产业和地区，改变资金、劳动、技术、产品市场的分布，在优化资源配置的过程中实现产业结构的升级。

税收优惠包括减免税、优惠税率、税收扣除、税收抵免、加速折旧、税收递延、亏损结转、优惠退税等。减免税、优惠税率、优惠退税可以直接减少企业的应纳税款；税收扣除可以降低企业的应税所得额，从而减少应纳税款。投资税收抵免是允许纳税人将固定资产投资支出的一定比例冲抵企业当年应纳的所得税额，实质上是对纳税人投资的一种补助，其宗旨在于鼓励投资。税收递延是允许纳税人推迟纳税期限或分期缴纳应纳的税款，表现为纳税人当期税负的向后推迟，实质上是向纳税人提供一笔相当于所递延纳税款数额的无息贷款，给企业带来财务上的利益，同时也起到促使企业积累资金进行再投资的作用。加速折旧也是一种延期纳税的表现形式，一般通过两种方法进行：一是直接缩短折旧年限，直接减少固定资产使用期间的应纳所得税，加快企业的技术更新；二是采取特别的计提折旧的方法，提取折旧总额不变，但前期多提折旧，后期少提折旧，企业总税负不变，但税负前轻后重，实际上是允许纳税人将前期税负部分后延，等于政府向纳税人提供了一笔无息贷款。亏损结转则是允许纳税人将其某一年度的亏损，冲抵以后年度或以前年度的赢利从而减少相关年度的应纳税额，实际上是政府与企业共同承担投资和经营的风险。

上述税收优惠措施的作用机理、政策着力点各不相同，从作用的形式或路径，可以划分为直接的税收优惠和间接的税收优惠；从税收优惠的着力点看，还可以划分为税基式的优惠、税额式的优惠、税率式的优惠以及时间式的优惠。

表 2－1　税收优惠的形式及作用途径

<table>
<tr><th>优惠类型</th><th>具体形式</th><th>优惠方式</th><th>税种范围</th><th>作用机理</th></tr>
<tr><td rowspan="4">税基优惠</td><td>税收扣除</td><td>间接</td><td>所得税</td><td>降低应纳税所得额</td></tr>
<tr><td>盈亏互抵</td><td>间接</td><td>所得税</td><td>税前利润的前转或后转，冲抵应纳税所得额</td></tr>
<tr><td>加速折旧（缩短年限）</td><td>间接</td><td>所得税</td><td>增加固定资产使用期间的折旧，减少应纳税所得额</td></tr>
<tr><td>准备金制度</td><td>间接</td><td>所得税</td><td>技术准备金、投资损失准备金等，降低应纳税所得额</td></tr>
<tr><td rowspan="3">税额优惠</td><td>税收减免</td><td>直接</td><td>商品劳务税、所得税</td><td>直接减少应纳税额</td></tr>
<tr><td>税收抵免</td><td>间接</td><td>所得税</td><td>投资抵免，减少当期应纳税额</td></tr>
<tr><td>优惠退税</td><td>直接</td><td>商品劳务税、所得税</td><td>出口退税、再投资退税，减少应纳税额</td></tr>
<tr><td rowspan="2">纳税时间优惠</td><td>延期纳税</td><td>间接</td><td>商品劳务税、所得税</td><td>推迟当期应纳税额的缴纳，获得无息贷款的财务利益</td></tr>
<tr><td>加速折旧（计提方法）</td><td>间接</td><td>所得税</td><td>税负前轻后重，获得递延纳税的财务利益</td></tr>
<tr><td>税率优惠</td><td>优惠税率</td><td>直接</td><td>商品劳务税、所得税</td><td>降低税率减少应纳税额</td></tr>
</table>

税收优惠的特点，特别是间接的税收优惠体现了政府由干预转向引导和激励的发展趋势，决定了其在产业结构优化升级中具有广阔的作用空间。其优点表现为：

（1）作用面广，非特定的对象可以极大扩展其作用空间；

（2）税收优惠具有灵活性和针对性，并可以部分地规避 WTO 对财政补贴的限制。

但其不足或局限性也表现得较为突出，集中体现为：

（1）优惠力度相对较小，单次受益额少使得支持力度有限；

（2）优惠多倾向于盈利企业，拟建企业、新建盈利性较低的企业、科技投入较高影响盈利水平的企业、亏损企业等的受益程度较低，甚至不受益；

（3）过多的优惠在一定程度上容易影响企业之间的公平和市场竞争机制；

（4）因非特定对象面广，在执行中容易出现税收优惠滥用的现象；

（5）政策时滞问题较为突出。政策时滞包括认识时滞、决策时滞、执行时滞和反应时滞。相对于其他类型政策的时滞，税收政策的决策时滞和执行时滞问题较为突出。如在决策方面，增税、减税等政策都要经过立法机构审议通过方可实施，从而造成政策效果的滞后。又如在执行方面，我国的增值税转型问题早在 2003 年《中共中央关于完善社会主义市场经济体制若干问题的决定》中已正式提出要将生产型增值税转为消费型增值税，但要直到 2009 年 1 月 1 日起才在全国推广展开。此外，在我国，各税务机关为了完成计划收入任务往往会截留税收，人为延长税收政策的执行，造成执行时滞。由于一系列政策时滞的存在，税收政策对产业结构的调整具有明显的滞后性。

三、激励性的财政信用政策

技术创新与进步是产业结构优化升级的关键所在，而政府在高新技术

企业的发展过程中扮演着重要角色。在高新技术产业化过程中的初期，由于风险大，投入高，传统投资者不愿进入，尤其在风险投资机制还不够成熟的时期，政府的资金引导是非常必要的。激励性信用政策主要是为了解决中小企业融资和分担高新技术企业发展初期的高风险。政府可以借助政府信用直接或间接地进行贷款融资，降低相关产业（高新技术产业）的预期风险，提高整个行业的投资预期收益，为企业树立一个良好的信号，引导商业资本注入，保证企业快速成长。

（一）政府担保[1]

政府担保主要是由政府提供资金并以政府信用作为担保，这种政府担保不同于原有的行政性担保，一般是由政府出资，成立担保基金或担保公司，或吸引民间资本组建投资公司、担保公司。政府并不直接参与资金的运作与管理，而是更加强调市场机制的作用。通过建立市场化运作的担保基金或担保公司，引导资金和其他经济资源的配置，是政府有效参与风险投资的形式。政府担保的类型可以分为两大类：一是贷款担保，政府以“政府信誉”为担保，带动银行资金和其他社会资金投向处于融资困境且具有发展潜力的企业，通过政府担保可将资金放大 10 ~ 15 倍。二是股权担保，主要针对风险投资公司，对投资者的部分损失提供补偿，降低投资者投资风险，促进创业投资的积极性，从而增强风险投资的吸引力。激励性政府担保通过对微观领域资金融通的延伸实现在宏观视角下对经济的激励，使符合国家产业政策的某些行业、从事某些特定经济活动的主体能够更容易获得融资。政府担保的局限性主要表现为：

（1）政府组建的担保机构和创投基金的资金来源以各级地方政府财政资金和资产划入为主，大都是一次性的，且规模不大，缺乏后续资金注入

[1] 政府担保实质上也是一种广义上的政策性金融活动，本书第五章将对它的作用机制、具体政策运行进行较全面的分析。

及补偿机制，使其承保和投资能力有限，一旦发生代偿就有财务亏损或破产的危险。

(2) 由于在受保企业、银行、担保机构和政府的关系链条中，各方之间信息不对称，容易产生“逆向选择”和“道德风险”，而可能使担保风险过多向政府担保机构集中。给政府留下了巨额的隐性成本。

(3) 行政干预的倾向较为明显。政府担保资金大都来源于政府的财政拨款，普遍受到各级政府的重视，从而使行政干预不可避免。行政干预主要表现在政府部门及其相关领导无视担保性质、业务方向和条件，挪用基金，变更业务，进行指令担保和贷款，同时，也存在借监管之名行干预之实的现象。过多的行政干预易加剧政府的设租或寻租行为，造成经济行为短期化和政治化。使担保资金变为中小企业的救济基金或第二财政，使担保机构的运作脱离市场机制，造成资源配置的扭曲。

（二）财政投融资

所谓财政投融资是指政府为了实现特定的政策目标，运用信用手段，有偿筹集资金和使用资金的政府金融活动。它可以将财政融资的良好信誉与金融投资的高效运作有机地结合起来。财政投融资的根本作用在于充实社会先行资本，填补财政预算无偿投资和一般商业金融投资的空白，其特点在于既体现政府的政策取向，又在一定程度上按照信用原则组织经营。财政投融资的主要领域是准公共产品，这类产品若完全依赖财政无偿投资，由于财力有限势必出现“瓶颈”制约，供给不足；若完全依靠企业筹资、银行融资，由于准公共产品的“外部性”，会导致供给不足甚至无人投资。现阶段我国财政投融资的主要领域是非经营性公共基础设施、高新技术及农业。财政投融资作为市场经济条件下政府实施资源合理配置的一种调节手段，不仅能够对增量结构予以调节，使生产要素合理流动，实现产业结构的合理化；还可以通过发行债券、股票，设立创业投资基金及风

险补贴基金，进行BOT融资等手段，增加能源、交通运输、通信等公用事业的扶持，使基础设施建设有明显的改善。此外，财政投融资可以体现政府的扶持重点，对私人投资产生一定的示范效应。政府对特定产业的信贷投入，有助于改善外部环境，降低市场风险，增加了私人资本获利的机会，从而引导私人投资流向，推动相关产业不断扩张。财政投融资政策的优势体现在：

（1）强调资金的安全性和增值，更加符合市场规律，有利于市场机制发挥作用；

（2）通过对商业金融机构的“导向—跟踪”机制，实现对企业和商业银行投资的诱导，不会扭曲资源配置；

（3）可以利用信用杠杆调动更多的经济资源。

其作用的局限性表现为：

（1）财政投融资的性质决定了其资金的主要用途应为准公共物品，对产业结构调整的作用有限；

（2）资金来源有限，多为邮政储蓄和国债资金；

（3）风险较大，由于还本付息、经营失败可能性等情况，存在呆账或坏账等无法收回的风险；

（4）易产生寻租、政府越位等政府失灵，使用不当会加剧财政的隐性风险。

现实经济的复杂性以及各种激励措施本身的缺陷，使单纯运用一种政策的激励效果不明显，只有综合运用多种政策，趋利避害才能使激励政策达到最大化的效果。

第三节　促进产业结构优化的财政激励政策的国际比较

各国在不同的政治经济制度、历史文化背景等因素的影响下，以本国的国情出发，建立了具有不同特色的发展模式，虽然财税支持政策也不尽相同，且随着经济和社会发展及科技进步而发生变化，但仍表现出一定的内在规律。

一、美国促进产业结构优化的财政激励政策

美国是一个崇尚经济自由主义的国家，因此，政府的有关产业政策多集中于对产业组织规制的反托拉斯政策，而对产业结构政策一直比较冷淡，相关政策安排多集中在农业，包括限产、限售、价格补贴和信贷支持等。但近年来积极采用政府采购支持航空航天、核能及电子等高科技产业，同时建立中小企业管理局，通过贷款、贷款担保、经营管理咨询等促进小企业的发展，在优化产业结构，促进经济增长上成绩斐然。表现出以下的特点：

（1）定向采购是政府影响企业生产与经营行为的重要手段。在美国，当政府欲购买所需商品时，通常用招标方式选择卖方，并与之签订采购合同。政府采购过程中，既讲求充分竞争、公开透明的原则，同时也注重政府采购行为的政策导向，具体体现在有些政府采购价格不取决于市场价格，而由政府代表与企业代表协商决定，其中带有许多有利于企业的优惠条件，使企业因政府采购而获得较高水平的利润，进而对政府产生较强的依赖性，政府借此按照自己的意图左右这些企业的行为，将之纳入调节和引导的轨道。

（2）促进科技进步、提高产品科技含量是重要的政策导向。为鼓励企业加强技术研究开发，美国政府向企业所属科研机构提供大量科研经费，并在有关法律条款中明确规定，企业可以按照一定比例从应交税款中扣除当年用于研究开展的经费。这一措施沿用多年，极大地调动了企业加大科技研究开发力度的积极性。

（3）对小企业的扶植是政策体系中的重要组成部分。小企业的存在有

利于维护市场充分竞争，更好地发挥市场机制的作用。为扶植小企业发展，增强其竞争能力，美国政府成立了专门服务于小企业的机构——小企业管理局，其职能之一就是为小企业提供政策性低息贷款。当小企业开业或经营中，尤其是技术革新需要资金时，政府会尽量予以资助。另外，为鼓励社会资金投向小企业，政府还在税收方面采取了积极措施。

二、日本促进产业结构优化的财政激励政策

第二次世界大战后日本经济持续高速发展，相应产业结构也进行了多次调整。20 世纪 70 年代的石油危机迫使日本改变产业结构，由资本密集型向知识密集型调整，数年之内日本的重化工业比重明显下降，产业结构向“资源节约型”、“加工技术选择性”的方向发展。1985 年 9 月“广场协议”之后，日元被迫大幅升值，使得日本的产业结构开始由外需主导型向内需主导型调整。在调整过程中，政府起到了重要的引导和扶持作用，主要归功于池田内阁制定的《国民收入倍增计划》。日本的财政政策安排表现为以下两个特性：

（1）政策的层次性和阶段性。战后日本经济发展具有明显的赶超性，在实现追赶西方发达国家目标的各个阶段，他们制定了不同的财政政策。经济恢复时期（1945～1955 年），第二次世界大战使日本经济体系受到了沉重打击，产业政策在保证社会经济发展目标的完成上发挥了不可忽视的重要作用。政策干预的核心问题都是资源在产业间的分配，政策重心在于促进生产集中，相应在财政政策方面推出了特别折旧制度和税收减免制度。高速增长时期（1956～1973 年），政策目标着眼于调整政府和产业之间的关系，扩大政府干预的领域，有力地推进产业结构的转换。为促进重化工业的发展和扩大出口，不但对钢铁、汽车、造船等产业实行特别折旧制度，而且对新兴产业、出口创汇企业等加大了财政补贴、财政投融资、减免退税等政策作用的力度。通过发行“复兴金融公库”债券，设立政策

性银行对重点部门贷款，甚至对其产品实行价格补贴。在成熟的稳定增长阶段（1973～1985年），强调衰退产业调整和产业结构向技术密集型转换，明确规定加强对集成电路、电子计算机、飞机等产业的政策扶持，对尖端技术领域的开发提供政策补贴，对指定的高科技产业实施税收和金融方面的优惠措施，在调整能源结构、鼓励节能投资和技术开发引进等方面提供必要的财政补贴和优惠贷款，以及拓宽税后优惠的范围等。在政策选择上放松直接的管制，信息指导方式取代了行政指导方式。

（2）相关财政政策的制定以产业政策或经济计划为核心。日本政府对经济的干预程度深、范围广，习惯于用产业政策或经济计划进行调控，相应地微观财政政策的制定与实施，也以产业政策或经济计划为核心，微观财政政策成为实现产业政策目标或经济计划的手段。在日本，产业政策是政府对国民经济进行中长期管理的中心，它具有法律保证，一旦据此确定了重点产业，大藏省等就与之相配合，对相关企业予以财政补贴、税收优惠等政策倾斜，诱导企业投资转向政府欲推进发展的新兴产业、科技产业以及其他重点产业。

三、韩国促进产业结构优化的财政激励政策

20世纪60年代，韩国确定了“出口主导型”经济开发战略；20世纪70年代又通过了“重化工业化”战略，把产业重心转向资本和技术密集型的重化工业，两次产业结构的转换，使韩国经济迅速发展，国内生产总值在近30年的时间里保持8%的增长率，跻身于新工业化国家行列。作为后起国韩国与日本有许多相似之处，韩国政府根据经济发展状况确定不同时期的产业结构调整目标和主导产业，其具体激励措施包括：对鼓励发展的产业提供政策性融资、税收优惠和政府信息诱导等。随着其经济的不断发展，政策更倾向于间接性干预手段。韩国在调整产业结构优化升级的财政政策安排上有以下特点：

（1）对不同企业采用不同的政策措施。具体体现在，对高科技或新兴产业与一般产业、公营企业与私营企业、大企业与中小企业采用不同的政策。首先，对高科技产业和新兴产业给予一般产业享受不到的优惠待遇。其次，在工业化进程中把公营企业作为经济运行的主体，对其进行直接投资、财政补贴和优惠融资等。第三，对不同规模企业制定不同的政策，重点支持大型财团企业的发展，而对中小企业则时厚时薄。

（2）刺激出口是重要的政策导向。韩国的经济起飞，具有一个共同的特征，即在实行较长时期的进口替代战略之后，又长期实行出口导向型的经济成长战略。20 世纪五六十年代曾经实施过相当一段时间的进口替代战略，以保护本国尚不完善的市场发育，建立自己必要的工作体系。当这两个目标初步达到时，政府都果断地将发展战略转向出口导向，以促进产业结构优化和升级，相应地政府对企业采取的微观财政政策也开始带有明显的刺激出口倾向。

（3）政策选择强调税收优惠的作用。20 世纪 60 年代是韩国的出口导向期，主要集中于对出口部门的税收激励政策。1960 年规定，对出口部门免除 30% 的公司所得税，对向韩驻外国军事机构提供商品和劳务所得收入以及旅游部门的外汇收入免除 20% 的所得税，1961 年提高到 50%，并适用于所有创汇部门。20 世纪 70 年代，加强了对重工业的税收激励，免税期政策规定：最初三年 100% 免公司所得税，后两年是 50%；投资抵免规定对本国产机器设备给予 10% 的抵免率，其他 8%；特别折旧制度规定 100% 的折旧率。

四、各国经验对我国的启示

产业结构政策的实施会受到包括经济发展水平、经济思潮、历史文化传统、政治体制、国际环境等在内的诸多因素的影响。不同国家的政策倾向也各不相同，比较各国财政激励政策的实践，可以总结一定的规律，为我国运用财政激励手段促进产业结构调整提供一些可供借鉴的启示。

第一，就干预手段而言，作为后起国的欠发达国家直接干预的使用范围广、力度大，而发达国家更倾向于间接干预。就同一国家的不同发展阶段而言，在经济发达程度较低时，尤其是经济面临某种危机时，直接干预往往作为主要的产业结构政策，而经济发达程度得到较大的提高时，间接干预便会更多地取代直接干预发挥作用。

第二，在产业结构调整和优化的过程中，政府的地位很重要。尤其是对于市场机制不健全的发展中国家，单单依靠市场调节很难实现资源的合理配置和经济协调发展，需要借助政府制定的相关产业政策，运用多种政策手段引导产业结构调整和优化。

第三，在产业结构调整和优化的过程中，政府政策的鼓励对象和引导方向不是一成不变的，应随着经济发展阶段的改变进行相应的调整，同样是税收优惠，免税期、加速折旧、投资抵扣的适用对象和作用效果差异较大，对于政府而言，需要有所取舍。

第四，在发挥税收优惠政策效用的同时，应注意配套政策的制定和完善。产业结构调整和优化是一个复杂的过程，需要根据政策目标和实际情况制定包括金融政策、财政政策等在内的配套政策措施，共同作用于政策目标，促进产业结构调整和优化的顺利完成。

第四节　促进我国产业结构优化的政府采购政策

一、政府采购与政府采购制度

（一）政府采购的性质

政府采购就是指国家各级政府为从事日常的政务活动或为了满足公共

服务的目的，利用国家财政性资金和政府借款购买货物、工程和服务的行为。政府采购不仅是指具体的采购过程，而且是采购政策、采购程序、采购过程及采购管理的总称，是一种对公共采购管理的制度，是一种政府行为。❶

政府采购具有以下四个特征：一是兼具商业行为和非商业行为双重性质；二是政府采购行为目的在于满足公众的需求；三是政府采购行为过程具有公开性和广泛性，采购行为必须公开透明，采购对象包括货物、服务和工程；四是政府采购与私人采购数额相比，数额巨大。

政府采购的目标主要包括两项：经济性和有效性目标；鼓励竞争目标。主要目的是使政府采购行为能引入市场经济中的竞争机制，采用招标投标法，鼓励供应商自由竞争，期望能降低采购成本，提高政府资金的使用效率，另一方面是希望政府采购行为发挥政策功能，扶持民族企业，鼓励自主创新等。

（二）政府采购制度

政府采购制度是为规范政府采购行为而制定的一系列法律、规章和办法的总称，其基本要素包括采购主体与客体、采购方式、采购程序、采购原则和采购管理等。但一般来讲，政府采购制度都包括管理并控制与采购合同订立方式有关的规则和惯例。具体讲，一国政府采购制度内容主要包括：一是采购政策。其中最重要的是采购目标和原则，它是政府采购制度的灵魂。二是采购方法和程序。它是政府采购制度的核心内容。三是采购组织和管理。它是政府采购制度有效运行的基础。四是救济制度。它是制度规则受到损害时，依靠制度权威对制度的强制性维护。

我国的政府采购实践以 1995 年地方政府进行的政府采购探索为开端，

---

❶ 关于政府采购的概念学术界有不同的观点，主要有：购买支出论、大宗采购论、采购本质论及采购制度论。本书采用“采购制度论”。

起步虽晚，但是发展迅速。为了规范政府采购行为，国家制定颁布了一系列有关政府采购的法律法规，其中最为核心的法律是2003年正式颁布的《中华人民共和国政府采购法》和1999年颁布的《中华人民共和国招标投标法》。在此基础上，又陆续颁布了一些配套法规政策，逐步建立起以《政府采购法》为核心的政府采购制度。

《中华人民共和国政府采购法》规定了适用该法的范围、政府采购需要遵循的原则和目标、采购主体应当具备的一般资质和一般性权利义务。规定了公开招标、邀请招标、竞争性谈判、单一来源采购、询价等采购方式、适用条件和程序，特别规定了公开招标方式之外的其他采购方式的程序。该法还规定了政府采购合同的形式、合同的授予和履行、采购人和供应商的权利和义务。并用专章规定了质疑与投诉程序和政府采购监管部门的职责。

《中华人民共和国招标投标法》是我国专门规范招标投标行为的法律，旨在保护国家利益、社会公共利益和招标投标活动当事人的合法权益。依据该法，在中国境内的招标投标活动适用该法，同时又规定包括全部或部分使用国有资金的工程项目必须适用该法。《招标投标法》详细规定了招标、投标、开标、评标、中标的程序。我国《政府采购法》是关于政府采购的基本法律，其所规范的政府采购行为包括招标采购，而我国《招标投标法》则更为专门、具体地对所有招投标活动进行调整规范，其相关规定亦适用于政府招标采购行为。

在地方立法层次上，各省都颁布了一些地方性法规。广东省颁布了《广东省实施〈中华人民共和国政府采购法〉办法》、云南省颁布了《云南省政府采购条例》、吉林省延边朝鲜族自治州颁布了《延边朝鲜族自治州政府采购条例》、湖南省颁布了《〈中华人民共和国招标投标法〉实施办法》等。这些地方性政府采购法规连同《政府采购法》和《招标投标法》组合成了我国政府采购法制的主体。另外，2010年1月11日国务院法制办就中华人民共和国政府采购法实施条例征求社会各界意见，该实施条例也将成为我国政府采购法律体系的重要补充。

二、现行政府采购政策的运行情况

如前所述，政府购买在扶持本国自主创新，提升企业技术创新能力方面能够发挥巨大的作用。政府采购资金庞大的规模优势能够在技术创新完成过程中体现导向作用，落实政府意图，能够创造和补充出一个市场或类市场，帮助国家战略所需技术创新的充分实现。我国现行的政府采购制度在制定之初就对政府采购的这一政策功能有所考虑。2003 年 1 月 1 日起施行的《政府采购法》明确规定，在同等条件下，政府采购应优先向中小企业倾斜，体现了政策导向。2004 年 9 月 11 日起施行的《政府采购货物和服务招标投标管理办法》对关于投标联合体投标的规定是落实扶持中小企业的一项重要措施。该办法规定，采购人员根据采购项目的特殊要求需要投标人特定条件的，有一方符合采购人规定的特定条件的就可以，采取以强弱联合的投标方式，使中小企业享有更多参与投标竞争的机会，以获得合同订单。此外，财政部颁布的同时于 2004 年 9 月 11 日起施行的《政府采购信息公告管理办法》规定，政府采购信息必须在财政部门指定的政府采购信息发布媒体上向社会公开发布，以此提高政府采购活动透明度，吸引更多企业进入政府采购市场，为中小企业分享政府采购利益创造条件。

此外，针对近年来国际上盛行的“绿色采购”，我国的政府采购也作出了相应的反应。1994 年国家环境保护总局联合国家 11 个部委共同发起“环境标志计划”，12 年来，我国建立了较完善的标准体系和审核体系，由国家环境保护总局颁布的 56 项标准，覆盖了绿色采购的主要产品，已有 1100 多家企业的 21000 多种产品获得了中国环境标志。目前，已获认证的产品中大多都与政府采购密切相关，如环境友好型办公设备和用品、环保建材、资源综合利用产品等。“绿色采购”在很大程度上提高了全社会的环境保护意识，激励企业开展技术改造和产品的换代升级，引导社会绿色消费观念，倡导节约能源，减少污染，优化经济结构，实现经济增长模式的转变和社会的可持续发展。

2006 年 2 月 27 日，国务院下发了关于实施《国家中长期科学和技术发展规划纲要（2006—2020 年）》的若干配套政策，其中明确了充分运用政府采购政策支持自主创新这一重要问题。该发展规划纲要是政府采购支持自主创新的基础性政策文件。除此之外，财政部也制定了旨在鼓励、扶持企业自主创新的一系列政策法规，如《自主创新产品政府首购和订购管理办法》、《国家自主创新产品认定管理办法（试行）》、《自主创新产品政府采购预算管理办法》、《自主创新产品政府采购评审办法》和《自主创新产品政府采购合同管理办法》等。这些政策法规要求我国政府采购中优先采购自主创新产品。例如，《自主创新产品政府采购评审办法》中规定采购人采购的产品属于《自主创新产品目录》中品目的，招标采购单位必须在招标文件的资格要求、评审方法和标准中作出优先采购自主创新产品的具体规定，包括评审因素及其分值等。采购人采购的产品属于《自主创新产品目录》中品目的，招标采购单位应当合理设定供应商资格要求，在供应商规模、业绩、资格和资信等方面可适当降低对自主创新产品供应商的要求，不得排斥和限制自主创新产品供应商。

对某些具体行业，我国政府采购也给予了一定的扶持。如对于软件产业和集成电路产业以及其中的某些重大战略性技术，我国也出台了一些相关的政策文件要求政府采购给予优先扶持。在 2000 年国务院《关于鼓励软件产业和集成电路产业发展的若干政策》中明确规定：政府机构购得的软件、涉及国家主权和经济安全的软件，应当采用政府采购的方式进行。在 2004 年我国又出台《政府采购软件管理办法》，加强对国产软件技术开发的保护。

就政府采购政策所具体采用的方式而言，主要有政府优先采购、政府

首购和订购。2009年中关村国家自主创新示范区成立后，进一步在首购、订购、首台（套）重大技术装备试验和示范项目、推广应用等四个方面进行了政府采购新方式的探索。

（1）政府优先购买。政府优先购买是指使用财政性资金的国家机关、事业单位和团体组织在政府采购活动中，应当优先购买自主创新产品。国家重大建设项目以及其他使用财政性资金采购重大装备和产品的项目，有关部门应将承诺采购自主创新产品作为申报立项的条件，并明确采购自主创新产品的具体要求。北京市政府规定，在国家和地方政府投资的重点工程中，国产设备采购比例一般不得低于总价值的60%。不按要求采购自主创新产品，财政部门不予支付资金。在同等条件下，应优先采购中关村的自主创新产品。采购的中关村自主创新产品包括已列入国家或北京市自主创新产品目录的产品、重大技术装备以及国家需要研究开发的重大创新产品、技术。市有关部门对采用中关村自主创新产品的政府投资项目，优先安排环保、交通、能源评估，加快审批，优先安排财政预算，确保资金额度。对中关村企业研发的重大创新药物、疫苗等，优先进入医保目录或纳入政府储备。

（2）政府首购。政府首购是指由使用财政性资金的采购单位对首购产品进行首先采购的行为。国内企业或科研机构生产或开发的试制品和首次投向市场的产品，且符合国民经济发展要求和先进技术发展方向，并首次投向市场，虽尚未具备市场竞争力，具有较大市场潜力并需要重点扶持的，经认定，政府进行首购，由采购人直接购买或政府出资购买。北京市明确规定党政机关、事业单位购买的首购产品须已纳入《政府采购自主创新产品目录》；企业购买的首购产品须已纳入《北京市自主创新产品目录》。采购单位采购的产品属于首购产品类别的，采购单位应当购买目录中的首购产品。

（3）政府订购。政府订购是指由使用财政性资金的采购单位对国家需要研究开发的重大创新技术和产品等确定自主创新产品供应单位的行为。北京市规定订购产品应属于国家或北京市需要研究开发的重大创新产品或技术，但目前尚未投入生产和使用，尚未列入国家及北京市自主创新产品目录；产品权益状况明确，研究开发完成后具有自主知识产权；创新程度高，涉及产品生产的核心技术和关键工艺，或者应用新技术原理、新设计构思，在结构、材质、工艺等方面对原有产品有根本性改进，能显著提高产品性能，或者能在国内外率先提出技术标准；具有潜在的经济效益和较大的市场前景或能替代进口产品。采购单位应当通过公开招标确定订购产品供应单位，并与其签订订购产品采购合同，确保充分竞争。

(4) 首台（套）重大技术装备试验和示范项目。首台（套）重大技术装备试验和示范项目是指由使用财政性资金的采购单位对首台（套）重大技术装备优先采购的行为。其中，试验项目是指项目业主单位所采用的首台（套）重大技术装备在国际上首次应用；示范项目是指项目业主单位所采用的首台（套）重大技术装备在国内首次应用。重大技术装备是指对国家经济安全和国防建设有重要影响，对促进国民经济可持续发展有着显著效果，对结构调整、产业升级和节能减排有积极带动作用的装备产品。首台（套）重大技术装备是指集机、电、自动控制技术为一体的，运用原始创新、集成创新或引进技术消化吸收再创新的，拥有自主知识产权的核心技术和自主品牌，具有显著的节能和低（零）排放的特征，但尚未取得市场业绩的成套装备或单机设备。北京市政府还规定，项目业主单位应按照《中华人民共和国招投标法》的规定，招标确定拟采购的首台（套）重大技术装备和研制单位。招标方式可以是公开招标，也可经政府投资主管部门批准后采取有限邀请招标、竞争性谈判等方式。在招标过程中，需考虑首台（套）重大技术装备的自主创新、节能环保因素，并视情况合理设置自主创新、节能环保评标因子或权重。

(5) 推广应用方式。推广应用是由使用财政性资金的采购单位或项目业主单位对已经生产并投放市场、质量可靠、处于国际国内领先技术水平、符合国家相关产业政策的，且已列入国家或北京市自主创新产品目录的自主创新产品，在政府储备或政府投资项目中优先应用的采购行为。采购单位或项目业主单位应通过招投标优先采购推广应用的自主创新产品。在招投标过程中，应当考虑自主创新因素，在项目评审方法和标准中设置一定比例的价格扣除或总分值加分等优惠条件，在同等条件下优先采购。采用最低评标价法评标的项目，对自主创新产品可以在评审时对其投标价格给予5%～10%幅度不等的价格扣除；采用综合评分法评标的项目，在满足基本技术条件的前提下，在价格评标项中，可以对自主创新产品给予价格评标总分值的4%～8%幅度不等的加分，在技术评标项中，可以对自主创新产品给予技术评标总分值的4%～8%幅度不等的加分。

三、现行政府采购政策运行中存在的问题

政府采购的政策功能可以主要概括为：一是支持采购国货；二是为高新技术产业和特殊产业的发展提供有力保障，提高自主创新能力；三是保护环境，节约和合理开发、利用资源，推进政府绿色采购；四是扶持和促进中小企业以及民族经济发展。从政府采购在我国的实施状况来看，政府采购政策功能的发挥还不太明显，制度优势和政策功能还没有得到充分利用和最大限度地发挥。

第一，从购买本国产品的政策功能看。我国目前通过政府采购购买本国产品，保护民族产业的政策意图没有得到落实。导致在政府采购市场上大量充斥国外产品。以电子、软件产品为例。我国软件市场目前三分之二以上是国外产品，操作系统和大型应用软件约90%是微软产品。中国政府采购网相关信息也表明，在中央国家机关的政府集中采购中，通过协议供货入围的18类产品中，激光打印机、投影仪、液晶显示器等产品洋品牌占有率均超过四分之三，数码复印机更是被洋货垄断。造成这样的局面，

一方面可能是由于我国本国产品认定标准的缺失，另一方面可能是采购工作人员对本国产品信心不足，偏爱外国产品，没有执行采购本国产品的规定。

第二，从绿色采购的政策功能看。我国的绿色政府采购是在四个政策功能中实施比较有成效的一个，出台了《关于环境标志产品政府采购实施意见》和《环境标志产品政府采购清单》，但是依然存在着节能、环保产品项目较少，采购方选择余地小，缺乏对节能、环保产品标准的确定，在实际工作中缺乏可操作性等问题。

第三，从促进自主创新的政策功能看。财政部制定了旨在鼓励、扶持企业自主创新的一系列政策法规，如《自主创新产品政府首购和订购管理办法》、《政府采购进口产品管理办法》、《国家自主创新产品认定管理办法（试行）》、《自主创新产品政府采购预算管理办法》、《自主创新产品政府采购评审办法》和《自主创新产品政府采购合同管理办法》等。北京市政府也在中关村国家自主创新示范区实施了鼓励自主创新的政府采购政策。但前者的落实情况并不乐观，后者则仅限于小范围区域的实施。

第四，从支持中小企业的发展政策功能看。虽然《政府采购法》明确规定政府采购应该扶持中小企业，但是我国中小企业的技术处于下游，不具备竞争优势，在政府采购中所占比例微乎其微，与其在国民经济中的地位和作用极不相符。从政府方面看，尽管我国出台了相关的法律鼓励支持政府采购向中小企业倾斜，但都比较宏观，缺乏可操作性。虽然《政府采购法》和《中小企业促进法》都一致肯定了对中小企业的优先政策，但优先政策还只处于原则性规定阶段，没有受到应有的重视，更没有具体的操作措施跟进，许多相应的配套法规也没有出台。

政府采购的政策功能发挥不理想，其原因主要有以下几个方面：

一是政府采购的法律体系不完善。首先，政府采购有关法律之间缺乏衔接。政府采购市场的发展离不开健全的法制保障。《中华人民共和国政府采购法》作为规范我国政府采购的基本法，理应成为我国政府采购的最高法律。但是，目前我国的《政府采购法》与《招投标法》、《合同法》等法规之间存在着不衔接问题。2006年沃尔政府采购案也暴露了我国《政府采购法》与《投招标法》两者之间存在的不衔接问题。

其次，法律规定过于原则，缺乏硬性约束。政府采购法出台后，一直没有制订实施细则和相关配套措施，使政府采购的产业引导效果不甚明显。如《政府采购法》第九条规定，政府采购应当有助于实现国家的经济和社会发展政策目标，包括促进中小企业发展等，但该规定主要是指导性的，缺乏刚性约束。又如《政府采购法》中关于购买本国产品制度只有一个简单的条款做出了概括性规定，在本国产品的认定标准等方面都缺乏具有可操作性的详细规定，从而也使我国政府采购支持本国产品的政策目的难以实现。

二是各级政府对政府采购的有关政策意图重视程度不够。政府采购法出台后，政府采购的重点集中在规范政府采购行为，提高采购质量，降低采购成本，根除采购中的腐败现象上，而对政府采购作为宏观调控的手段之一，有促进中小企业、高新技术企业和特殊企业的发展，提高自主创新能力等重要政策目标的重视程度不够，国家和地方每年制订的政府采购工作计划中对如何运用政府采购手段促进中小企业发展没有只言片语。

三是政府采购规模小，限制了政策功能的实施。我国现有政府采构规模有限，约束了其在引导社会消费需求结构改变中应有效应的发挥，弱化了政府采购对于社会消费观念转变的引导作用。虽然经过几年的发展我国政府采购在数量上有了大幅的增加，但其相对整个经济规模还是有限（见表2－2），截至2009年政府采购占整个财政支出的份额不足10%，在GDP中的比例就更加微乎其微了。

表 2-2 政府采购占财政支出和GDP的比重

项目 年份	GDP 绝对值（亿元）	财政支出（亿元）	采购规模（实际支付）（亿元）	政府采购占 GDP 的比例（%）	政府采购支出占财政支出的比例（%）
2001	109665.2	18903.58	653.2	0.58	3.45
2002	120332.8	22053.15	1009.6	0.84	4.58
2003	13588.8	24649.95	1659.4	1.23	6.73
2004	159878.3	28486.89	2135.7	1.34	7.50
2005	184937.4	33930.28	2927.6	1.58	8.63
2006	216314.4	40422.73	3681.6	1.70	9.11
2007	265810.3	49781.35	4660.9	1.75	9.36
2008	314045.4	62592.66	5990.9	1.91	9.57
2009	340506.9	76299.93	7413.2	2.18	9.72

注：表中数据来源于《中国统计年鉴2009》、政府部门公布的相关数据。因财政支出和政府采购支出为当年价，为使口径一致，GDP也是用按当年价计算的数据。

四、完善政府采购制度，促进政府采购政策功能的落实

（一）健全我国政府采购的法律体系

首先，要统一立法，要将《政府采购法》、《招标投标法》、《合同法》等相关法规进行比较，澄清《政府采购法》的适用范围，主要是修改《招标投标法》和《合同法》，或将两法关于政府采购的部分并入《政府采购法》中，以此弥补《政府采购法》的缺陷，树立其作为政府采购基本法的权威。

其次，完善《政府采购法》的配套法规。美国除了《联邦采购法》之外，与政府采购相关的法规多达4 000多个。我国的《政府采购法实施条例（征求意见稿）》已经于2010年1月进行公示，征求社会意见，应尽快正式颁布，与《政府采购法》一起成为我国政府采购的核心法律。在此基础上，辅之建立各种配套法律制度，具体包括供应商投诉处理法律制度、政府采购代理机构管理办法、预算支付法律制度等。地方性政府采购

法规可作为进一步的补充性规范，包括省、市、自治区政府采购管理条例和政府采购目录、规定等。

（二）完善政策配套措施，将政府采购的政策功能落到实处

关于购买本国产品问题。为了将购买本国产品落到实处，一是要严格按照本国产品认定标准，对供应商产品进行分级，严格执行本国产品的供应商资格确认；二是要严格执行强制购买本国产品规定，或者给予本国产品供应商制定一个报价的优惠标准。

关于政府绿色采购问题。在政府绿色采购制度不完善或者制度实施初期，有必要建立政府绿色采购的激励机制，对政府绿色采购行为制定一些优惠政策。一是在政府采购中对优先购买环保产品的政府部门进行物质奖励；二是对绿色产品的生产企业给予一定的经济补贴和税收优惠政策；三是在政府部门负责人的业绩考核或政绩中适当纳入政府绿色采购的指标和结果评定，以此达到调动政府绿色采购积极性的目的。

关于自主创新产品的采购问题。对自主创新产品的采购应该采取更多更有效的优惠措施。目前，我国对一般自主创新产品采购主要采用的是价格优惠法，即明确规定一定的价格优惠率。但是对于重要领域的自主创新产品或一些特殊产品，如自主高科技产品等，则可以通过制定强制性的规则购买，也可以采用单一来源采购或竞争性谈判采购的方法。

关于扶持中小企业的问题。为了扶持中小企业，我们可以借鉴国际上一些优惠措施，主要有：一是可以通过在同等招标报价的基础上，为中小企业规定一定的价格优惠率，提高其产品的竞争力；二是政府尤其是地方政府可以规定采购方在其所需采购的额度或份额中预留出一定的比例，专门向中小企业供应商招标。

（三）政策完善与 WTO《政府采购协议》的衔接

WTO《政府采购协议》（The Agreement on Government procurement，简

称 GPA）属于 WTO 法律体系中的诸边协议之一。所谓“诸边协定”是指只有加入才受其约束。因此，WTO《政府采购协议》由 WTO 各成员国自愿选择加入与否，仅对参加该协议的成员有约束力，即使在各缔约国之间，也是通过双边谈判来界定相互的权利和义务，一个缔约国对另一个缔约国开放其某一政府采购领域并不等于必然向第三缔约国也要承担相应义务。GPA 对政府采购的适用范围、采购方式、产品技术规格、质疑程序、磋商与争端解决等都作了规定，要求参加方必须按照 GPA 规定规范政府采购行为。

GPA 的宗旨在于将国际贸易中的竞争机制真正引入政府采购领域，扩大政府采购的开放程度；完善各国政府采购制度，保证政府采购国际竞争的公平性、非歧视性和透明度。GPA 的目标、适用范围、基本原则、法律效力度与一国的政府采购制度存在差异。❶ 中国加入 WTO 时就承诺将尽快启动加入《政府采购协议》谈判。2007 年底，中国政府正式向 WTO 秘书处递交了加入 GPA 申请书和初步出价清单，表明我国加入 GPA 的谈判已经开始。2008 年 2 月，我国在日内瓦与 GPA 参加方进行了首轮会谈。加入 GPA 是我国政府采购市场国际化的重要步骤，从积极的角度看，它有利于我国汲取国际先进经验，规范政府采购行为，增大采购透明度，提高采购效率。同时，也有利于我国企业开拓国际市场。但从另一个方面看，它也将对我国的政府采购和产业发展产生重要的影响。

如前所述，政府采购的政策意图可以主要概括为：支持采购国货；为高新技术产业和特殊产业的发展提供有力保障，提高自主创新能力；保护环境，节约和合理开发、利用资源，推进政府绿色采购；扶持和促进中小

---

❶ GPA 的目标包括两方面：一是将国际贸易中的竞争机制真正引入政府采购领域，扩大政府采购的开放程度；二是完善各国政府采购制度，保证政府采购国际竞争的公平性、非歧视性和透明度。GPA 的基本原则包括：透明度原则、国民待遇和非歧视原则、公平原则和发展中国家的优惠待遇原则。GPA 作为 WTO 下的诸边协议，仅对 GPA 参加方有效，GPA 还从采购主体、采购方式、采购对象和采购限额限定了适用于 GPA 的采购行为。具有公法的效力，当某一 GPA 参加方的政府采购法规与 GPA 有冲突时，国内法要服从于 GPA。

企业以及民族经济发展。加入GPA之后，国外的产品供应商将获得与国内供应商平等的地位，将影响我国的保护国货、鼓励自主创新以及扶持中小企业政策目的的实施，不利于我国一些弱势产业（如汽车、软件业）的发展。具体到鼓励自主创新政策，我国的《自主创新产品政府首购和订购管理办法》、《国家自主创新产品认定管理办法（试行）》、《自主创新产品政府采购预算管理办法》、《自主创新产品政府采购评审办法》和《自主创新产品政府采购合同管理办法》等政策法规要求我国政府采购中优先采购自主创新产品，但是GPA的公平竞争原则是与鼓励采购本国产品相背离的，GPA第五条总则中关于国民待遇和非歧视的规定要求采购方不得给予国内货物、服务和供应商高于其他参加方的货物、服务以及供应商的待遇。GPA第十五条关于投标书的处理和合同授予中规定，合同授予的标准包括两条：一是最具优势的投标书；二是在价格为唯一标准的情况下，最低价格。因此，加入GPA之后，鼓励自主创新的政策将与GPA不相符合，在适用GPA的政府采购中这些政策条款将不能产生作用。

另外，加入GPA之后，要求我国政府采购充分履行公平竞争原则，提高我国政府采购公平竞争的标准。这样，除了例外的规定之外，我国的政府采购政策功能难以在GPA中得以实施，这将不利于本国供应商获得政策支持。

所以，在完善我国政府采购制度与政策时，必须考虑到GPA的规则及与其的衔接：

首先，尽快出台本国产品的认定标准。和世界上大多数实行政府采购制度的国家一样，我国也在政府采购领域将购买本国产品作为基本原则之一，并在《政府采购法》等法律法规中做出了明确规定。但是《政府采购法》将本国产品的认定标准授权于国务院和财政部。因此，我们应该尽快出台我国的本国产品认定标准，在加入GPA之前取得先机，由于GPA中的原产地原则只适用于GPA参加方，而我国的本国产品认定标准可以适用于我国的非 GPA 政府采购。

依据可操作性和扶持民族企业、鼓励本国企业自主创新的原则，制定我国的本国产品认定标准应考虑四个条件：一是产品必须在境内生产，且本国组件成本超过全部成本的40%，或境内增值率超过30%；二是产品生产商最终控制人的国籍和资本金来源都是中国；三是产品的商标专用权属于中国籍的自然人或法人；四是产品的关键专利技术或专有技术所有权属于中国籍的自然人或法人。当产品完全满足以上四个条件时被认定为“完全本国产品”，要求在政府采购中强制采购；当产品满足前三个条件时被认定为“视同本国产品”，在政府采购中优先采购；当产品满足前两个条件时被认定为“参照本国产品”，在政府采购中允许采购；最后，当产品只满足第一个条件，或者一个都不满足时被认定为非本国产品，在政府采购中限制采购。如此，可以将本国产品划分等级，区别对待外资品牌的本土制造产品，鼓励拥有核心技术和自主品牌的本国产品。

其次，坚持几项原则，掌握好谈判的节奏与策略。一是开发与保护并重原则。谈判中既要体现对外开放政策，又要注意保护中国的民族工业和国内市场，坚持开放与保护并重原则。应当看到，政府采购市场的开放是必然趋势，本国供应商必然在市场开放之后受到一定的冲击，但竞争加剧也可以实现优胜劣汰，提升我国电子信息产品企业的实力。我们也要看到，现在加入 WTO《政府采购协议》的国家中，基本都是发达国家。所以，我们对于加入 WTO《政府采购协议》的谈判中要充分利用 WTO《政府采购协议》的各项条款争取最大的利益，要根据 WTO《政府采购协议》成员承诺的情况并结合我国具体情况进行谈判，在谈判时针对其他参加方的开放情况，尽量还要参与制订并积极利用对己有利的规则。对于我国有明显竞争优势的产品（如家电产品、建筑业）应当要求其他参加方将其纳入到对我国的承诺中，相反，对于那些明显不具竞争优势的产品（如软件业），为扶持我国相关产业的发展，应当尽量少作或不作承诺。

二是开价与要价对等原则。GPA 谈判实质就是利益博弈的过程，也是权利和义务的平衡过程，所以，必须充分考虑到我国的国情，提出具有谈判基础的要价，尽可能地争取最大的要价，使我国的国家利益不受损害。对于基本的采购协议条款我们必须遵守，而对于具体的开放实体清单、采购货物清单和门槛价，我们可以结合参加方的具体开放情况而定，做到区别对待。要结合我国企业的国际市场开发目标，针对不同参加方提出有目的性的开放清单和要价清单，尽量争取最大的产业利益。

三是充分利用保护条款原则。我国在加入 GPA 后，可以根据协议的例外条款和关于发展中国家的特殊待遇及技术援助规定，对国内产品实行优先的政府采购政策，从而有效地保护和促进国内产业的发展。如《协议》第三条关于例外的规定，尤其关于国家信息安全的例外，对保护我国电子信息产品的意义比较大，计算机采购、通信设备采购和软件采购都涉及我国的国家信息安全，因此，我们在谈判中可以充分利用例外条款争取向本国电子信息产品倾斜的政策。又如《协议》第四条关于发展中国家过渡措施的规定，可以让我们争取渐进式的开放方式。对比较弱势的行业，尽量争取较长的过渡期，给予发展壮大的机遇。另外，还可以充分利用其他关于发展中国家优惠待遇的规定，争取发达国家的更多技术支持，提升我国的政府采购的技术条件和采购效率。

第五节　促进我国产业结构优化的税收政策

一、促进我国产业结构优化的税收政策现状

我国现行的税收制度是在 1994 年的税收制度改革之后建立的，其后

又经历了2007年“两税合并”[1]、2008年增值税转型两次大的改革以及一些税种的部分条款的修订。从现行的税收制度规定看，还没有针对产业结构优化制定专门的税收优惠政策。对现行税制税收优惠政策汇总分析，涉及与产业结构优化的税收政策主要体现在支持高新技术和企业技术进步、鼓励发展节能环保产业、软件和集成电路产品和生产企业等方面。涉及的税种有增值税、营业税、关税、个人所得税、企业所得税。这些税收优惠客观上促进了我国产业调整和发展。

（一）促进技术创新、发展高新技术的税收优惠政策

促进技术创新，发展高科技的税收优惠政策包括营业税3项、企业所得税10项、个人所得税5项、其他税种1项。

1. 营业税优惠

（1）对单位和个人（包括外商投资企业、外商投资设立的研究开发中心、外国企业和外籍个人）从事技术转让、技术开发业务和与之相关的技术咨询、技术服务业务取得的收入，免征营业税。

（2）自2010年7月1日起至2013年12月31日，对注册在北京的企业从事离岸服务外包业务取得的收入免征营业税。所指的从事离岸服务外包业务取得的收入，是指企业根据境外单位与其签订的委托合同，由本企业或其直接转包的企业为境外提供本通知规定的信息技术外包服务（ITO）、技术性业务流程外包服务（BPO）或技术性知识流程外包服务（KPO），从上述境外单位取得的收入。

（3）自2008年1月1日至2010年12月31日，对符合条件的科技园（科技企业孵化器和国家大学科技园）向孵化企业出租场地、房屋以及提

---

[1] “两税合并”是指（国内）企业所得税、外商投资企业和外国企业所得税的合并，合并后的新的企业所得税税法于2007年3月16日正式颁布，于2008年1月1日开始施行，从而结束了我国长期以来企业所得税内外两套税制并行的局面。

供孵化服务的收入，免征营业税。

2. **企业所得税优惠**

（1）国家需要重点扶持的高新技术企业（包括根据《科技部、财政部、国家税务总局关于完善中关村国家自主创新示范区高新技术企业认定管理试点工作的通知》认定的高新技术企业），减按15%的税率征收企业所得税。

（2）自2010年7月1日起至2013年12月31日，对经认定的技术先进型服务企业，减按15%的税率征收企业所得税。

（3）符合条件的技术转让所得免征、减征企业所得税。一个纳税年度内，居民企业技术转让所得不超过500万元的部分，免征企业所得税；超过500万元的部分，减半征收企业所得税。

（4）企业为开发新技术、新产品、新工艺发生的研究开发费用，未形成无形资产计入当期损益的，在按照规定据实扣除的基础上，按照研究开发费用的50%加计扣除；形成无形资产的，按照无形资产成本的150%摊销。

（5）企业的固定资产由于技术进步等原因，确需加速折旧的，可以缩短折旧年限或者采取加速折旧的方法。可以采取缩短折旧年限或者采取加速折旧方法的固定资产，包括由于技术进步，产品更新换代较快的固定资产；常年处于强震动、高腐蚀状态的固定资产。采取缩短折旧年限方法的，最低折旧年限不得低于所得税税法实施条例第六十条规定折旧年限的60%；采取加速折旧方法的，可以采取双倍余额递减法或者年数总和法。

（6）创业投资企业采取股权投资方式投资于未上市的中小高新技术企业2年以上的，可以按照其投资额的70%在股权持有满2年的当年抵扣该创业投资企业的应纳税所得额；当年不足抵扣的，可以在以后纳税年度结转抵扣。

（7）企事业单位、社会团体通过公益性的社会团体和国家机关向科技型中小企业技术创新基金和经国务院批准设立的其他激励企业自主创新的基金的捐赠，属于公益性捐赠，可按国家有关规定，在缴纳企业所得税时予以扣除，扣除限额为年度应纳税所得额的12%。

（8）中关村国家自主创新示范区内的科技创新创业企业发生的职工教育经费支出，不超过工资薪金总额8%的部分，准予在计算应纳税所得额时扣除；超过部分，准予在以后纳税年度结转扣除。

（9）关于经济特区和上海浦东新区新设高新技术企业的税收优惠。对经济特区和上海浦东新区内自2008年1月1日（含）起新设高新技术企业，自取得第一笔生产经营收入所属纳税年度起，第一年至第二年免征企业所得税，第三年至第五年按照25%的法定税率减半征收企业所得税。

（10）符合非营利组织条件的科技园（孵化器）的收入，自2008年1月1日起按照税法及其有关规定免征企业所得税。

3. **个人所得税优惠**

（1）科研机构、高等学校转化职务科技成果以股份或出资比例等股权形式给予个人奖励，获奖人在取得股份、出资比例时，暂不缴纳个人所得税；取得按股份、出资比例分红或转让股权、出资比例所得时，应依法缴纳个人所得税。

（2）省级人民政府、国务院部委和中国人民解放军以上单位以及外国组织、国际组织颁发的科学、教育、技术、文化、卫生、体育、环境保护等方面的奖金，免纳个人所得税。

（3）对于符合《北京市吸引高级人才奖励管理规定》及《北京市吸引高级人才奖励管理规定实施办法》的有关规定，由市政府批准、资金来源于市财政、用于各类高级人才、经各相关部门审批后发放的专项奖励，根据《中华人民共和国个人所得税法》第四条第一款，免征个人所得税。

（4）对中关村高级自主创新示范区内科技创新创业企业转化科技成果，以股份或出资比例等股权形式给予本企业相关技术人员的奖励，技术

人员一次缴纳税款有困难的，经主管税务机关审核，可分期缴纳个人所得税，但最长不得超过5年。政策执行期自2010年1月1日起至2011年12月31日止。

（5）个人通过公益性的社会团体和国家机关向科技型中小企业技术创新基金和经国务院批准设立的其他激励企业自主创新的基金的捐赠，属于公益性捐赠，可按国家有关规定，在缴纳个人所得税时按本年度应纳税所得额的30%扣除。

4. 房产税和土地使用税优惠

自2008年1月1日至2010年12月31日，对符合条件的科技园（科技企业孵化器）自用以及无偿或通过出租等方式提供给孵化企业使用的房产、土地，免征房产税和城镇土地使用税。要注意的是，科技园和科技企业孵化器享受优惠的孵化企业条件有所不同。

（二）鼓励节能环保的税收优惠政策

鼓励节能环保的税收优惠政策集中在企业所得税，共有3项。

（1）企业自2008年1月1日起以《资源综合利用企业所得税优惠目录》规定的资源作为主要原材料，且原材料占生产产品材料的比例不得低于《目录》规定的标准，生产国家非限制和禁止并符合国家和行业相关标准的产品取得的收入，减按90%计入收入总额。

（2）企业从事符合条件的环境保护、节能节水项目的所得，自项目取得第一笔生产经营收入所属纳税年度起，第一年至第三年免征企业所得税，第四年至第六年减半征收企业所得税。符合条件的环境保护、节能节水项目，包括公共污水处理、公共垃圾处理、沼气综合开发利用、节能减排技术改造、海水淡化等。

（3）企业购置并实际使用《环境保护专用设备企业所得税优惠目录》、《节能节水专用设备企业所得税优惠目录》和《安全生产专用设备企业所得税优惠目录》规定的环境保护、节能节水、安全生产等专用设备的，该专用设备投资额的10%可以从企业当年的应纳税额中抵免；当年不足抵免的，可以在以后5个纳税年度结转抵免。

（三）支持软件和集成电路产品和生产企业的税收优惠政策

1. 增值税优惠

计算机软件出口（海关出口商品码9803）实行免税，其进项税额不予抵扣或退税。

2. 企业所得税优惠

（1）软件生产企业实行增值税即征即退政策所退还的税款，由企业用于研究开发软件产品和扩大再生产，不作为企业所得税应税收入，不予征收企业所得税。软件产业增值税即征即退政策是指自2000年6月24日起至2010年底以前，对增值税一般纳税人销售其自行开发生产的软件产品，按17%的法定税率征收增值税后，对其增值税实际税负超过3%的部分所实行的即征即退政策。

（2）软件生产企业的职工培训费用，可按实际发生额在计算应纳税所得额时扣除。

（3）我国境内新办软件生产企业经认定后，自获利年度起，第一年和第二年免征企业所得税，第三年至第五年减半征收企业所得税。

（4）国家规划布局内的重点软件生产企业，如当年未享受免税优惠的，减按10%的税率征收企业所得税。

（5）投资额超过80亿元人民币或集成电路线宽小于0.25μm的集成电路生产企业，可以减按15%的税率缴纳企业所得税，其中，经营期在15年以上的，从开始获利的年度起，第一年至第五年免征企业所得税，第六年至第十年减半征收企业所得税。

（6）对生产线宽小于0.8μm（含）集成电路产品的生产企业，经认

定后，自获利年度起，第一年和第二年免征企业所得税，第三年至第五年减半征收企业所得税。已经享受自获利年度起企业所得税“两免三减半”政策的企业，不再重复执行本条规定。

（7）集成电路设计企业视同软件企业，享受软件企业的有关企业所得税政策。

（8）经认定的动漫企业自主开发、生产动漫产品，可申请享受国家现行鼓励软件产业发展的所得税优惠政策。

（四）进口环节有关的税收优惠政策

（1）国内装备业自主开发、制造重大装备所需进口的关键部件及原材料的进口关税和进口环节增值税实行先征后退，同时原则上停止实施进口相应整机的免税政策。

（2）符合国家规定条件的科学研究机构和学校进口合理数量的科学研究和教学用品，免征进口关税和进口环节增值税、消费税。

（3）符合国家规定条件的企业技术中心、国家工程（技术研究）中心等科学研究、技术开发机构在2010年12月31日前进口科学研究和技术开发用品，免征进口关税和进口环节增值税、消费税。

（4）接受捐赠进口科教用品和科技开发用品免征进口关税和进口环节增值税、消费税。

（5）国家鼓励发展的国内投资项目和外商投资项目进口的自用设备、外国政府贷款和国际金融组织贷款项目进口设备、加工贸易外商提供的不作价进口设备以及按照合同随上述设备进口的技术及配套件、备件，免征关税。

（6）外商投资企业和外商投资设立的研究开发中心进行技术改造以及按《中西部地区外商投资优势产业目录》批准的外商投资项目进口的自用设备及其配套技术、配件、备件，免征关税。

（7）对软件生产企业、集成电路生产企业、城市轨道交通项目以及其他类似企业和项目，进口设备及其配套技术、配件、备件，免征关税。

（8）集成电路生产企业进口自用生产性原材料、消耗品，净化室专用建筑材料、配套系统和集成电路设备零配件免征关税和进口环节增值税。

二、现行促进产业结构优化的税收政策存在的主要问题

（一）税收优惠政策的总体目标不明确

现行各项税收优惠政策目标缺乏科学、统一、系统设计，优惠政策总体目标和政策取向不明确。[1] 在政策设计上存在以下几个问题：

一是税收优惠的产业导向有待改进。现行的税收优惠政策较多地支持软件行业、集成电路、高新技术企业，而对于急需提高科技含量和创新能力的基础产业，如农业、交通、能源以及生物科技、海洋科学、新能源、新材料等新兴产业的支持涉及不多，使得促进技术进步、技术创新的税收激励政策仅落实在少数产业。

二是税收优惠覆盖面范围过小。现行相当部分的税收优惠是针对高新技术园区或自主创新示范区内的企业设计的，园区内与园区外因税收优惠政策导致的税收负担差距大。实际上，自主创新是一个体系，并没有园区内外的区别。单纯以其微小的区域来进行税收政策的设计，不能体现我国自主创新、转变经济发展方式的国家战略要求。

三是税收优惠侧重在产业链下游以及技术创新的末梢环节。现行税收政策对教育培训支出的扣除、研发投入环节给予的税收支持不足，在整个税收激励政策中只占很小的比例。生产设备投入、技术引进给予的优惠幅度、限制条件、获取优惠的成本各方面都优于创新性研发，企业自行研发或生产设备享受不到同等的优惠条件。因此，现行政策对自主创新的支持

---

[1] 参见中国税务学会学术研究会《贯彻科学发展观的税收政策取向研究》课题组．提高企业自主创新能力税收政策的研究报告［DB］．中国税务协会网站，2007.

是有限的。

（二）促进技术创新的税收政策尚未形成体系

一是单项税收政策之间没有形成政策合力。技术创新是一个经济过程，包括了科技项目引进、研究、开发、推广、转化或应用的各环节。我国现行的税收优惠扶持政策都是针对其中的单一环节、单一问题而独立设计的，没有从科技创新项目所要经历的完整循环或运行过程去考虑。虽然每一项政策都很好，却是单兵作战，相互之间不衔接，没有形成政策合力，甚至在鼓励创新的同时又产生了对自身效力的抑制作用。如对企业技术转让、技术开发收入免征营业税，而对接受企业或相关部门委托进行技术研发、产品和工艺设计的科研院所和高校从委托单位领取的课题费却征收营业税。

二是现行税收优惠政策鼓励企业研发投入，重视的是对企业“创新能力”的优惠，而忽视了运用优惠政策使企业“形成创新能力”，对人力资本的投资和激励不够。如现行税收制度个人所得税的费用扣除没有考虑高科技人员的教育投资成本大的情况；对科技人员取得奖金的免税门槛过高，仅限于国际组织和省级以上人民政府颁发的奖金，省级以下政府及企业颁发的重大科技进步奖、重大发明成就奖不能免征个人所得税；职工教育经费的提取比例过低，只允许在计税工资的2.5%以内才能进行税前扣除（除软件生产企业的职工培训费可按实际发生额列支外），无法满足技术创新的人才培养的需要。

三是对风险投资活动的的税收激励不足。目前，我国对风险投资的税收优惠激励还是集中在风险投资的受资企业，即高新技术企业，对风险投资资本的双重征税问题也没有解决，无法有效地引导社会资本进入创业型的高新技术企业。

（三）税收优惠措施不够完善

现行税收政策手段单一，税收优惠偏重于低税率与定期减免等直接的优惠方式，这些直接方式是针对企业税后利润率进行的实质性照顾，企业必须在获利的基础上才能享受到税收优惠。近年来逐渐开始运用间接税收鼓励政策来引导企业经济行为，如加速折旧、投资抵免、费用扣除等，但未被广泛采用且在税收优惠政策中所占的分量很低，对降低成本和风险、促使科技投资的持续与扩大方面影响甚微，并由此造成以下局面：（1）不能对技术落后、急需技术更新的企业产生启动与刺激作用；（2）促使企业只关心科技成果的应用，而不注重对科研开发的投入；（3）投资规模小、经营期限短的低技术含量企业能在投资短期内获得并享有税收优惠利益，而技术密集型企业及高新技术产业由于投资期长、投资风险大却很难享受到税收优惠。这种状况是与我国的产业政策背道而驰的。

（四）税收优惠政策与现行税制结构不对称

我国现行促进技术创新、产业发展的税收优惠政策主要以企业所得税为主，这与国际上税收优惠的通行做法一致。但我国实行的是“商品劳务税与企业所得税”双主体的税制结构，实际上商品劳务税占的比重仍然较大。以商品劳务税为主的税收制度，增值税、营业税、消费税等商品劳务税的优惠措施很少，优惠政策难以达到预期效果。如果企业从优惠政策上得到的收益不多，就会使优惠政策失去刺激力度。

（五）税收优惠政策缺乏法律权威

一是表现为税收优惠政策的法律层次较低。我国现行科技自主创新税收法律规范大多是以政策性文件的形式颁布的，如国家财政部、国家税务总局发布的相关涉及高新技术企业、高新技术方面的决定、通知、解答等。最典型的是企业所得税的税收优惠。在上面所列举的企业所得税方面的税收优惠中，在《企业所得税法》及《企业所得税实施条例》所规定的只有7项，其余都是财政部、国家税务总局、科技部等制定的。导致的

后果是：税收优惠的法律效力层次、透明度过低，也没有形成长期有效的制度性规定，往往是一段时期有效，长期则作用弱化，税收优惠政策也因此缺乏稳定性，致使其在执行过程中不可避免地受到来自各方面的冲击。同时，也使技术创新税收优惠缺乏一个总体规划，表现为科技自主创新存在什么问题就出台什么相应的税收政策性文件，且各种规定之间经常出现交叉重叠或遗漏不全的情况。

二是地方税收优惠政策制定规避税收法律。根据 1994 年《国务院关于实行分税制财政管理体制的决定》以及《立法法》的规定，我国实行高度集中的税收立法体制，即税收法律规范由中央制定。在单一的税收立法体制下，地方政府无税收立法权和税收优惠政策的制定权。在现行管理体制和地区之间相互竞争的压力下，地方政府为了发展本地经济特别是高新技术产业，纷纷出台了一些税收优惠政策及变相的税收优惠政策、财政返还政策。如对增值税属于地方收入的部分和企业所得税属本级财政收入的部分全额返还给企业等。这些政策对于消除现行税制的抑制投资和创新的弊端起到了一定的作用，但其缺点也是明显的，即这些政策是中央所禁止的和未经过立法程序产生的，这就必然存在透明度不高、随意性强、稳定性差等诸多问题，且造成地区之间优惠政策的无序竞争和政府间大量的税收流失。此外，先征后返的优惠要经过科委、经委、国税、地税等部门认定、审核，环节多，手续繁，时间长，成本高，因而税收优惠效率比较低。

三、进一步完善促进产业结构优化的税收激励政策

（一）构建系统的促进我国自主创新和产业结构优化的税收激励政策体系

首先，要按照经济发展方式转变的要求以及国家的自主创新、产业发展战略设计税收激励的政策体系。调整现行的过分注重特定产业、特定区域、特定对象的税收优惠政策取向，在强调税收适度倾斜政策的同时，考

虑税收优惠对象的一般性，将税收优惠扩大至所有企业和产业，即不仅对于高技术企业创新要有税收优惠，对于非高技术企业的企业进行的技术创新也要给予相应的税收优惠，不仅是对软件产业、集成电路设计企业，对所有的产业部门的技术创新和产业升级都给予税收优惠，以体现公平税负原则。

其次，按照技术进步、技术创新的科学的内在规律和完整循环过程设计、制定税收激励政策，重视对研发过程的税收优惠。长期以来税收优惠的重点一直放在高科技产业的生产、销售环节，其基本特点是：符合认定条件的纳税人如果取得了科技创新收入则可以免征或少征税款，假如企业大量的研发投资失败，则享受不到税收优惠。在这样的政策激励作用下，企业往往把重点放在引进技术和生产高科技产品上，最终必然影响科技创新和产业升级。为此，我们必须改变以往针对科研成果优惠的政策，根据科技研究开发的特点，对研究开发过程优惠，激励具有实质意义的科技创新行为。原则上规定享受优惠的研究项目或研究开发行为，确定基础研究或前期研究环节优惠、中间试验阶段优惠等标准，分别核准税收利益的享受。

再次，在个人所得税方面，强化对科技人才的个人所得税优惠政策力度，加强对科技人才培养和研发积极性的税收支持。一是提高职工教育经费提取比例；二是进一步修改个人所得税政策，降低科研（科技）人员获得的奖金免税的门槛，扩大技术成果奖励的免税范围；三是对科研人员以技术入股所获得的股权收益，减征或免征个人所得税；三是鼓励民间办学和社会捐资办学。对于企业、个人和社会团体投资兴办的各种学校和教育培训机构，可对其营业收入和所得减免营业税和所得税；四是对企业、社会团体和个人向教育培训机构和科研机构的捐赠，准许不受最高捐赠限额限制，均据实税前列支。

最后，建立风险投资税收倾斜政策，促进科技成果的产业化。对风险投资公司应免征营业税，并长期实行较低的所得税税率；对法人投资风险投资公司获得的所得降低所得税征税税率，以减轻重复征税的程度；对居民投资风险投资公司获得的所得以及资本所得免征个人所得税；对风险投资公司获得利润再投资于高新技术企业的，不论其经济性质如何，实行再投资退税。

（二）完善税收优惠措施的应用

首先，借鉴发达国家和典型创新性国家利用税收手段激励企业自主创新的经验，税收优惠方式应多样化，在运用减免税、低税率和零税率等直接税收优惠的同时，也要注意运用加速折旧、纳税扣除、税收抵免等间接优惠方式，且以投资抵免、加速折旧、纳税扣除等间接方式为主。

其次，税收政策不应仅限于激励，亦可实施直接的惩罚，通过开征税收、高税率等措施提高限制发展产业及限制实施行为的税收负担。在实施产业税收优惠的同时，也应对需要限制和压缩的产业增加税收抑制力度，通过加成征收、税收附加、征收消费税、投资方向调节税等方式，促使其转产或减产。

最后，建立健全税收政策的效益评估体系，重视实施后的税收政策的跟踪管理、效益评估、目标考核等管理和研究工作。对每年因税收优惠政策而减少的税收规模，企业因享受税收优惠政策而产生的效益规模以及由此而带来的对经济增长和税收收入的贡献等指标进行测评。

（三）坚持税收优惠的法制原则，提高税收优惠政策的法律层次

要完善税收法律建设，逐步提升各种税收优惠政策的法律位阶，提高其效力，使之真正成为促进自主创新的强有力的保障。同时，在税权统一的前提下，给予地方适当的制定地方税收优惠的权利和权力，减少变相的税收优惠，防止变相的、恶性的地方税收竞争。

第三章　产业结构调整中的金融支持体系

第一节　产业结构调整中金融体系的作用

产业结构调整的实质是资源从配置效率低的产业或部门转移到配置效率高的产业或部门。在这个过程中，劳动和资本在不同产业和不同部门之间进行转移，实现不同产业和不同部门之间产出的调整。在经济货币化和金融化时代，这种转移表现为资金在各个部门间的流动，而金融体系对资金的分配方式恰恰满足了这种流动的实现。无论是采取以投资倾斜为主的增量调整，还是采取以资源的再配置为主的存量调整，都离不开金融的支持，可以说金融是保证产业结构调整，促进产业结构转换的直接推动力。

一、金融体系在经济运行中的功能

在国外，很少有学者直接研究金融对产业结构调整的支持问题，他们主要研究金融与经济发展的关系。然而经济发展的过程中必然伴随着产业结构的调整，因此，他们的理论也间接地反映了金融对产业结构调整的作用。

早在1912年，熊彼特在《经济发展理论》一书中就指出，金融体系

的发展对经济运行具有积极意义。他认为，金融机构的运行可以提高资本配置效率，使资本配置到创造价值能力高的实体中去。同时，又可以消除在这其中的道德风险，进而减少转移成本。

美国耶鲁大学经济学家休·T. 帕特里克在其1966年发表的《欠发达国家的金融发展和经济增长》一文中提出，在经济增长的起步阶段，金融引导经济增长；当经济进入快速增长阶段，经济变得日益复杂，此时经济中的摩擦会对金融服务产生需求，并刺激金融发展。此后不久，比较金融学的开山鼻祖雷德·W. 戈德史密斯于1969年出版了《金融结构和金融发展》一书。他利用35个国家1860～1963年的数据证明了大多数国家的经济发展与金融发展之间存在着大致平行的关系并且创立了独特的金融结构理论。20世纪90年代初，金和莱文从金融功能的角度入手研究金融发展对经济增长的影响，尤其是对全要素生产力的影响。他们在系统地控制了影响长期经济增长的其他因素的情况下，利用80个国家1960～1989年间的数据进行分析并得出结论：金融中介的规模和功能的发展不仅促进了经济中的资本形成，也刺激了全要素生产力的增长和长期经济增长。20世纪90年代后，金融发展理论把金融引入内生增长模型，从金融中介和金融市场两个角度论述金融对经济的促进作用。拉詹和津盖尔斯（1998）细致地分析了金融对经济增长的微观作用机制。他们通过研究金融发展对企业外部融资成本的影响来研究金融发展对行业成长的促进作用。他们认为，在金融体系较为发达的经济中，一个行业的发展对外部融资的依赖程度越大，金融发展对其促进作用就越大，因为金融能使企业的对外融资成本下降。但在金融体系欠发达的经济中，企业可能无法获得及时有效的资金支持，因而发展受到很大的制约。

以上这些论述，从不同角度论述了金融体系在经济运行中的功能作用。一般而言，金融体系有两个基本功能：储蓄动员功能和资本配置功能。

1. 储蓄动员功能

所谓储蓄动员功能就是把储蓄转化为投资的功能，通过金融体系的活动，将分散的储蓄者的资金积聚起来并使其流向具有高生产性的投资项目，这是金融体系的最基本的功能。在经济社会里，资本积累和形成是经济增长和经济结构变迁的基本条件，但在现实中资金需求主体与资金供给主体（资金盈余者）由于偏好（流动性需求、价值取向、冒险精神等）不同、信息不对称等原因，两者之间难以实现有效的对接。而金融体系的重要功能就是通过金融中介或金融市场从客观上满足不同主体（储蓄者和投资者）的偏好，在引致储蓄率提高的同时也强化储蓄向投资转化的经济效率。所以，储蓄动员功能对现代经济运行有极为重要的推动作用。

2. 资本配置功能

金融体系另一个重要功能是资本配置功能，即将资金配置到资本边际效率最高的产业或部门中去，以实现资本的优化配置。首先，金融体系本身的逐利性特点决定了它必须要把资本配置到最有竞争力、创造剩余多、资本回报率高的部门或行业。且金融资源具有易分割、流动性强、易于配置到优势部门或企业的优势。其次，金融体系的资本配置效率又与金融体系的信息收集显示及风险分散的功能相关。信息的不确定性是现代经济的重要概念，也是金融体系关注的重点。而作为市场经济的一种独特制度安排，以金融中介和金融市场为基本架构的金融体系的一个重要功能就是充当市场经济中部门行为协调的信息源，减少私人部门信息获得和处理的成本，从而有助于改善信息和交易摩擦所产生的问题。以银行为主体的金融中介机构由于其与企业的合作关系便于积累借款人信息，从而可以降低信息成本并有效降低借款人的道德风险。同时，拥有大量资产组合的金融机构在信息生产的规模经济和监督控制的成本节约方面具有优势。金融市场则是一个天然的信息吸收、集成和显示的场所，它主要是通过资产定价的一般均衡作用机制来传达市场信息反应，同时也为投资者的信息收集和处理提供激励机制。

在风险分散方面，金融中介和金融市场具有不同的功效。金融中介主要在应对流动性风险和跨时期风险分散方面具有优势。金融中介通过风险内部化，在不确定的条件下为储蓄者和融资者提供更为优惠的流动性保险。银行把存款人的流动性风险汇集在一起，除将吸收的一部分存款作为准备金满足部分消费者的流动性需求，其余投向流动性更差但更具生产性的项目，从而实现消费者的流动性保险和银行资产负债期限的转换，并通过这种转换改善资金配置。除了流动性风险之外，银行还为消费者提供跨时期风险分散机制，即在经济繁荣时期向存款者提供低于实际水平的投资收益率，在经济萧条时期向存款者提供高于实际水平的投资收益率，以此降低消费者同一资产组合的跨期风险。在投资者为风险厌恶型的条件下，这种为消费者提供的跨期风险分散机制可以促进从低风险、高收益的短期投资转向高风险、高收益的投资。而金融市场在风险管理方面的功能主要是在投资者之间进行流动性调剂，通过提供丰富多样的金融产品，满足不同投资者风险、收益和流动性的组合偏好来有效地分散横向的、跨部门的风险。

二、金融体系在产业结构调整中的作用

金融体系的上述功能使得其在产业结构调整中具有重要的作用。

（一）通过动员资金和引导资金流向促进产业结构的调整

产业结构的调整，无论是使用增量途径还是通过存量途径来实现，都需要大量资金的注入。金融体系可以按收益性、流通性、风险性、期限性不断排列组合形成不同金融产品满足不同的投资者，从而满足产业结构调整中快速集聚资金的要求。借助于独特的资金集聚机制，金融体系可以为一国或地区的支柱产业、新兴产业注入新的生产要素，扶持瓶颈产业部

门，通过新增资源的倾斜配置，促进产业结构的高度化和合理化。当然，这种通过新增资源的倾斜性配置来促进产业结构的高度化、合理化的作用，必须要有政策性金融的适度引导。

（二）通过优化资源配置促进产业结构调整

产业结构的调整必然涉及资源的优化重组和合理配置。而金融体系，无论是以商业银行为中心的金融机构，还是以证券市场为主体的金融市场，均具有联系面广、信息灵通的优势，它可以对投资项目进行评估以甄别出最有前途的项目，以及准确地披露创新者作为行业中的佼佼者的预期利润的现值，从而以市场为导向，通过优化资源配置促进产业结构调整。金融体系在这方面的作用可以表现为两个方面：一是通过新增资源投入的流向选择，促进产业结构的高度化和合理化；二是通过对存量资源的优化促进产业结构的变迁。从现实经济运行看，一国或一个地区增量资源的投入在量上会受到资金来源的限制，而改变现有资源在不同产业之间的分布能迅速实现现有产业的存量结构。金融体系高度流动性和信息获取及传递的充分性可以为改变存量资源在产业之间的分布提供最便捷、最经济的途径。它可以通过积极支持企业的兼并和重组，使资源流向竞争力强、市场成长性好的优势企业或产业，并辅佐其成长，而无发展前途、效益差、无市场生命力的企业或产业无法得到资金的支持，甚至资源流出而受到抑制或被淘汰。这实际上就是资源在产业间及产业内的优化配置过程，这一过程最终促进产业结构的优化。

（三）通过及时提供信息，加快技术创新，促进产业结构调整

产业结构的调整必须依据资源的社会供给与需求的变动，这使得产业结构的调整对信息需求的结构日益复杂。而金融体系对于信息的灵敏性及传递的有效性能较好地解决产业结构调整过程对信息需求问题，并据此引

导资本的流向。

同时，以技术创新推动产业结构升级是产业结构调整的重要内容，但是技术的创新与商业化过程隐含着极大的不确定性，由此带来极大的风险。且创新型企业规模小，资信程度低并缺乏担保资产，很难从银行等金融中介筹措到大量资金。通过资本市场，特别是风险投资的资本市场可以较好地解决这个问题，它不仅为高新技术产业提供资本，而且推动这些技术创新渗透到相关产业，从而带动整个产业结构的调整。纳斯达克市场就是典型的例子。

三、政策性金融在产业结构调整中的作用

金融支持是一个宽泛的概念，它既包括金融体系本身在市场力量的推动下，对经济增长和结构调整起的作用，也包括政府通过政策性（信贷政策和货币政策）的运作对产业结构的导向作用。金融体系在经济中的产生、运动和发展，很大程度上是由市场力量推动的。金融体系在经济中的积聚资金、资源配置、风险分散等功能是建立在市场活动的基本要求之上的，它对产业结构调整的支持也是建立在不同产业对资源利用效率的差别基础上的，所以，金融体系对产业结构调整的支持具有市场性。市场性的金融支持以市场有效为前提，但是，市场存在失效是客观事实，因而在发挥金融体系对产业结构优化调整的市场性作用时，也要强调政府在其中的作用，实施政策性金融支持。

（一）政府在金融市场中的作用

政府在金融市场中的作用问题是研究金融在产业结构调整中的作用时不可避免的。在这个问题上，理论界主要有两种观点：一种以麦金农和爱德华·S. 肖的“金融深化（金融抑制）”理论为代表，该观点认为政府干预会阻碍金融和经济的健康发展。麦金农和爱德华·S. 肖于 1973 年分别

出版了《经济发展中的货币与资本》和《经济发展中的金融深化》。他们针对发展中国家普遍存在的利率管制和信贷配给等人为扭曲价格的抑制现象，认为发展中国家的金融制度与经济发展存在一种恶性循环关系：一方面，金融制度的落后阻碍经济发展；另一方面，经济发展停滞又制约着金融业的发展。造成这种情况的根本原因是，由于制度上的缺陷和当局政策上的失误，发展中国家政府当局在经济发展过程中对经济各个领域进行了过多干预，这种干预束缚了金融业的手脚，对经济发展起了相反的作用。因此，应减少政府对金融业的干预，培育一个完全竞争并且信息完全充分的金融体系，通过市场价格对金融资源流动加以引导，可以使资源配置得以优化，产业发展得以有效。麦金农和肖的理论是以瓦尔拉斯市场均衡条件为前提的，因此强调以市场机制代替政策调控，用市场价格引导金融资源流动，从而优化资源配置，发展有效率的产业。这实际上是市场在自发条件下优化产业结构，它表明金融对产业的支持首先要求金融体系的活动要以市场为基础。但是，由于经济中普遍存在信息不对称所造成的逆向选择、道德风险等问题，瓦尔拉斯市场均衡条件难以成立，以赫尔曼、斯蒂格利茨为代表的新凯恩斯主义者提出了强调政府干预的“金融约束”理论，该理论强调政府应在金融市场中积极发挥作用，以促进金融和经济的发展。他们认为，必须加入适当的政府干预，才能解决由于市场信息的不完全、代理行为、道德风险、逆向选择阻碍资源有效配置的问题。而且，金融市场本身也存在市场失灵问题，如金融机构清偿力信息和管理信息不对称问题、金融机构破产的外部性问题等。因此，有选择性的政府干预不但不会阻碍，反而会促进金融发展，从而推动经济发展，促进产业结构调整。当然，在定位上，政府应该是补充市场，而不是取代市场。斯蒂格利茨强调政府对金融市场应采取非直接的控制机制，并确立监管的范围和监管的标准。斯蒂格利茨还肯定了信贷政策的作用，他认为，由于市场失效，私人的自发投资并不总能保证最佳的社会结果，政府的信贷政策如果

运用得当，不失为提高总体经济极小的一个有力手段。政府指导性信贷政策应主要运用于两个目的：一是配合政府的产业政策，使信贷资源优先流向某些企业或行业；二是出于社会目的，对小农户、中小企业或某些民族企业提供优惠贷款。此外，金融约束论者还分析了政府干预对银行部门和生产部门的作用，并强调为生产部门创造租金可提高资金配置效率，实现企业资金良性循环，但未对产业结构优化或主导产业发展作进一步分析。

（二）政策性金融支持的运作模式

政策性金融对产业结构调整的支持是对市场性金融支持的一种利用和引导，它通过制定具有针对性的行业金融支持政策来引导资金流向主导产业倾斜。在具体的运作模式上，则主要是通过政府的信贷政策及政策性金融机构的运作实现。

1. 信贷政策

信贷政策是一种倾斜性的金融资源配置政策，它要与产业政策相互协调来实现资金倡导的功能。具体而言，信贷政策又可分为直接与间接两种方式。直接方式是指中央银行根据产业政策的要求进行信贷配给或行政指导，直接干预民间金融机构的信贷计划，限制并引导资金流向。间接方式是以不破坏商业性金融机构的收益性、流动性、安全性经营原则为前提，中央银行基于对重点产业有关企业或项目的调查监督，对其经营能力、活力以及潜力作出判断，并以提供信用保障（再贴现、信用担保）的方式鼓励商业性金融机构对其融资。在这种方式下，中央银行并不直接干预商业性金融机构对具体贷款对象、贷款数量及贷款条件的确定，而只是采取一定的倾斜和优先政策，引导商业性金融机构在重点产业选择效益好、还款能力强的企业或项目进行融资。当然，中央银行本身提供再贴现和信用担保也要以效益和安全为基准。例如，日本银行在提供再贴现之前，都要进行严格的调查，以确保票据的真实性，并通常要求对方以货物或其他财产作为担保。假如票据到期不能结清，日本银行通常先延期一次，第二次到期仍不能结清，就会让有关企业倒闭。

从资金的使用效益看，间接方式要优于直接方式。原因就是间接方式具有更强的“引流”作用，即能够更有效地利用相对较少的资金供给带动吸引较多的民间资金，使之流向重点产业。因为直接的信贷配给和行政干预往往缺乏利益的协调，商业性金融机构只是消极被动地服从政府的意志，很难产生对商业性金融资源的效应。而在间接方式下，政府的干预指导首先基于其对目标项目获利潜力的判断和把握，这就很容易与民间投资者形成共同的利益基础，由此带动商业性金融资源的跟进。日本高速增长期的金融信贷政策主要采取的是间接干预。在第二次世界大战后日本的国民经济设备投资中，政府金融机构的投资一般只占百分之三十几，其余大部分均为民间投资。民间银行在政府对某一行业（企业）进行积极支持后，便会纷纷跟进融资。由此可见，政策性金融的先行投资或扶持可大大增强民间金融机构的投资信心和决心，引起民间投资的积极响应，也使得政府资金可以在其中逐渐减少份额，转而扶持开发其他产业。

但须注意的是，尽管中央银行的信贷政策对产业结构调整有着不可忽视的作用，但很可能引起经济总量目标的失控，导致通货膨胀，从而破坏经济的有效运行和稳定增长，阻碍产业结构的升级转型。特别是过于偏重依赖直接的信贷配给政策，容易带来资金的低效配置和重点产业在过度资金优惠政策下的发育迟滞、效率低下，同时还会阻碍金融体制的发展，加深金融抑制的局面。

2. 政策性金融机构

设立政策性金融机构，是在市场经济条件下，将金融手段与财政手段有效结合的一种重要途径。财政分配虽有较明确的方向性，能较好体现经济政策目标，但其无偿性降低了资金的使用效益；金融贷款虽具有偿性，但对资金营利的追求，不利于配合经济总体长远发展的政策意图。政策性

金融机构则综合了两者的优势，能将财政资金金融化，从而更有效地发挥作用。

政策性金融机构具有以下基本特征：第一，由政府投资创设，或采取参股、担保等形式，并加以控制；第二，经营运作具有逆市场导向性，基本不以营利为目标，主要贯彻政府的经济政策，为国民经济发展的整体利益和长期战略服务，多从事商业性金融机构不愿做或难以胜任的融资项目，如中长期项目或收益较低甚至短期亏损的项目；第三，业务上有较强的专业性，一般服务于特定的范围和对象，如农业、进出口、基础设施、高新技术产业等；第四，不参与信用创造，不具备增加货币供给的功能，其资金来源多为成本较低、规模较大、期限较长的信用资金，如财政资金、向国内外发行融资债券、社会保障体系及邮政储蓄系统的闲置资金等，一般不吸收居民存款。

政策性金融机构的主要功能在于引导商业性金融机构从事符合政策意图的投资活动。在重点产业成长初期，不少产业的发展前景尚不明朗，商业性金融机构在投资决策时常常踌躇不决。政策性金融机构对这些部门的先行投资，表明了政府对这些部门的扶持意向，从而通过自身的政策性融资活动间接地诱导商业性金融机构和私人部门从事符合政策意图的投资活动，从而达到促进产业结构调整升级的目的。

政策性金融机构的潜在风险和机会成本是非常高的。首先，政策性金融机构就其本质而言，不完全是一个独立于政府的经济实体，而带有执行政府政策意图的使命，其产权结构决定了其行为方式与决策体制必然受到政府的控制。其次，由于其独特的产权结构，也使得其内部激励机制和监督机制存在先天缺陷。由于内部激励机制和监督机制的不完善，政策性金融很容易成为一种损失资金配置效率的制度安排，从而从根本上与产业结构合理性目标相悖。

（三）日本的政府主导型金融支持模式

第二次世界大战后，日本经济处于极端衰败与混乱之中，资金奇缺。为了恢复经济，日本采取了政策性金融，这不但令日本实现了经济腾飞，而且成为了世界上第二大经济强国。

政府主导的政策性金融推动了间接融资的发展。为了筹集更多的长期建设资金，日本的政策性金融体系在政府主导下逐渐建立起来。当时，日本的政策性金融主要包括两大部分：一部分是日本兴业银行、日本长期信用银行、日本债券信用银行三家长期信用银行，它们主要通过发行长期金融债券，在政府主导下向大企业集团提供中长期的贷款，当时三家银行提供的设备融资占整个金融系统设备融资总额的20%～30%；另一部分是日本开发银行、日本进出口银行以及国民金融公库、冲绳开发金融公库等十家金融公库，这些金融机构都是由政府出资建立，向特定的行业、部门提供政策性融资，而其融资的来源主要是政府的邮政储蓄资金。在所有金融机构贷款总额中，以上两类政策性金融机构的贷款约占30%。

从20世纪50年代到60年代末，日本一方面实行了低利率政策，即通过降低企业融资成本来促进企业进行设备投资；另一方面，采用了工业发展优先政策。此时期，无论是政策性金融机构还是民间商业金融机构都优先对工业企业放款，极力向工业部门倾斜。因此，政策性金融对日本工业体系的形成和壮大起了重大作用。

20世纪70年代以后，日本大规模投资于公共事业项目，所需的大量资金通过日本政府发行大规模的国债和建设债券来获得。这个时期，日本的政策性金融所支持的经济发展的主要目标由发展工业转变为提高国民生活质量。其住宅金融公库获得的融资比例在20世纪80年代已上升到15%，可谓提高迅速，其他诸如住宅公团、日本道路公团等财投机构获得财投资金的比例也上升到了25%。

1997年亚洲金融危机后，政策性银行积极扶持、选择有增长潜力和发展前景的企业放款，从而解决了商业银行因资金流转困难，大幅度削减贷款而产生的“惜贷”问题。1998年，日本的政策性银行用于恢复经济的贷款占其当年贷款总额的42%。同年，修订后的《日本开发银行法》规定日本开发银行临时增加对流动资金贷款的业务，这一举措使得日本开发银行既可以解决企业对于流动资金的需求，也缓解了商业银行的经营矛盾，维护了国家的金融和经济安全。

日本政策性银行在第二次世界大战后及金融危机中的表现，凸显了政策性金融在产业结构调整乃至经济发展中的不可替代性。

第二节　产业结构调整中金融体系结构与金融支持

广义的金融结构涉及金融体系中不同类型的融资方式、金融中介、金融工具的比例。狭义的金融结构主要指两类金融现象：一是以股票市场为主的直接融资和与银行贷款为主的间接融资的相对分工与结构；二是间接融资中的银行内部的结构，即不同规模银行的相对比例及分工。本节谈论的是狭义的金融结构。

作为金融体系的不同制度安排，一国的金融结构是由一国的要素禀赋结构所决定的经济结构和产业结构的特征所决定的。因为，金融体系的各个组成部分及其所代表的融资方式在金融服务方面具有各自的比较优势，而不同的企业或产业由于规模大小、治理结构、所面临的外部环境及业务业绩等方面存在差异，对金融体系提供的融资服务需求也不同，因此，相应于不同的产业结构会形成不同的金融结构。随着经济的发展和产业结构的变化，金融结构也会发生变化，以适应不同的产业和企业的金融需求。但反过来，不同的金融结构对产业结构变迁、调整所起的支持作用侧重点也有所不同，所以，在讨论产业结构调整中的金融支持时，还有必要看不同金融结构和融资方式之间的分工以及金融结构是否能更好地满足产业结构调整对金融体系的需求。

一、银行主导型的金融体系与金融支持

（一）银行主导型金融体系的特点

银行主导型金融体系是指以间接融资方式为主的金融结构模式。这种金融结构强调银行在金融体系中的主导作用，包括信息处理、配置资源、企业监督和企业控制、风险分散等方面，银行运用自身在资金、信息等方面的优势，全面而广泛地参与经济生活，促进产业结构的调整。这种金融体系的特征集中表现在以下几个方面：

（1）股票市场相对不太发达，国内债券市场的参与者主要是政府和银行，一般工商企业很少发行债券，企业外部融资主要依赖银行贷款。

（2）商业银行在金融体系中居于核心地位，起着绝对主导的作用。这种核心地位和绝对主导的作用主要表现在：银行利率成为金融体系乃至社会经济活动中的基准收益率；居民金融资产的绝大部分表现为银行储蓄存款；银行体系配置的资金规模在金融体系中处在绝对地位，庞大的银行资产缺乏流动性。

（3）银行等金融中介通过提供具有“标准契约”性质的存款合同来满足资金盈余的需要动员储蓄，[1] 并通过内置的一元化贷款审查的风险过滤机制使风险内部化，从而在不确定条件下为资金供给者和资金需求者提供流动性保险。

（4）银行等金融机构在提供金融服务过程中呈现出明显的“关系型”

[1] 吴晓求，赵锡军，瞿强．经济调整中的中国经济增长与资本市场［M］．北京：中国人民大学出版社，2007：16.

特征，并以维持“银—企”之间关系来获得开展业务过程中的比较优势。同时，银行等金融机构注重支付能力的流动性，由此保持一个较稳定的资产价格。

（二）银行主导型金融体系在产业结构调整中的优势

银行主导型金融支持模式在产业结构调整中的比较优势表现为：

（1）政府为实现其总体产业发展战略，可以通过对银行体系贯彻自己的意愿，集中调度、运用资金，并可以令银行体系动员资本从而形成规模经济。

（2）在银行主导型金融体系下，银企关系密切，银行直接从根本上控制企业命脉。一般企业只拥有银行和其他关系企业等少数相对稳定的主要投资者。在这种集中而稳定的关系下，各主要投资者之间为了共同的利益建立相互监督且长期、有效的合作关系，从而可以减少企业的逆向选择以及道德风险。此外，银行通过为关系企业提供一揽子债务和股权资本❶达到为产业的早期发展和壮大提供重要的制度保障的作用，这样，银行能够在企业财务陷入困境时及时给予支持，以避免其破产或被兼并。❷此外，银行还可以通过对集团内相关的投资计划进行协调，对企业经理的行为进行有力的激励、监督和控制，来促进企业的可持续发展。

（3）银行能有效收集企业的信息且具有规模经济，从而可以在组织水平上实现与企业间的信息共享，由此银行将会提高资源配置效率。首先，银行为确保贷款质量，往往会在贷款发放前由专业人士对企业客户的资信、项目质量进行调查，收集或者要求借款人提供必要的内部信息。其次，通过管理企业账户，办理转账结算，银行也可以获得很多外部人难以获得的借款人的内部信息。再次，银行和企业之间发展的长期合作关系，

---

❶ 银行为企业提供股权资本，是一种金融资本和产业资本的融合，也称为产融结合。

❷ 韩惠敏. 产业结构调整中的金融支持［D］. 中共中央党校博士学位论文，2005：50.

便于银行积累借款人的信息，从而有效降低借款人的道德风险，减少对企业的融资约束。[1] 最后，作为企业债权人的银行，可以充分利用自身的优势去获取和占有企业的详细信息以及企业拟建项目的信息，从而达到大幅度降低放款风险的目的。

（三）银行主导型金融体系在支持产业结构调整中的局限性

银行主导型金融体系只有在一个高度竞争的产品市场和良好的道德法制环境中才能实现其对产业结构调整的比较优势和效率。而实际上，在银行主导型金融体系下，存在银行内部控制的公司治理结构，因此，会对产业结构的调整带来一定的非效率。

（1）使银行和企业在一定程度上失去独立性和灵活性。因为银行和企业为了维持长期合约，往往导致一些缺乏效率的企业或项目难以淘汰，容易出现企业的“放贷软约束”现象，[2] 从而造成企业不良贷款的积累和金融系统风险的增加。而银行对这部分资金进行重新配置相对缓慢，因而存在对低效项目过度投资的倾向，加剧了产业调整的刚性。

（2）导致企业信息具有内部占有性特征，使交易缺乏透明度，并最终影响资本配置和利用的效率与收益。另外，一旦银行拥有大量的企业私人信息，银行有可能通过抽取信息租金[3]以及保护长期与银行保持紧密关系的企业从而妨碍企业竞争和创新。此外，虽然理论上银行在信息收集、处理上更为经济有效，当在一些非规范的情况下，银行反而没有效率。因此，在情况多变，充满了不确定性和创新的环境中，银行在信息获取上并不占优势。

---

[1] 吴晓求，赵锡军，瞿强．经济调整中的中国经济增长与资本市场［M］．北京：中国人民大学出版社，2007：73.

[2] “放贷软约束”是指社会主义经济中的向银行贷款的企业一旦发生亏损，银行常常要追加投资或者贷款，并提供优惠，这种现象被称为“放贷软约束”。

[3] 对银行来说，银企关系所产生的部分信息是私有的，企业并不能轻易地将这些信息转移给其他机构，银行却可利用这些信息获得租金。

（3）容易使企业失去创新的动力。银行自身的脆弱性决定其谨慎投资行为，倾向于投资安全的、风险较低的项目，回避高风险、高收益的项目，从而打击企业创新的积极性，不利于产业结构的升级。此外，在这种金融结构模式下，与银行维持长期合作关系的企业能够抗拒来自资本市场的并购威胁，这会使得企业增强竞争力的动力下降，这些缺陷对于一个国家产业竞争优势的形成十分不利。[1]

二、资本市场主导型的金融体系与金融支持

（一）资本市场主导型金融体系的特点[2]

资本市场主导型金融支持模式指以直接融资为主导的金融支持模式。这种金融支持模式强调资本市场在融资功能和效率上的优势。相对于银行为主导的金融体系，这种金融结构的特征主要集中表现在以下几个方面：

（1）直接融资占优势。直接融资是“间接融资”的对称，是没有金融机构作为中介的融通资金的方式，资金供给者和需求者直接进行交易，以商业票据、直接借贷凭证、股票和债券作为主要金融工具进行融资，可以最大可能地吸收社会游资，直接投资于企业生产经营之中。

（2）资本市场多层次。资本市场是一个体系的概念，它既包括股票市场、债券市场等传统意义上的主板市场，也包括风险投资、创业板等二板市场。多层次的资本市场为不同规模及风险程度的融资主体提供了融资的可能性和便利性，满足了不同融资主体的资本需求。

（3）透明性原则是资本市场的核心原则或存在基础。作为有别于银

---

[1] 张旭，伍海华. 论产业构调整中的金融因素——机制、模式与政策选择［J］. 当代经济，2002.

[2] 广义的资本市场是指经营一年以上的各种资金融通所形成的市场，具体包括中长期的信贷市场、证券市场（股票和中长期的债券市场）等，狭义的资本市场把以间接融资为特征的中长期信贷市场排除在外，专指以间接融资为特征的证券市场。本书将资本市场界定于证券市场。

行的一种金融制度，它不需要中介的转换和过渡，而是资金供给者和需求者直接进行交易，资金需求者所发行的产品信息要全部公开，资金供给者根据其所掌握的信息独立判断收益和风险的匹配性进行选择投资对象。

（4）高度的流动性带来价格的波动性和风险的流量化。资本市场的流动性强调市场中证券产品的即时变现能力，这种流动能力又使得资本市场中的价格处于一个频繁而持续的波动过程，同时也使得市场风险处于流动状态。

（二）资本市场主导型金融体系在产业结构调整中的优势

资本市场主导型金融体系对产业结构调整的比较优势表现在以下几方面：

（1）资本市场的存在和发展使它可在较短的时间内把分散的社会闲置资金集中起来，为技术进步的产业化提供巨额投资资金，实现产业结构的增量调整。特别是通过在资本市场上设立专门的板块，为创新型、成长型的高科技中小企业融资，加速产业结构的升级。

（2）产业结构调整是长期持续进行的，需要持续的资金支持。而以股票为主的融资手段没有期限的限制，能够满足长期的融资要求。它可以通过配股、增发新股等方式提高上市企业的再融资能力，形成产业竞争优势。

（3）资本市场特有的流动性为产业结构的存量调整创造有利条件。首先，证券可以把经营财产实体变为一定数量的财产单位，并令其可以不断的流通，这样就在一定程度上克服了资本要素流动中的资产专用性障碍，有效解决产业结构调整升级中的资产专用性和体制进入壁垒等矛盾。其次，借助于资本市场高度流动性和信息获取及传递的充分性，为资产重组提供最便捷的产权交易市场。在资产重组的过程当中，使资源向优势产业

（企业）集中，实现资源在产业间及产业内的优化配置，促进产业结构的升级与高级化。

（4）与银行主导型金融体系的跨期纵向风险分散机制相比，资本市场主导型的金融体系具有更好的跨域横向风险分担机制。首先，经济代理人能在运作良好的金融市场上通过资产组合多样化、资产调整以及选择更多的金融工具来对冲他们的风险头寸。因此，现代产业发展中所需的、而单个资本（企业和银行）难以承担的巨额投资和巨大风险的难题迎刃而解。其次，对产业结构调整升级的核心问题——技术创新及其产业化来说，资本市场所固有的风险分担机制一方面为具有不同流动性偏好的投资者提供了股权交易的场所，降低新技术所有权交易的成本。另一方面使创新项目异质性风险可以在参与项目的众多投资者之间进行分散和分担，从而鼓励人们对创新的投资，有力推动高新技术产业的发展。

（三）资本市场主导型金融体系在产业结构调整中的局限性

对于产业结构调整，资本市场主导型金融支持模式也存在着诸多局限：

（1）高度流动的资本市场为投资者迅速地转让股票提供了便利的条件。由于资本市场的流动性较强，使得投资者具有短视行为，股东投机动机增强，对企业缺乏长期投资意愿。当投资收益得不到满足时，投资者便迅速将其手中的股权变现，这些短期的股票持有者缺乏对监督管理者和公司业绩的关注，从而降低了推进企业加快产品结构升级调整的外在压力。

（2）资本市场的高度流动性使得所有权进一步分散，分散的所有权使得大部分股东不直接参与企业管理，无法对公司施加严格的监督和控制。此外，公司治理机制的有效性不完善，使得非执行董事、管理者与投资者之间的利益关系难以协调一致，从而导致委托代理问题的出现，致使决策者缺乏产业创新的内在激励。

(3) 以资本市场为平台对企业的接管和兼并加剧了企业运作的不稳定性，会损害企业的长期发展战略，不利于企业的技术和产品创新。

三、银行主导型与资本市场主导型金融体系的关系

银行主导型与资本市场主导型金融体系的结构模式各有优劣，我们不能先验地说某一种金融结构模式优于另一种金融结构模式。从金融体系的发展来看，金融结构的具体模式与经济（产业）结构的发展有密切联系。因为，决定一国金融结构的最基本原因是实质经济对金融服务的需求。不同的产业需要不同的要素投入，而且不同的企业和产业在业务、规模、治理结构、所面临的外部环境等方面都存在很大差异，从而对金融体系所提供的服务也会提出不同的要求。由于不同的金融机构和金融中介在提供不同的金融服务上各具优势，相对应于不同的产业结构，就会形成不同的金融结构。在经济发展的不同阶段，具有比较优势的产业部门不同，企业在生产活动中的资金需求规模和技术创新的特征不同，对金融服务的需求不同，由此形成的金融结构也将通过经济中的产业、企业的性质和特征反映出来。在经济发展的早期，企业的投资以及流动资金需求规模相对小，技术创新往往以引进成熟的、商业价值明显的技术为主，企业扩大主要以物质资本积累为主，企业面临的最主要风险是企业家的经营能力。对于主要以物质资本积累为主的产业来说，贷款可以以资产为抵押，此时，以关系型融资为特征的银行为主体的融资结构是相对有效的。随着经济的发展，资本的积累以及科学技术水平的不断提高，产业部门中资本密集型产业发展，企业投资和生产经营的资金需求规模越来越大，主导的金融机构及中介逐渐变成能够提供大规模资金的大银行，以及能够较好分散风险的证券市场。资本市场在三次产业革命中的作用很好地验证了金融结构演变与产业结构发展之间的关系。三次产业革命的背后都是新技术的应用和与此相

适应的新产业的兴起，[1] 新技术的运用以及产业化所需的大量非流动性长期资本是银行体系所满足不了的，而金融创新和资本市场才能为高新技术产业提供大量的资金支持。特别是发展到现代，技术创新逐渐从引进成熟技术转向依靠自主研发为主，技术创新的风险越来越大。银行所追求的贷款的流动性、安全性和风险性难以满足高科技产业化的需求。而风险投资的出现以及以纳斯达克（NASDAQ）为代表的创业板市场则很好地解决了高科技产业化所带来的金融支持问题，成为高科技企业的重要孵化场所。从某种程度上说，资本市场的这种结构性变革使得资本市场在推动技术进步并将其产业化方面比银行等金融中介更具优势。

实际上，银行主导型或者资本市场主导型的金融体系仅仅是一种分析方法。现实当中，无论是银行主导的金融体系还是资本市场为主导的金融体系，在其中发挥作用的不仅仅是银行或者资本市场，还有许多非主体的金融机构或中介，如信用投资公司、信用担保公司、投资保险公司、信用评级公司以及其他非银行的金融中介机构。单就银行中介和资本市场而言，两者在一个国家（地区）的一定时期中也存在一种共生关系，而且这种共生关系使得两者之间的联系随着经济和金融创新的发展变得越来越密切，也就是说，银行主导型的金融体系和资本市场主导型的金融体系之间的划分变得越来越模糊。银行中介正逐步地参与到资本市场中去，而银行的发展也进一步促进了资本市场的发展。这种趋势可以从以下几个方面来看：

---

[1] 第一次工业革命以机械理学等物理科学的突破性进展为基础，其技术上的特征可以界定为“机器对手工业的取代”，表现为以纺织机等机器为代表的工具革命、以蒸汽机为代表的动力革命以及以焦炭、钢等冶金新技术为代表的材料革命，这些革命促成了纺织业、冶金业（主要是炼铁）和铁路业的兴起。第二次工业革命以热力学、电磁学、化学、生物学为先导，带来了电力、内燃机、化学技术、炼钢技术以及后来的电子通信技术的发展，这一次工业革命使得重工业取代轻工业，机器大工业得以建立，资本密集型产业迅速扩张。第三次工业革命是信息技术革命，其典型的特征是用信息（知识）生产信息（知识）。伴随着这次革命的深入，美国经济逐渐建立了以信息产业为主题的后工业产业体系，成功地实现了由现代工业向后现代工业的产业结构的巨变。在这三次产业革命的背后，是金融的创新和资本市场的发展以及资本市场为新技术产业化所提供的金融支持。

（1）融资证券化。技术的发展和证券市场的完善和成熟使得企业融资的渠道拓宽，银行不再是为企业提供资金的唯一机构，企业融资渠道除了银行贷款外，更多地借助发行各种有价证券在市场上直接融资。融资渠道的变化导致银行传统的贷款业务下降，中间业务增加。同时，作为间接融资的主体机构，银行本身也越来越多地参与证券市场的直接融资活动以及从事其他证券交易活动。

（2）混业经营发展。20世纪90年代后，美国逐渐放松了对银行的监管，允许银行、证券、保险互相跨业经营，混业经营模式已成为当今世界金融业发展的主流。混业经营的发展意味着金融中介与资本市场之间共生关系的存在，银行主导型的金融体系与资本市场主导型的金融体系不再有严格的界限划分。

（3）金融创新活动日益活跃。随着证券市场发展，各种金融创新工具不断出现，银行为减少其所承担的风险，也逐步介入证券市场，并利用资本市场在横向风险分散和跨期风险分担中寻找平衡点，以达到风险的合理而有效的配置，其中典型的例子就是资产证券化（ABS）。所谓资产证券化是指通过一个过程将具有共同特征的贷款、消费者分期付款合同、租约、应收账款和其他不流动资产包装成可以市场化的、具有投资特征的带息证券。这种证券主要由一个特定的应收款资产池或者其他金融资产池来支持，保证偿付。根据资产的期限，在特定的时期内可以产生现金流和其他权利。[1]

资产证券化可以降低银行经营中由于借短贷长而产生的资产负债不匹配的风险，从而实现风险的合理配置。通过资产证券化，银行可以出售部

---

[1] 资产证券化的特点是：以非流动性资产作为支持发行流动性证券，非流动性资产在可预见未来产生稳定的现金流。证券发行需要外界提供信用支持。资产证券化过程的主要参与者有：发起人、特设信托机构、承销商、投资银行、信用提高机构、信用评级机构、托管人、投资者等。资产证券化的基本运作程序是：确定资产证券化目标，组成资产池；组建特设信托机构，实现真实出售；完善交易结构，进行信用提高；资产证券化评级；安排证券销售，向发起人支付购买价格；证券挂牌上市交易，资产售后管理和服务。

分期限较长，流动性较差的资产，也可以将长期贷款的短期资金来源置换为通过发行证券获得的长期资金来源，实现风险的重新组合，有效降低银行信用集中（期限、利率、信用等级）的风险。同时，资产证券化可满足市场投资者的需要，促进资本市场的发展，最终使资本市场和银行系统风险配置的优点得以有效组合。

由此可见，银行与资本市场之间是互补关系，而不是相互替代关系。如果经济体系中既有发达的银行，又有发达的资本市场，也就是拥有全面发展的金融结构模式，那么社会资源将会得到更有效地配置，风险也将会得到更好地转移和分摊，从而为产业结构的发展和升级提供更有力的金融支持。

四、产业结构调整中的金融支持与银行业结构

金融结构的合理不仅指直接融资和间接融资之间的相对比例，也包括了间接融资中的不同规模银行的分工及相对地位。给定资金使用的机会成本，以及金融体系的融资成本，在均衡的信贷市场的条件下，银行业中不同规模银行的结构取决于两个方面：经济活动中不同规模企业结构和不同银行为不同规模企业提供金融服务的成本。

一般来说，经济越发达，企业的经营活动规模不断上升，以资本（技术）密集型为代表的的大企业在经济活动中占据日益重要的地位。但中小企业在经济中始终占有重要地位。相对于资本（技术）密集型企业，劳动密集型企业因为资本产出比较低，需要的资本较少，技术较为简单，规模经济不十分突出，行业进入比较容易，市场竞争也较充分。因此，中小企业成为企业结构的主体。即使是在发达的经济中，资本（技术）密集型产业成为经济中的主导产业，但就企业规模而言，也不会由于资本密集度的上升而使所有行业或产业都被大企业控制。而且，随着经济发展阶段的提高，第三产业以及现代服务业的发展，物质资本密集型产业的相对地位是

下降的，规模经济不明显的产业在经济上占据越来越重要的地位，特别是一些技术创新和高技术行业、生产性服务业、商务流通业，中小企业的地位举足轻重。在这样的经济结构中，解决中小企业的融资问题尤为重要。

另一个方面，不同（规模）的银行之间在提供不同的信贷业务中分别具有各自的比较优势。除了资金的筹措成本外，银行在信贷提供的过程中需要耗费一定的管理和信息成本，包括事前的甄别和事后的信息监督。由于不同企业的经营透明度、抵押条件以及所需资金规模不同，银行对不同活动规模、性质的企业提供贷款的成本是不同的。相对于大企业，中小企业经营信息透明度较差，导致银行为其提供融资服务时的信息与风险控制成本较高。另外，小企业所需融入的资金量相对较小，银行提供服务时的单笔贷款处理成本也相对较高。而大银行由于集中的资金量大，拥有的机会也多，往往倾向于为大企业和大项目提供资金，容易忽视小企业的贷款需求。相对而言，中小银行服务的对象比较集中于特定的较小区域内，对所在地区的中小企业的经营管理和资信较了解，容易建立起持续的信息积累，信息管理成本较低。从中小企业自身的角度，大银行贷款条件较为严格，管理的程序复杂，发放贷款的审批环节多，审批链条长。而小银行的贷款管理程序则相对简单，所以，企业也愿意从中小银行融资。基于这样的分析，可以得出这样的结论，即相对而言，中小银行在为中小企业提供融资方面比大银行更具优势，而大银行在为大企业提供融资方面比中小银行更胜一筹。[1]

因此，只有当一个国家的大、中小银行与大、中小企业的结构匹配合理时，才能达到资金的充分利用，才能更好地促进产业结构的调整升级。当然，我们也应该看到，随着经济的发展，市场竞争也日益激烈，经济活动中的不确定因素增加，投资项目的风险上升，一方面，单个银行规模上

[1] 林毅夫. 自生能力、经济发展与转型理论与实践［M］. 北京：北京大学出版社，2004：277－278.

升以提高抵御风险的能力；另一方面，信贷风险控制难度加大，信贷提供的信息成本提高，也要求银行扩大规模以提高规模经济效益。但即便如此，银行也不宜太过垄断和集中。而且，金融体系的竞争程度必须加大，才能有利于信息披露和风险控制。

第三节　我国产业结构调整中的金融支持

一、我国产业结构调整中的金融支持模式

1978 年以前，我国实行的是传统的计划经济制度，国家集中财力和配置资源的主要手段是财政和计划，金融在经济中只承担了为企业提供部分流动资金贷款的职能，所以金融对产业结构的影响力十分有限。1978 年以后，我国开始朝着市场经济制度的方向进行改革，金融在产业结构调整中的作用，特别是在扩大生产、增加有效供给、缓解市场紧缺的基本矛盾等方面，都发挥了极重要的作用。但是，由于我国金融体系结构本身在 1978 年后经历了较大的变化，所以，金融体系对产业结构调整支持也经历了不同的模式。

（一）1978 年改革开放之初到 20 世纪 80 年代中期

这一阶段，我国经济从“文化大革命”的严重破坏中逐渐得到恢复，并且随着 1978 年 12 月中央对“调整、整顿、改革、提高”八字方针的实行及加快发展轻工业的具体政策的制定，拉开了产业结构调整的序幕。

当时我国产业结构的主要问题是：由于长期以发展重工业为中心，造成了重工业过重；投资规模过大，能源和原材料不足；农业和轻工业发展长期停滞不前，市场上人民生活必需的粮油肉蛋和以农产品为原料的轻工

产品供应十分短缺；连续6年的财政赤字，银行存款增长缓慢，国际收支出现较大逆差；加上当时国门尚未打开，缺乏足以进口先进技术设备的外汇。产业结构调整的出路，主要是压重保轻、补短补缺、增加投入、扩大市场必需品的生产，以缓和产品绝对短缺的局面。

为了解决这些问题，在银行的货币政策和信贷政策方面，实行了信贷倾斜政策，全力支持农业和轻工业的发展。具体政策措施就是人民银行以开办中短期贷款的方法来加大对薄弱产业的金融支持。主要表现在：一是从1978年开始，银行大面积为中短期设备提供贷款；二是银行在流动资金贷款上，实行“区别对待、择优扶植”，“以销定产、以销定购”的信贷政策；三是在严格控制信贷总量的同时，增加了对农业和乡镇企业的信贷投入。

这一时期，中国的金融体制改革也逐步展开。恢复成立了中国农业银行，紧接着将中国银行和中国人民建设银行分别从中国人民银行和财政部分离出来。1979年，人民银行在部分地区着手改革“统存统贷”的信贷资金计划管理体制，在部分地区试行“统一计划，分级管理，存贷挂钩，差额包干”的信贷资金管理办法。但是，中国人民银行和各专业银行之间的资金并没有分开，各专业银行在资金使用上仍然吃人民银行的“大锅饭”，我国仍然处于人民银行一家独统的局面，无论是信贷的投放或是金融政策的制定都是由人民银行来完成的，而且人民银行又受命于政府，因此，这个阶段的金融体系及金融支持模式属于政府主导型。

这个阶段，我国在政府主导型金融支持模式下，产业结构中重工业过重，而农业和轻工业长期停滞不前的状况有所改变。1981～1984年，农业产值年均增长9.2%；工业总产值中，轻工业所占比例由1978年的43.1%，上升到1981年的51.5%；银行的农业贷款年均增长18%，超过同期银行贷款总量增长比例4个百分点。这个阶段产业结构调整的显著特点是第一产业占国民生产总值的比重迅速上升。这一特点反映了我国的资源配置开始

向第一产业倾斜，使得工农业比例不协调的状况得以改善。

（二）20 世纪 80 年代中期到 1992 年

经过 20 世纪 80 年代初的经济恢复之后，我国轻重工业结构明显改善，加工工业日益受到了人们的关注，也因此得到了大量的投资，其增长速度在第二产业中最快，尤其是纺织、印染、食品、饮料、烟酒、日用电器、塑料等行业有了数倍的增长。同时，第三产业逐渐成为了我国经济发展的热门，中小企业随着投资主体多元化趋势的出现也得到了良好的发展。

但是，该阶段产业结构出现了失衡，主要表现是：产业结构趋同化严重，导致重复生产、重复投资、重复建设的现象十分普遍，行业之间、地区之间投资结构失衡，投资大、周期长、收益率低的产业，如农业、能源、交通和原材料部门的投资比重下降，日益成为经济发展中的“瓶颈”部门。再加上这一时期消费浪潮的形成期快于投资项目的产出期，致使 1986 年出现了大面积抢购日用工业品的风潮，造成了 1988 年的全面物价上涨，随后开始了 1989 ~ 1990 年的经济滑坡。

在金融体系方面，这一时期我国金融机构出现了多元化的发展趋势。1984 年，中国工商银行从中国人民银行分离出来，承办原来由人民银行办理的工商信贷和储蓄业务，它与之前成立的农业银行、中国银行和建设银行一起构成了一个分工明确的国有专业银行体系。四大专业银行业务严格划分，分别在工商企业流动资金、农村、外汇和基本建设四大领域占据垄断地位。与此同时，为了促进银行体系的竞争和满足不同主体的资金需求，在这一阶段还成立了一些其他性质的银行，如一些股份制银行和区域性的商业银行。在各类银行机构发展的同时，中国的非银行金融机构也在这一阶段产生并快速成长，如表 3 - 1 所示为 1984 ~ 1989 年我国金融系统机构的变化情况。

表 3-1　1984~1989 年我国金融系统机构情况表

年份	国家银行	保险公司	城市信用社	农村信用社	金融信托投资机构	合计
1984	53898	2107	58255	—	—	114260
1985	58364	2421	58603	—	—	119388
1986	67626	2659	59194	—	—	129479
1987	79619	2749	60872	1615	561	145416
1988	98076	2865	60897	3265	745	165848
1989	94563	2861	58418	3409	—	159251

资料来源. 中国金融年鉴（1991）[M]. 北京：中国金融出版社，1991.

此外，该阶段一个重大的成就便是中国资本市场尤其是股票市场的诞生和发展。中国股票市场的发展起步于 1986 年，但是，比较规范的股票市场则应该以 1990 年、1991 年上海证券交易所和深圳证券交易所的成立为标志。

1987 年中国第一家财务公司——东风汽车工业财务公司和第一家企业集团所属商业银行——中信实业银行的相继成立，揭开我国产融结合的序幕。

进入 20 世纪 90 年代后，随着我国对外开放的进一步扩大和高新技术产业的迅速发展，外国风险投资公司和风险投资基金开始进入我国市场。1992 年，美国太平洋技术风险投资基金在中国成立。

在这个阶段金融机构虽然出现了多元化的发展趋势，但就整个金融体系的结构而言，仍是以国家银行为主导，资本市场的发展虽然取得了一定的成效，但是还只是处在比较低级的阶段，在资本市场的筹资根本无法满足整个国家各个产业发展的需要，主要为产业发展提供资金的渠道还是国家银行的信贷。而国家银行都是在政府的掌控之中的，它们在一定程度上反映了政府的决策和对经济调控的意图。这也就充分证明了，这个阶段的金融支持模式还是政府主导型。

在政府主导型的金融支持模式推动下，这个阶段我国的非农产业得到

了较快的发展，劳动力大量转移到第三产业，从而推动了第三产业的发展。第三产业的比重，从1985年的28.7%上升到1992年的34.8%，达到历史空前的高点。同时，第二产业这一时期一直保持在41%～44%。而第一产业从1985年的28.4%到1992年的21.8%，下降了6.6个百分点。从总体上看，这个时期第三产业的发展也带有补偿发展不足、调整比例关系的特征。

政府主导型金融支持模式，一方面促进了我国经济的快速发展和产业结构的调整，但另一方面也对一些领域产生了不可忽视的消极影响，即过于依赖信贷配给政策，造成了资金的低效配置和重点产业在过度资金优惠政策下的发育迟滞、效率低下。由此可见，单一的政府主导型金融体系已经无法满足我国产业结构调整的需要。

（三）20世纪90年代初期以来

这一阶段，产业结构的显著特点是基础设施（包括能源、交通和通信设施）的建设加强使得第二产业的比重迅速上升，同时以重化工业作为主导产业，即电力、钢铁、机械设备、汽车、造船、化工、电子、建材等工业成为了国民经济成长的主要动力。经过十几年的迅速发展，使得我国长期存在的且较为突出的能源、交通、通信等产业“瓶颈”制约的矛盾得到缓解，电力、运输车辆、建筑材料、钢铁、有色、石油化工和机械电子等产品和建筑业的需求可以随着能源、交通、通信基础设施建设的进展而不断地扩大，同时也相应带动了第二产业的增长。“八五”时期，能源、交通、通信基础设施建设创造了建国以来的最好水平。制约国民经济的“瓶颈”矛盾已得到缓解，信息基础设施的建设正方兴未艾，展示出广阔的发展前景。进入“九五”以后，能源、交通和通信基础设施的建设以及由此而推动的电子、机械、石油化工、建材等制造业的发展，成为我国经济发展的主要增长点之一。

这一时期，我国的金融体系结构也发生了重大的变化。1993 年年底，国务院《关于深化金融体制改革的决定》正式提出，现有国家各专业银行（中国工商银行、中国农业银行、中国银行和中国人民建设银行）要尽快转变为国有商业银行，按现代商业银行经营机制运行。这个决定拉开了专业银行的商业化改革序幕。1994 年将政策性金融业务从国有专业银行分离出来，相继成立了国家开发银行、中国进出口银行和中国农业发展银行三大政策性银行。在这一阶段，一些新的股份制商业银行相继出现，保险市场也打破了中国人民保险公司独家垄断的局面，整体出现了经营主体多元化的格局。截至 1997 年年底，全国国内金融机构包括：政策性银行 3 家、国有独资商业银行 4 家、其他商业银行 14 家、城市商业银行 74 家、证券公司 90 家、信托投资公司 244 家、财务公司 72 家、融资租赁公司 16 家、城市信用合作社 3500 家、农村信用合作社 48586 家、保险公司 9 家。

1995 年以后，以商业汇票为主的中国票据市场在规范的基础上获得了稳步的发展。1996 年，中国人民银行在对 48 家融资中心改造以及撤销各商业银行组建的金融市场的基础上，建立了统一的全国银行间拆借市场。1997 年 6 月 16 日，全国银行间拆借市场开始办理银行间的债券回购业务，全国银行间债券市场由此形成。

从 1998 年到 2003 年，中国人民银行对银行业的监管是按照银行的产权性质分设监管部门（依照国有银行、股份制银行、信用合作社、非银行金融机构和外资银行来分别设立）。1998 年 11 月，中国保险监督管理委员会正式成立，专司对中国保险业的监管，将原来由中国人民银行履行的对保险业的监管职能分离出来，中国人民银行主要负责对银行和信托业的监管。2003 年 4 月，中国银行业监督管理委员会成立，负责监督管理银行、金融资产管理公司、信托投资公司及其他存款类金融机构，维护银行业的合法、稳健运行。此次将中国人民银行对银行业的监管职能分拆出来是中国试图加强中央银行货币政策独立性的举措。

2004年，中国银行和中国建设银行开始进行股份制改造。在中国银行的股份制改造中，中央汇金公司代表国家持有中国银行股份有限公司100%的股权，依法行使中国银行股份有限公司出资人的权利和义务。在中国建设银行的股份制改造中，中央汇金投资公司、中国建银投资有限责任公司（简称建银投资）、国家电网公司、宝钢集团和长江电力公司共同发起设立中国建设银行股份有限公司的活动，分别持股85.228%、10.653%、1.545%、1.545%、1.030%。以此为标志，产业部门资本正式参股国有商业银行，国有商业银行的产融结合开始了向双向模式的过渡。2005年，中国工商银行完成股份制改造，并于2006年在上海和香港两地成功上市。2009年1月，中国农业银行由国有独资商业银行整体改制为股份有限公司。

2004年起，不仅国有银行、保险公司在推行股份制改造和上市，地方性金融机构也"一行一策"地进行产权、治理结构及资产重组的再造。针对中小企业融资难的问题，陆续出现了一些小额贷款公司。证券市场经历了改造后，重新步入快速发展通道。2008年12月国家开发银行变身商业银行，使得政策性银行相对萎缩，进入新一轮摸索之中。伴随"三农"问题日益突出和政策重视，并不符合一般市场金融原则的农村金融体系改造和建设，成为关注焦点。

此外，风险投资的发展速度也在加快。2004年，中国证监会正式批准深圳证券交易所在主板市场设立中小企业板块。2008年全年，新募集的可用于投资中国内地的风险资本总量高达1018.67亿元（陈工孟，2009）。[1]

在此阶段，由于国有专业银行进行了商业化的改革，整个银行业便处于一个竞争的环境，渐渐地脱离了政府的掌控，转而在"看不见的手"的作用下经营资金的业务。同时，就整个金融体系结构而言，相对于其他金

---

[1] 陈工孟．2008年中国风险投资行业调研报告［C］．中国风险投资研究院，2009.

融机构，无论是从数量方面还是提供资金的额度方面，银行都居于遥遥领先的地位。此外，虽然我国的资本市场已经建立，并且也正在以较快的速度发展，但是企业或是产业的融资渠道还是以银行信贷这个间接的渠道为主。因此，这个阶段的金融体系结构是银行主导型。

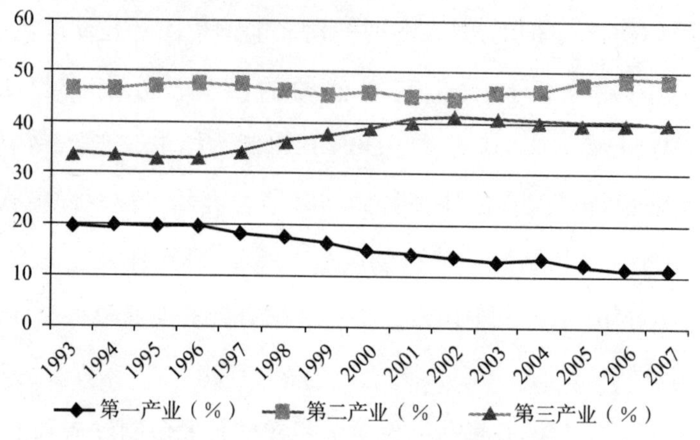

图 3－1　1993～2007 年我国三产比例变化

20 世纪 90 年代初期以来，在银行主导型金融体系的支持下，第三产业比重逐步上升，重化工业迅速发展的时期，轻重工业结构也因此发生了变化。随着市场化进程的推进，我国经济市场化程度逐步提高，由此对产业结构演进产生了重要影响，这一时期的产业结构更能反映客观经济真实。如图3－1 所示，第一产业的比重由 1993 年的 19. 7% 下降至 2007 年的 11. 3%；第三产业则呈现逐步上升的势头，由 1993 年的 33. 7% 上升至 2007 年的 40. 1%，增幅达 6. 4 个百分点；而随着基础设施包括能源、交通和通信设施的建设加强，第二产业比重由 1993 年的 46. 6% 上升至 1997 年的 47. 5%，此后几年这一比重有显著的下降，2002 年降至 44. 8%，但 2007 年又上升至 48. 6%。至 2009 年，我国第一、第二、第三产业的比重分别为 10. 3%、43. 4%、46. 3%。

银行主导型金融体系虽然对我国产业结构的调整发挥了很大作用，但大银行过度集中，而中小银行发展缓慢的银行结构严重地影响了产业结构调整

的效率。因此，我国产业结构调整中的金融体系及支持模式有待于重新定位。

二、我国产业结构调整中的金融支持模式选择

纵观世界各个发达国家，它们在自身产业结构的调整过程中选择了不同的金融支持模式，并在各自特定时期的内部和外部环境下取得了举世瞩目的成功。立足于我国的基本国情，充分考虑到我国产业结构和金融业的各种内在和外在的因素，我国应选择市场为主、政策性金融为辅的金融支持模式。之所以选择以市场为主的金融支持模式，主要是基于以下几个方面的考虑：

1. 产业结构调整是以市场为导向的资源重新配置的过程

产业结构调整的实质是资源从配置效率低的产业或部门转移到配置效率高的产业或部门，而资源的有效配置，是以市场作为导向的。市场通过提供充分竞争的环境，为资源获得合理价格并流向配置效率高的产业或部门创造了条件。这就决定了产业结构调整应选择以市场为主的金融支持模式。

市场主导型的金融体系分为银行主导型和资本市场主导型两种，它们在促进产业结构调整的过程中各具优势。银行主导型的金融体系通过金融中介实现资金的筹集和使用，采取注重流动性、安全性和收益性的"三性"经营原则，资金价格基本稳定；资本市场则是资本供给者与需求者的直接交易场所，其流动性通过市场中证券产品的即时变现而实现，价格频繁而持续波动。在发挥金融分担与管理风险的功能方面，银行通过内置式的风险分担过滤机制，提供跨期风险分担，因此，在系统性风险管理上更有效率；而资本市场则通过外部风险分担机制，实现跨部门、跨领域的横向风险分担，同时，资本市场能提供充分的资产组合，因此在分散由非系统性风险所引起的收益率的波动上更胜一筹。在信息的获得与处理方面，银行在生产、处理和利用企业的信息上占有垄断地位，并能维持与企业的

长期合作关系，降低注入资产替代之类的道德风险；而资本市场则通过价格来发现提供信息，对创新型和信息量相对较少的产业融资更为有效。此外，股票市场的反馈机制有助于实现投资决策质量的提高；在参与和影响公司治理结构方面，两者的功效也难分伯仲，银行在发挥内部监管机制方面效果明显，而资本市场在发挥公司治理结构的外部监管机制上较具优势。因此，在产业结构调整中，处理好两者的优势结合，将能更好地促进产业结构的调整。

与市场主导型金融支持相比，政策性金融机构的潜在风险和机会成本是非常高的，由于内部激励机制和监督机制的不完善，政策性金融很容易成为一种损失资金配置效率的制度安排，从而从根本上与产业结构合理性目标相悖。虽然政策性金融在产业结构调整中功能有限，但是在一些方面，它仍发挥着不可替代的作用。因此，我国应选择市场为主、政策性金融为辅的金融支持模式。

2. 产融结合是产业结构调整的必然趋势

产融结合是指产业资本和金融资本相结合，实体经济和虚拟经济相结合。产融结合是现代经济发展的必然。

首先，产融结合推动了金融创新。传统的融资渠道包括债务融资和股权融资。而产融结合的出现推动了除债务融资和股权融资之外的第三种主流融资方式——资产证券化的发展。通过资产证券化，企业可以将其缺乏流动性但在未来能够产生现金流的资产，通过结构性重组和信用增级后真实出售给远离破产的特设机构 SPV,[1] 再由特设机构把这些资产的收益权转变为可在金融市场上流动的，信用等级较高的债券型证券从而为企业融资。作为一种对融资方式的金融创新，资产证券化最大的特点在于使直接

---

[1] 在证券行业，SPV 指特殊目的的载体也称为特殊目的机构（英文简称 SPV，Special Purpose Vehicle），其职能是购买、包装证券化资产和以此为基础发行资产化证券，是指接受发起人的资产组合，并发行以此为支持的证券的特殊实体。

融资和间接融资之间建立了沟通和转换机制，并构建了金融体系中企业信用和市场信用的相互转化机制。[1]

其次，产融结合带动了高新技术产业的发展。高新技术产业的发展是产业结构向高端化发展的动力。高新技术产业的发展壮大离不开自主创新，而自主创新又需要投入大量的资金作为支持，仅靠政府投资显然不够，因而要求做到投资渠道多元化，实现产业资本与金融资本相结合。从资金成本的角度来说，融资的成本主要包括筹资费用和用资费用。筹资费用是指企业在筹措资金的过程中为获取资金而付出的花费，如手续费、发行费等。用资费用是指企业在生产经营、投资过程中因使用资金而付出的费用，一般指利息。如果实现产融结合，通过内部控股金融公司，则可根据需要自行调节融资费用和用资费用，从而降低企业资金成本。从融资政策中的限制条件来说，由于是内部人，公司与公司之间的了解比较清楚，融资的限制条件会宽松许多。最主要的是当企业急需资金时可及时满足其需要，或当企业面临困境时，通过金融子公司与非金融子公司之间内部协调，可延缓资金的偿付，所以产融结合不但可以为高新技术产业提供所需的大量资金，同时也在一定程度上减少了企业的筹资成本。

最后，产融结合的出现在一定程度上缓解了信息不对称的问题。在信贷市场上，银行和企业之间存在由于信息不对称导致的贷款风险。作为借款者的企业居信息优势位置，比银行更了解自己的资信、真实的贷款用途、偿债能力和还款意愿，但他们往往采取逆向选择的行为，向银行提供一些有利于自己的信息而隐瞒不利于自己的信息。这种信息不对称，使银行误选资信较差的高风险企业，放弃了安全性高的企业，从而利益受损。在信贷资金投入到企业后，企业由于担心归还后难以再获得贷款，从而产生不及时还款、将短期贷款挪作固定资产投资等道德风险，导致贷款无法

---

[1] 尚美玲．产融结合：企业融资渠道的新视角［J］．经济理论研究，2006（2）．

回收，形成银行的呆帐。作为贷款者的银行在贷款前居信息劣势位置，在贷款后由于监督和管理成本较高，一旦企业不及时还款，银行就会停止再贷款。这对于申请贷款进行长期投资的企业来说，将付出巨大的“沉没成本”。因此，从各自利益出发，银行和企业都试图寻找一种双方都能接受的可行途径，以消除两者之间的信息不对称。产融结合就是一个理想的选择。通过产融结合，银行与企业建立长期密切的联系，使银行和企业相互了解、相互依赖、相互控制，从而达到克服信息不对称，提高金融资源配置效率的目的。[1]

3. 金融业的发展现状有能力为产业结构调整提供必要的支持

首先，从我国银行业的发展现状来看，第一，我国国有四大银行已经完成了股份制改革并顺利地实现了上市。第二，国家开发银行于2008年变身为商业银行，使得我国的政策性金融机构相对萎缩，减弱了政策性金融对我国产业结构调整的影响。第三，贷款规模逐年增加。中国银行业2008年新增贷款超过4.5万亿元，2009年全年新增贷款9.59万亿元，较2008年增加了5.09万亿元。而根据央行公布的正式数据，2010年5月，人民币各项贷款4.68万亿元。第四，商业银行资产在金融业总资产中所占比重不断上升。随着银行业近年来的快速发展，商业银行资产占金融业总资产的比重不断上升，由2003年年末的67%上升到2007年6月末的72%左右。而主要商业银行先后完成上市后，上市银行流通市值和总市值占我国股票市场A股流通市值和总市值的比例也由2002年年末的0.8%和3%上升到2007年9月末的10%和28%。第五，银行业发展逐渐呈现出新格局。随着中小商业银行的迅速发展，中农工建交五大银行市场份额逐步下降，但在银行业中依然居于主导地位。以资产总额计算，五大银行的市场份额由2002年年末的70.3%下降到2007年6月末的65.9%；全国性股

---

[1] 徐丹丹．产融结合的理论分析［J］．学术交流，2006（5）．

份制商业银行（不含交行）的市场份额则由2002年年末的11.2%显著上升到2007年6月末的15.3%；此外，外资银行的数量不断增加，机构、客户和业务不断扩张。2002年年末，只有60家外资银行在我国设立了146家分行和9家支行，而到2006年年末，已经有74家外资银行在25个城市设立了200家分行和79家支行，市场份额也从2002年年末的1.4%上升到2007年6月末的2.3%。

其次，从我国资本市场的发展现状来看，我国的资本市场发展速度也很快。特别是20世纪90年代以后，随着证券交易所的建立、证券监督机构的成立和证券法规的颁布，我国的证券市场已成为全球瞩目的新兴市场。这几年市场规模有了很大的扩大。截至2009年年底，沪深两市共有上市公司1718家，股票总市值24.39万亿元。另根据中国人民银行总行发布的《中国金融市场发展报告（2009）》，2009年我国股票市场、债券市场与货币市场的交易总额达到196.7万亿元，资产流动性、金融市场的投融资和风险管理等相关功能都进一步增强。

最后，从我国风险投资的发展现状来看，据中国风险投资研究院的调查结果显示，[1] 2008年中国风险投资市场上新募集的资金规模达1018.67亿元，2009年963.29亿元。2008年风险投资总额为339.54亿元人民币，共投资了506个项目。样本风险投资机构管理的可投资于中国内地地区的风险资本总量达到2506.16亿元，是2007年年底风险资本总量的2.08倍。2009年风险投资总额为316.64亿元，共投资689个项目，投资金额与2008年相比均有所下降，但投资项目数却有所增加。总体上讲，从2000年开始我国风险投资规模每年约以45%的速度增长。上述分析说明了我国金融业已经具备了一定的规模，有能力为产业结构的调整提供必要的支持。

[1] 中国风险投资研究院网站．www.cvcir.com

表 3－2　2000～2008 年风险资本总额和投资金额

（单位：亿元）

年份	2000	2001	2002	2003	2004	2005	2006	2007	2008
风险资本总额	512.0	619.3	688.5	616.5	617.5	631.6	663.8	1205.85	2506.16
投资金额	29.23	41.37	55.92	61.30	71.80	117.57	143.64	398.04	339.54

数据来源：2000～2006 年数据来自 2001～2008 年《中国创业投资发展报告》；2007～2008 年数据来自《2008 年中国风险投资行业调研报告》。

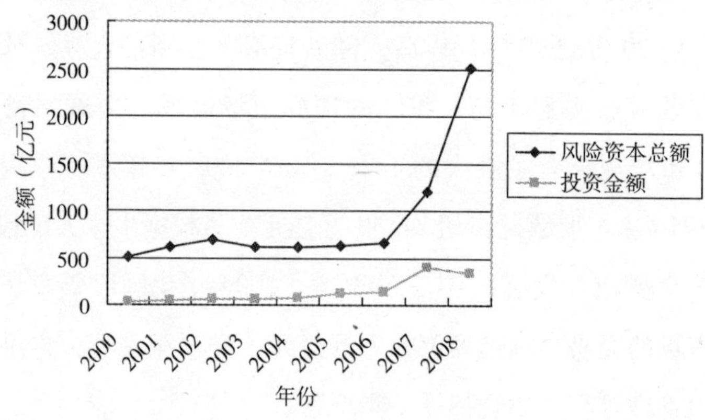

图 3－2　2000～2008 年风险资本总额和投资金额（单位：亿元）

可见，我国的银行业、资本市场以及风险投资的发展都具备了一定的规模，而这个规模足以为产业结构的调整提供其所需的必要的金融支持，因此，我国应选择市场为主的金融支持模式。

三、完善我国以市场为主的金融支持模式的政策建议

改革开放至今，我国产业结构调整中的金融支持模式虽然发展了比较长的时间，并且由政府主导型转变为了银行主导型，但是，无论是政策性金融、银行或是资本市场在发展过程中仍旧存在着一些问题，阻碍了我国金融支持模式在产业结构调整中效应的充分发挥。因此，寻找问题的症结所在，从而提出相应的政策建议，无论是对我国产业结构调整，还是对金融体制的改革都有非常重要的现实意义。

（一）建立多层次的商业银行体系，完善我国的银行业结构

在整个银行业结构中，国有大银行占绝对垄断地位，而民营中小银行却发展缓慢，造成了我国银行业结构中大银行过多而中小银行过少的发展不平衡现象。而从整个国民经济发展角度来看，渐进改革的一个现实是国有企业在国民经济中所占份额的不断下降，而集体经济、民营经济以及其他经济成份所占比重的不断上升。以中小企业为例，我国中小企业数量超过企业总数的99%，创造的最终产品和服务价值相当于国内生产总值的60%左右，上缴税收为国家税收总额的50%左右，作为国民经济的重要力量，无论在创造GDP、解决新增就业等各个方面都处于举足轻重的地位。对以民营经济为代表的非国有经济而言，如果说内源融资适合其初创时期的话，那么当非国有经济的发展进入追求技术进步与资本密集阶段后，内源融资显然难以满足其发展的相对需要，非国有经济迫切需要新的金融安排的支持。然而，国有大银行出于对交易成本和信息成本的考虑，只愿意向国有大型企业提供贷款支持，同时，为民营经济提供融资服务具有比较优势的中小银行却发展不足，从而导致了金融供给结构与需求结构严重不对称。一个通常指标就是在国民经济发展的增量中对非国有经济不到20%的信贷支持，支撑着超过70%的经济增长贡献度；而对国有经济80%的信贷支持，却只带来不到30%的经济增长贡献度。

为了满足我国产业结构调整和经济发展的需要，应建立多层次的商业银行体系并且加速完善我国的银行业结构。具体包括以下几方面改革内容：

（1）加快国有商业银行建立现代商业银行体制和运行机制的步伐。国有商业银行的股份制改造、上市并不是国有商业银行改革的最终目标，最终目标应该是建立现代商业银行体制和运行机制。而要达到这个目标，国家应根据市场经济改革取向的总体战略部署，放弃国家控股的银行经营思想，按照市场经济的一般原则对国有商业银行进行非国有化的股权改造，使商业银行真正处于竞争的环境中，增强商业银行的核心竞争力，使银行运作富有效率。因此，国有商业银行的改革应以建立商业银行的公司治理结构为目标，逐步增加非国有资本在国有商业银行中的比重，国有资本应逐渐退出国有商业银行，使国有商业银行成为真正的商业银行。

（2）大力发展民营金融机构。加大对中小股份制商业银行的增资扩股，加大民营资本的参股比例，实现产权结构合理化，拓宽业务领域，增加服务功能，促进民营金融机构的发展壮大。

（3）改造重组城市商业银行。以民营资本为主，加大资本投入，提高资本充足率，明晰产权，完善公司法人治理结构，扩大经营范围，增加服务功能，提高实力水平。地方政府要全身退出，使之可以甩掉沉重的包袱，斩断与城市商业银行过分密切的联系，不再干预企业，让企业在市场经济中自主发展壮大。

（4）规范和发展民间金融和非金融组织。要加强信用体系建设，形成城乡信用合作组织、典当行和私人金融结构等县城小金融、非金融机构体系，服务中小企业、乡镇企业、“农户＋经营”专业户和私人借贷活动。

（二）建立和完善多层次的资本市场体系

我国资本市场从20世纪90年代建立至今，已经发展了20年，虽然在促进我国经济发展方面取得了许多成绩，但是其发展仍不完善，具体表现在以下几方面：

首先，资本市场总体规模较小，无法满足新型能源和工业的固定资产投资的需要。中国股票市场占国际股票市场的份额只有1%；债券市场的交易额只相当于美国所有未清偿债券余额的3.7%，且债券品种结构与国际市场相比差距相当大。

其次，资本市场结构不合理。一般而言完整的资本市场应包括证券市场、债券市场、基金市场等。但近10年，我国资本市场体系建设方面出

现了资本市场股市化的倾向。具体来说就是重视股票市场发展，轻视和限制债券市场发展，重视交易所场内交易发展，禁止场外交易市场发展，造成资本市场结构不合理。

再次，股市信用风险大。市场诚信制度和监管体系不完善，监管能力较弱，股市运作不规范，有些企业财务报表虚假，信息披露不规范，甚至隐瞒重大事实，严重误导投资者。股市短期行为严重，刺激了各个产业领域忽视长远投资，偏爱短线投资的倾向，严重影响产业的长期发展。

最后，我国资本市场的市场化运行机制没有完全建立，人为操作的痕迹还很明显，政府行为在证券市场中还有相当大的影响。整个市场的系统性风险过大。根据测算，纽约证券交易所系统性风险约占 1/4，非系统性风险为 3/4；而上海证券交易所的系统性风险为 2/3，非系统性风险占1/3，比例倒置。

经济更好更快的发展，产业结构的调整升级，都离不开一个发达的资本市场的强大支持，因此，必须尽快解决存在的问题，促进我国资本市场的不断完善。

（1）推动资本市场结构合理化。继续大力发展股票市场，壮大市场规模；在“中小企业板块”的基础上，抓紧推出“创业板”；取消对企业发债过严的管制，加快发展企业债券市场；积极发展中长期商业票据市场和产权交易市场；发展和规范私募资本市场交易；鼓励发展投资基金，特别是投向产业投资基金；扩大期货市场，积极探索期权、互换等金融衍生工具市场；发展场外交易市场，建设多层次、交易品种丰富的资本市场体系。

（2）减少政府对资本市场的干预。政府要减少对金融领域的行政干预，由经济和市场发展的内在规律来选择融资企业和企业的融资方式，通过发行股票，调节资金流向，让好的企业上市，从而扶持那些有效益、符合产业发展方向的企业，促进上市公司自身产业结构和产品结构的调整。

（3）完善信息披露制度的同时强化上市公司的信息公开制度。要加强对会计师事务所、律师事务所、审计师事务所和证券投资咨询机构等中介机构的管理，确保其对信息收集、处理、披露的准确性、真实性、完整性。上市公司应及时公布资产、经营、财务等重大事项及其变化等信息，以保证交易的公正和公平。

（4）加强市场监管。要理顺资本市场管理体制，完善组织机构；加强立法，制定完善的法律法规；加大执法力度，坚决制止关联交易、恶性炒作、黑幕交易和操纵市场等违法违规行为；切实保护中小投资者的利益，提高其“入市”投资的积极性。

（三）加强我国风险投资体系的建设[1]

风险投资是资本市场发展到一定阶段后的产物，是对资本市场的补充和完善。而对于像我国这样处于转轨过程中的发展中国家而言，风险投资是培育市场体系，建立市场经济机制的一个切入点。风险投资对于支持中小科技企业发展有着重要意义，而中小企业又是技术创新最活跃的主体。产业结构升级离不开科技型中小企业的自主创新。然而，目前我国的风险投资体制仍不完善，有效地解决我国风险投资中存在的问题，对我国通过产业结构调整加快经济增长方式转变都有着举足轻重的作用。

（四）完善金融监管体系，提高监管效率

我国现有的金融监管体制存在一些问题，迫切需要加以完善。这些问题既有现有体制和分业模式的固有弊端，也有由于金融市场不断发展而产生的新挑战。主要包括：

第一，监管内容和范围过于狭窄。在监管内容上，主要集中在机构的

---

[1] 有关风险投资体系的建设和完善问题，详见第四章内容。

审批（市场准入）和合规性（市场经营）上，风险性监管尚不规范和完善，对金融机构市场退出的监管更是严重缺乏。在监管范围上，重国有商业银行，对其他银行和非银行金融机构的重视程度不够，对新出现的网络银行的监管基本属于空白。第二，监管的方式和手段较为单一。行政干预较多，造成在具体操作中随意性大，约束力不强。目前基层监管部门的监管方式主要是外部监管，即现场监管和事后监管。对苗头性、倾向性问题缺乏超前预警效能，事前监管几乎空白。第三，金融机构内部控制制度和行业自律制度不健全。金融机构执行会计制度不严，财务报表数据缺乏真实性，没有严格的金融信息披露制度，内部审计组织缺乏独立性和权威性等。此外，当前我国金融行业自律组织在金融监管领域中还没有充分发挥其应有的作用，需要进一步发展和完善。第四，缺乏有效的监管协调机制。监管协调性差是分业监管体制的固有弊端，加之我国特有的行政体制和行政文化，导致三家监管部门之间以及监管机构和中央银行等宏观调控部门之间的协调难度大、效果差。同时，银行、信托、证券和保险业务的日渐趋同，削弱了分业监管的业务基础，无可避免地出现监管真空和重复监管并存的局面，即在涉及审批权力的地带呈现权力设置的重复和资源控制的重复，在涉及责任追究的地带呈现监控真空和问题处置的真空，造成监管成本的提高和监管效率的降低并给跨业违规以可乘之机。

完善我国金融监管体系，提高监管效率可以从以下几方面来入手：

（1）建立健全金融监管的协调机制，逐步从机构性监管转向功能性监管。修改后的《中国人民银行法》对建立金融监管协调机制提出了明确要求，从法律上明确了建立金融监管协调机制的重要性。目前建立两个层面的监管机制，完善对三会的再监管应该是一个较好的选择。具体方案是，由国务院牵头，央行、财政部、发改委等相关部门共同设立金融协调监管委员会，负责确定金融体系的重大问题和趋势，制定金融监管的有关政策，并对三会执行监管政策的情况和监管绩效及其从业人员的行为规范等实施有效的再监管。由于依法拥有维护金融稳定职能等优势，央行将在金融稳定协调委员会中占据主导地位。需要强调的是设立金融协调监管委员会可以将金融监管政策制定权和执行权分离，在一定程度上保证三会的独立性，并建立对三会的再监管机制，完善分业监管基础上的协调监管。与此同时，积极为逐步从机构性监管转向功能性监管创造条件。

（2）完善金融机构内控制度和行业自律制度。建立、健全以金融机构内部控制为基础的内部自律机制，维护金融企业资产的安全性和流动性，防范经营风险；建立完善的内部风险预警控制机制，以风险为核心对金融机构管理质量进行评估，提高对金融机构公司的治理水准。同时，加强金融业行业自律性组织的建设，建立、健全银行业协会等行业性组织工作，制定更为严格的行为守则，并对本行业经营者的经营行为进行监督，赋予其行业保护、协调、合作与交流等职能，以维护行业的公平竞争和市场秩序。

（3）建立中央银行与金融监管机构之间的信息共享机制。首先，要建立货币政策和银行监管共享的数据库。针对非现场监管和金融统计彼此独立而不能相互利用的情况，对现有的金融统计数据库结构和统计网络进行改造，尽快建立统一的、独立的、可自动生成统计指标和金融监管指标的金融信息系统，形成统一、集中、高效的金融信息来源，实现信息资源共享。其次，建立信息共享责任约束制度。主要是以法规形式明确人民银行与金融监管机构的信息共享原则、标准、内容以及应负的法律责任等，以保障货币政策与金融监管信息的共享质量，增强货币政策与金融监管的合力。

第四章　高新技术产业发展与金融支持

高新技术产业是产业结构调整升级的主导力量。高新技术产业发展的核心是技术创新及其产业化。技术创新及其产业化是一个很复杂的技术经济过程，相对于一般成熟型企业的运行来说，它对金融体系支持的要求更高，在某种意义上说，没有高效率的、覆盖高新技术企业运作全过程的金融支持，就不可能有高新技术产业的快速健康发展。

第一节　高新技术企业的融资需求

一、高科技企业运行的特点

（一）技术创新的特点

所谓技术创新，是指企业应用创新的知识和新技术、新工艺，采用新的生产方式和经营管理模式，提高产品质量，开发生产新的产品，提供新的服务，占据市场并实现市场价值。[1]一般认为，技术创新活动本身具有以

[1] 技术创新理论是从20世纪50年代开始，逐步从熊彼特创新理论中分化出来的。（转下页）

下特点：

（1）技术创新活动的高投入性。技术创新需要大量的资金投入，对技术创新的投入，有时不仅局限于技术的研究开发阶段，还要延伸到生产经营和市场营销阶段，所以其投入相应就比较高。

（2）技术创新活动的高风险性。技术创新过程存在许多不确定因素，有来自技术本身的不确定性，如科研活动本身的成功率问题，也有来自市场和社会的不确定性，这些不确定的因素使得技术创新过程承受着技术开发和市场开发的双重风险。

（3）技术创新活动的高收益性。技术创新的高收益性可以从两个方面来衡量。从企业角度，技术创新一旦成功，可以大大提高企业的市场竞争力，形成竞争优势，大大提高企业经济效益。从社会角度，技术创新具有扩散性。[1]所谓扩散性，是指技术创新能够带动同类及相关产业的技术进步，从而推动社会经济发展。

（接上页）1912年，熊彼特在其《经济发展理论》一书中提出，创新就是建立一种新的生产函数，是企业家对生产要素进行新的组合，把一种从未有过的关于生产要素和生产条件的“新组合”引入到生产过程中。熊彼特将创新概括为以下5种情况：（1）引进某种新产品或提高某种产品的质量；（2）引进某种新技术，即新的生产方法；（3）开辟新的市场；（4）开辟或控制原材料的新供应来源；（5）实现企业的组织创新。继熊彼特之后，国内外学者对技术创新的理解大体上都是按熊彼特的创新理论发展的。20世纪50年代开始，随着技术创新在经济增长中的作用日益突出，学术界对技术创新的研究不断深入，但关于技术创新的概念，目前学术界并没有统一的定义，但普遍认为技术创新的内涵应当包含创新过程、创新内容和创新结果三方面。也有人认为技术创新是一个系统发展的过程，它“包含科技、组织、商业和金融等一系列活动的综合过程”。本书关于技术创新的定义是按1999年8月中共中央、国务院《关于加强技术创新，发展高科技，实现产业化的决定》中对技术创新的界定。

[1] 技术创新具有“外部性”，表现为两个方面：表现之一是“非独占性”，即技术创新所产生的新技术信息往往会被别人获取，模仿或仿造，导致企业从事技术创新活动的激励减少。表现之二即是“扩散性”。

（二）高新技术企业[1]的发展阶段

高新技术企业发展有两种情况：一是部分大企业（集团）本身具有较强的研究开发能力并能提供较充足的研究开发资金，自己进行新技术和新产品的研究开发，并将其市场化。这与熊彼特当年提出创新理论的假设前提一致，即存在一个企业，该企业通过采用新技术、新的市场方式、新的组织模式、新的工艺流程以及新的生产管理方式，把一种从来没有过的关于生产要素的“新组合”引入生产体系（熊彼特，1912）。另一种情况是把技术创新与创业联系起来，即从“零”起步，基于某种科技成果，并结合市场需求，在生产创新和管理创新的支持下，逐步成长为一个高科技型企业。[2] 高新技术企业的发展是一个完整的技术经济过程，一般把高新技术企业的发展过程分为四个：种子阶段、创建阶段、成长阶段和成熟阶段。

（1）种子阶段（Seed Stage）。种子阶段是指技术的酝酿和发明阶段。在这一阶段，仅有产品的构想，还没有形成产品原型，创业者要基于某项科研成果开发出产品，形成产品的雏形或样机，并推出较完整的工业方案。

（2）创建阶段（Star-up Stage）。创建阶段是技术创新和产品试销阶段，也是企业的起步期。在这一阶段，企业完成了样品开发、市场分析和

---

[1] “高科技企业（产业）”是一个具有时代特点及动态意义的概念，它的定义和认定标准随着科学技术的进步而变化。如汽车企业，在80年前可以称为高科技企业，现在已经被划入传统工业的范畴，甚至有些国家已经将计算机企业作为成熟产业对待。今天人们所谈论的高科技企业通常是指以信息、新材料、新能源、机电一体化（机器人）、生物医学、空间、海洋工程、地球探索等新兴技术为核心的企业。目前，我国根据上述对高新技术的界定所认定的战略型新兴产业涉及的领域包括：①新能源产业，包括可再生能源技术、节能减排技术、清洁煤技术、核能技术，节能环保和资源循环利用，以低碳排放为特征的工业、建筑、交通体系、新能源汽车等；②信息网络产业，包括传感网、物联网技术；③新材料产业，包括微电子和光电子材料和器件、新型功能材料、高性能结构材料、纳米技术和材料等；④新农业和医药产业，包括转基因育种技术、创新药物和基本医疗器械关键核心技术；⑤空间、海洋和地球探索与资源开发利用。

[2] 张陆洋，刘崇兴，范建年. 风险（创业）资本市场研究［M］. 上海：复旦大学出版社，2007：65.

企业经营规划，着手创立企业并进行试生产，进一步解决技术问题，完善产品功能和设计等。这一阶段是实现从样品到现实商品的转化的关键阶段。

（3）成长阶段（Growth and Expansion Stage）。成长阶段是技术发展和生产扩大阶段。在这一阶段，企业开发的产品得到市场初步认可，管理队伍发展也趋于成熟，创建的企业进入一个较快的发展阶段，需要进一步开发市场，扩大生产规模与市场占有率。

（4）成熟阶段（Bridge Stage）。成熟阶段是技术成熟和产品进入大工业阶段。经过了前面几个阶段的发展，企业在市场占有、经营规模、财务状况上已经形成了一定实力。

高科技企业发展的四个阶段分别对应产品成长的四个过程，这几个阶段之间没有十分明显的界限，但彼此之间紧密关联，共同构成了一个技术经济链。种子阶段和创建阶段的时间长短取决于创业技术的先进性高低，先进性高的技术开发出相应产品的难度相对而言要大，种子期和创建期也相对要长。而成长扩张的速度则要取决于创新技术可工程化的成熟性及该技术的市场性。成熟性好的技术工程化程度高，也容易得到市场的认可和接受，其技术经济价值必然大，有利于企业的扩张和成长。

二、高新技术企业发展中的资金需求及融资活动

技术创新的特点及高新技术企业不同发展阶段的特点决定了高新技术企业在不同发展阶段的资金需求及其融资方式，由此也决定了不同的金融机构和融资模式在高新技术企业发展中的战略地位。

（一）高新技术企业的融资渠道

一般来说，创业型的高新技术企业的资金来源可以有几个渠道：私人资金、商业银行贷款、资本市场筹资、政府资助、风险投资资金。私人资

金来源数额有限，难以满足高新技术企业创业的资金需求。商业银行经营的首要原则是稳健原则，而技术创新及其产业化的特点是高投入、高风险、高收益并存，与商业银行对风险的态度难以吻合，且技术创新型企业规模普遍较小，亦缺乏信用累积和担保资产。所以，在高新技术企业发展的初期难以介入。政府的资助也是高新技术企业的一个资金来源，一般是在高新技术企业的创建阶段给予一定支持，但总体规模十分有限，而且在资助的方式上也是以间接支持为主，如政府担保、政府出资的产业发展基金、中小企业发展基金等，其主要功能在于引导社会资金的流向。至于资本市场则需进一步区分。传统的资本市场，即股票市场、债券市场这些主板市场主要为成熟的高新技术企业提供融资服务，在创业型的高新技术企业的前几个阶段中发挥作用的是风险投资及相对应的创业板市场。所谓风险投资，是指有专业的投资者投入到新兴的、迅速发展的、有巨大竞争潜力的企业中的一种股权性资本。它主要通过为一些处于产业生命周期早期阶段的中小型高新技术企业提供资金，又称为创业投资（Venture Capital）。[❶] 由于高科技企业高投入、高风险的特征，商业银行及传统的资本市场均难以满足其在创业初期的资金需求，风险投资资金的投入无疑对高新技术企业的发展有着重大的意义。

（二）高新技术企业在不同发展阶段上的融资方式

在高新技术企业发展的不同阶段，所需资金的性质、规模和融资方式大致上可以描述如下：

在种子阶段，由于是技术的酝酿与发明阶段，所需资金较少，主要用

---

❶ 根据美国《新帕尔格雷夫货币金融大辞典》的定义，风险投资“是对企业提供的一种风险资金，这些资金由于各种原因不能公开招股或从上市的资本市场上筹到资金。通常资金是以资产形式提供的，即拥有公司普通股或类似普通股的可转换的优先股”。一般认为，广义的风险投资泛指一切具有高风险、高潜在收益的投资；狭义的风险投资是指对以高新技术为基础，生产与经营技术密集型产品的投资。本书讨论的风险投资是后者。

于产品的研究开发，大多数情况下是由创业者或发明者自己承担。也可以寻求风险投资的支持。风险投资机构经过对拟投资项目技术研究的开发能力与产品市场潜力的考察，以及对整体投资风险的评估，若同意出资，一般是成立一个小型股份公司，风险投资机构与技术拥有者或创业者各占一定股份。但这个时期风险投资机构的投资所占比例很少，一般不超过10%。这时期的风险投资资金被称为“种子资本（Seed Capital）”或“种子基金”。

在创建阶段，对资金的需求显著增加，主要用于购买生产设备、产品的进一步开发完善以及开拓销售渠道等。这一阶段的融资方式主要有风险投资、商业银行贷款及政府资助。这一阶段是投资风险最大的阶段，企业面临技术风险、市场风险和管理风险。正是由于风险大，企业又是新建，没有经营记录，也没有信用累积和担保资产，以稳健为首要原则的商业银行一般不愿意提供贷款。风险投资资金在这时候的介入显得尤其重要，它们主要考察投资对象的经营计划的可行性，以及产品功能和市场竞争力，并以股权方式进行投资。这一阶段的风险投资称为“创业资本”或“创立基金”。此外，在起步阶段，政府设立的高新技术企业的扶持资金也会介入对处于该阶段的企业进行支持。当然，也不排除一些实力大、对高新技术企业运作较熟悉的商业银行在风险投资资金进入之后，对已有一定实力的企业给予一定的贷款支持。

在成长阶段，为扩大生产，继续开拓市场，企业对资金的需求进一步扩大。在这一时期，由于已有产品销售，企业已经有了一定的经营业绩，商业银行资金开始择机进入，担保、抵押等金融中介也愿意为该阶段的企业服务。但企业仍无法在股票市场和债券市场筹资，还须风险投资的继续支持。此时风险投资资金的扩大主要来源于原有风险投资机构的增资或新的风险投资的进入。这一阶段的投资风险相对于前两个阶段已大为减少，主要是市场风险和管理风险。风险投资机构主要考察企业的成长能力、市场竞争力、企业获利的稳定性、财务结构、组织健全程度等。在这一阶段进入的风险投资资金称为“成长资本”或“成长基金”。

成熟阶段的企业处于稳定增长状态，其增长速度与前几个阶段相比有所下降，但企业资金需求量仍然很大。所需资金一是为了继续维持增长，二是为上市做准备。这一阶段，由于高新技术企业的发展已经有了坚固的基础，其本身的融资能力大大增强，融资渠道也大大扩展。一方面是企业产品的销售已经能够产生相当的现金流，累积的赢利在持续增加，财务状况极大改善；另一方面，由于该阶段的企业技术成熟，市场稳定，企业的资信能力大大增强，已足以吸引银行及其他金融机构的资金，并在较大程度上接近在主板资本市场发行股票、债券的要求。此时，以商业银行为代表的各种金融机构以较积极的态度进入高新技术企业的融资活动。风险投资机构也会增加投资，主要目的是为了增强企业上市的能力。这一时期风险投资投入的资金成为“成熟资本”，由于该时期投入的资金主要用于美化企业财务报表，使其进一步达到上市标准，又称为“美化基金”。从风险投资来说，这一阶段是风险投资的收获阶段，也是风险投资的推出阶段。于此同时，投资银行也开始介入高新企业。高新技术企业的上市必须借助投资银行，通过投资银行帮助发展成熟的企业上市或并购，把更多的资本引入高新技术企业，使风险投资从高新技术企业中顺利退出，并获得丰厚的收益回报。当然，投资银行也可以为那些发展并不成熟，但已具备一定实力和条件的高新技术企业进行以私募形式为主的融资，从而使其达到上市公司的标准要求。

第二节 高新技术企业发展中的风险投资金融体系

如前面所分析，风险投资资金在高新技术企业成长过程中具有重要作用，风险投资机构通过为高新技术产业提供资金支持来推动高新技术的产业化。但是，作为促进高新技术产业发展的有力工具，风险投资本身也需要一个完善的运作体系及机制。

一、风险投资的特征

风险投资产生于美国，成功于美国，其发展自始至终与科技成果的产业化紧密联系在一起。对于风险投资，从不同的角度有不同的理解。从风险资本的性质来说，风险投资是由职业金融家投入到新兴的、迅速发展的、有巨大竞争潜力的企业的一种权益性资本。从投资行为研究的角度，风险投资是把资本投向高风险的高新技术及其产品的研究开发领域，旨在促使高新技术成果尽快商品化、产业化，以取得高资本收益的一种投资过程。从风险投资的产生发展过程看，风险投资是技术创新与金融创新相结合的产物。[1] 所以，对于风险投资，我们可以从以下几个层面来认识：

1. 风险投资是一种高风险的投资活动

风险投资的投资对象一般是具有高度发展潜力的中小企业，特别是以高科技和知识为基础，生产与经营技术密集型的创新产品或服务的企业，它们尽管规模不是很大，但拥有特定的技术创新或新的营利模式，使得风险投资家确信企业未来有很大的发展空间。但也正是这些企业在创新时面临着很高的技术、市场等方面的风险，使得风险投资在决定对这些企业提供融资时具有很高的不确定性和高风险性。

2. 风险投资是以权益资本形式存在的

风险投资是职业金融家投入到新兴的、具有巨大竞争潜力的企业的一种长期权益资本，通常以优先股、可转换债等方式参与投资。但与传统的股权投资不同的是，其目的不是企业的所有权，也不是所投资企业的分

---

[1] 郭建果. 我国风险投资税收激励政策研究［D］. 厦门大学博士学位论文，2006.

红，而是以受资企业未来的高增值为目的，谋求在适当的时候通过出售所持企业股份以取得高额的资本利得回报。其收益的获取类似于一种期权支付。因此，流动性或退出机制对风险投资至关重要。

3. 风险投资是一种干预性的投资活动

风险投资是集融资、投资、资本运营和企业管理于一体的系统工程。风险投资周期长，它不仅给创业企业提供风险资本，还要利用自身的经验和社会关系为受资企业提供管理、财务、战略等方面的咨询和帮助，并在企业管理中发挥重要作用。因为，风险投资的对象是具有巨大风险的创新型企业，这些企业面临的风险除了技术风险，还有市场风险和管理风险。可以说，风险投资承担着研究开发、生产、市场营销、管理及发展战略等多种风险的综合集约。[1] 降低风险，提高成功率是风险投资首先要考虑的问题。所以风险投资机构不仅在决策时要对受资企业或项目进行全面的调查、评测，在投资进入后，还需要介入企业的管理，成为企业的咨询顾问，为企业的发展战略、重大经营决策提出重要意见，以降低企业的运行风险，保证企业能够迅速取得成功。

二、风险资本投资的运作机制与体系

（一）风险投资的主体

风险投资体系的主体包括风险资本供给方（投资者）、风险资本运作方（风险投资机构）、风险资本需求方（风险投资受资企业），其中风险投资机构是沟通投资者与受资企业的纽带，是风险投资最直接的参与者和实际操作者，由此它也是风险投资体系中最核心的主体。

在风险投资资本市场上，一方面存在增长潜力巨大同时又伴随极高风

---

[1] 张陆洋，刘崇兴，范建年．风险（创业）资本市场研究［M］．上海：复旦大学出版社，2007：82.

险的投资机会，另一方面是追求高回报、不惧高风险的投资资本，而风险投资机构的职责是发现二者的需求并使之联系起来，使资本从投资者手中流入到风险企业中。一般情况下，风险投资机构的作用主要在三方面：对风险企业进行分析并作出投资决策；为风险企业（项目）提供直接的资金支持，在投资后监测风险企业并参与管理；通过风险企业的迅速成长使投资者获取收益，使不同投资者的利益得到保护。

1. 风险投资机构的组织形式

风险投资机构的一般形式有风险投资公司和风险投资基金，但从法律组织形式来说，主要有个体投资者、有限合伙企业和公司。

（1）个体投资者。个体投资者一般是与风险企业的创业者有某种关系的人，如朋友、家庭成员以及其他的关系，或者是投资者熟悉的领域或对投资者的业务有所帮助。在个体投资者中以天使投资者最为典型。他们的资金规模较小，通常，个体投资者为那些尚只有新鲜创意的创业者提供种子资金。

（2）有限合伙企业。有限合伙制是目前风险投资机构的主流形式。在这种有限合伙制风险投资机构中，有两种合伙人，即有限合伙人和普通（一般）合伙人。有限合伙人通常负责提供风险投资所需要的主要资金，但不负责具体经营。而主要经营管理者称为普通合伙人，普通合伙人作为风险投资机构的专业管理人员，负责风险投资机构的业务，包括投资项目的筛选、评估、经营管理和投资回收的全过程管理，同时也要对风险投资机构投入一定量的资金。

有限合伙人承担有限责任，一方面用合同条款对普通合伙人进行约束，同时也进入董事会对重大决策施加影响。有限合伙人往往是各类机构投资者，包括养老基金、保险公司、共同基金以至银行等，也包括个体投资者。普通合伙人对经营承担无限责任。普通合伙人以私人投资者居多，他们是真正意义上的风险资本家，既有风险投资的经验，又有管理的专门

技能，而且有很强的冒险精神与追求高回报的欲望。其操作方式为：一般先注册一个有限责任公司，私人投资者以股东身份控制该公司，再以该公司作为主要合伙人来发起设立风险投资机构。

（3）公司。公司组织形式一般又分几种情况：一是公开上市的风险投资公司。这类公司在公开的资本市场上筹集资金，但数量极少。二是大公司的风险投资，是指一些大公司以独立实体、分支机构或部门的形式所建立的风险投资机构。这些机构在运作方式上与私人风险投资公司相同，但目标不是通过培育公司，使其成功上市而追求高额回报，而是在大公司资金的支持下为母公司寻求建立新技术窗口，或希望以后把它变为一个子公司。三是通过股权私募方式设立的投资公司。这类公司设立程序相对简单，投资方式灵活。目前，我国相当部分的创业投资机构（基金）采取这种组织形式。四是一些准政府的风险投资机构。准政府的风险投资机构与真正的风险投资者有很大区别，他们一般以创造就业机会或者贯彻政府的产业发展战略为主要目的。前者如美国的小企业投资公司。美国的小企业投资公司是根据美国 1958 年颁布的《小企业投资法》创建的。它由私人拥有和管理，但要得到政府小企业管理局的许可、监控及资助，小企业管理局还为其提供融资担保。后者如我国一些由各级政府成立的各种风险投资机构或产业发展基金。

2. 风险投资机构的运作模式

风险投资机构的运作模式主要是基金模式，一般有合伙制基金、公司型基金、承诺型基金和信托型基金。

（1）合伙制基金。合伙制基金是国外风险投资机构运作的主流模式。即投资者将资金集中到一起，形成一个有限合伙制的基金，承担无限责任的普通合伙人即为基金管理人。这种运作模式使得投资者和管理人的利益一体化，具有较强的生命力。

（2）公司型基金。公司型基金是一种法人型的基金，其设立方式是成立股份有限制或有限责任制的风险投资公司。公司型基金有着和一般公司相类似的治理结构，基金的大部分决策权掌握在由投资人组成的董事会手里，有利于投资人参与基金的日常运作管理，所以，其运行较为严谨和稳健。

(3) 承诺型基金。承诺型基金也称契约型基金，是一种非法人的基金。其特点主要体现在出资形式上，即投资人签署出资协议后，资金并不到账，而是完全跟着投资项目的进度到位。目前，这种形式的基金已被越来越多的有限合伙制风险投资机构所采用。有限合伙人承诺提供一定数量的资金，但先期并不注入全部资金，只提供必要的机构运营经费，待有了合适的项目，再按主要合伙人的要求提供必要资金。这种方法对有限合伙人和普通（一般）合伙人都有益。对有限合伙人来讲，可以降低风险；对普通合伙人而言，则可以省去平时确保基金保值增值的压力。但是，由于这种方式往往缺少对于出资约定兑现安排和违约惩罚机制，对普通合伙人来说，需承受有限合伙人（投资人）的出资诚信风险。

(4) 信托型基金。信托型基金也是一种契约型的私人股权投资基金，一般由风险投资机构和信托公司合作设立，其运作方式一般是由风险投资机构和信托公司合作发起设立"股权信托投资计划"，发行信托凭证募集资金，然后进行投资运作。这种基金的运作模式由于涉及与信托公司的合作和信托凭证的发行，法律程序及手续较为复杂，其运作必须考虑《信托法》、《公司法》、《证券法》等相关法律的有关规范。

（二）风险投资的资金循环体系❶

从风险投资本身的运行来看，它要经过融资—投资—退出—再融资—投资—退出……的资金循环来完成。一个完善的风险投资的运作体系应有

❶ 本部分内容可参见巴曙松．中国高新技术产业发展中的金融支持［J］．城市金融论坛，2001（1）；张陆洋，刘崇兴，范建年．风险（创业）资本市场研究［M］．上海：复旦大学出版社，2007：81.

以下几个方面构成：

1. **风险投资的融资渠道与机制**

风险投资要对创业的高科技企业起到推动作用，首先要为高科技企业提供大量风险资金。所以，风险投资机制首要的环节是吸引社会资金进入到风险投资资本行列，即它必须要有一个广泛的资金来源渠道。一般来说，风险投资的资金来源包括：富有的私人资本、机构投资者的资金（养老基金、私募基金、各种非赢利基金等）、大公司资本、银行资本、外国资本以及政府直接用于扶持高新技术企业的资金。这些社会资本通过严密的契约和完善的法律保障，以成立有限合伙企业的形式汇集到职业风险投资家或机构手中。

2. **风险投资的投资渠道与机制**

风险资本投资的基本机制是股权似的投入，但是，风险投资对高新技术企业的投入不是一次性完成的，而是通过多次投入来实现的。高新技术企业在其成长中的每个阶段资金需求不同，风险资本的投资量不同，投资的工具以及对投资的时机要求也不同。在投资数量、投资方式和投资的时机之间形成一个系统，只有这样的系统的投资行为，才能使风险投资本身及高新技术企业实现最佳的创业经济价值。

由于高新技术企业的创业是高新技术产业化的过程，也是一个技术经济过程。在风险资本投资的过程中，首先要对新技术的市场价值及可行性进行分析，其次是对科技知识产权在创业中的股份进行确定，对创业的各种风险进行评估，从而确定经济利益的分配及企业的发展战略。对科技知识产权股份期权化的市场机制及风险的评估必须以发达的中介服务为前提。

3. **风险投资退出的渠道与机制**

退出渠道是风险投资变现的机制，是风险投资运作最后过程，也是至关重要的环节。风险投资不同于其他传统的投资行为，一旦高新技术企业进入成熟阶段，风险投资的经济价值也就实现，此时，需要存在一个市场机制使风险投资实现的投资收益能及时变现从而再进入新一轮的风险投资。一个健全的退出机制的建立才能使风险投资在高新技术企业中运行的资金完成一个完整的资金循环的链条。

一般来说，风险投资退出主要有几个渠道：一是公开上市。这是最理想的方式，但难度较大。因为创业企业风险高且规模小，成立时间短，通常不符合主板市场的上市标准，因此，在许多国家专门建立二板市场，供这类企业上市。二是私募转让。主要是风险投资机构通过产权交易、并购的方式将自己在风险企业中的股份出售给大企业，❶ 个别情况下也可出售给风险企业的员工或创业者，后者通常称为“回购”。❷ 三是清算。清算是投资失败时采用的方式，但也可能是风险企业成长缓慢，未来收益前景不佳的情况下所采取的退出方式。

通过首次公开上市（Initial Public Offering，简称 IPO），风险投资家可以获得丰厚的利润，据美国风险投资业的统计，风险投资各种退出方式的年平均投资回报率为：回购和并购为15%，而公开上市为30%～60%，这使得股份上市成为风险投资家首选的资本退出方式。1999 年以前，美国的风险投资者大都愿意选择上市的方式收回投资，但是通过股票上市实现风险资本的退出，因周期较长、标准较严格、手续较烦琐、受证券市场价格

---

❶ 风险企业被兼并收购通常可以分为两种方式，即一般收购和“二期收购”。一般收购，是指创业者和风险投资者将风险企业完全卖给另一家公司。而“二期收购”则是指风险投资者将其所持有的股份卖给另一家风险公司，由其继续对风险企业进行后续投资，创业者并不退出风险企业。

❷ 股份回购一般包括两种回购方式实现：通过买股期权的方式或者通过卖股期权的方式。前者是在引入风险投资签订投资协议时，由创业家或风险企业给予风险投资家一项选择权，他可以在今后某一时间要求创业家或风险企业按照预先商定的形式和股票价格购买他手中的股票。后者则是给予创业家或风险企业一项选择权，让其在今后某一时间以相同或类似的形式及股票价格购买风险投资家手中的股票。无论哪一种方式，一般在风险投资投入时投资双方就已签订好关于股份回购的协议，包括回购条件、回购价格和回购时间等。在股权回购时到底是采用买股期权或是卖股期权来进行，这主要看风险企业对风险投资吸引力的大小而定。如果风险企业是一家受到许多风险投资公司普遍看好的公司，则可能会采用买股期权；如果是风险企业急需引入风险投资，则可能会采用卖股期权。

波动影响较大等，并不适合所有的风险企业。而且，公开上市将耗费公司大量的精力和财力，上市后公司经营透明度的不断提高也会使得企业自主性逐步下降，所以，它不适合于规模小的公司采用。近两年并购退出方式正迅速上升为美国风险投资比较主要的退出途径。

风险投资的退出机制在整个风险资本的循环中意义重大，没有为增值的风险资本提供退出渠道，风险资本的投资也会失去其创业的技术经济价值。

通过融资—投资—退出，风险投资完成一个循环并将进入下一个循环。但风险投资的融资—投资—退出循环的顺利进行必须要以一定的经济环境为条件，即完善的资本市场、相应的法律法规以及政策的规范和激励，这些构成了风险投资运作的必要条件。风险投资的运作体系及机制如图 4－1 所示。

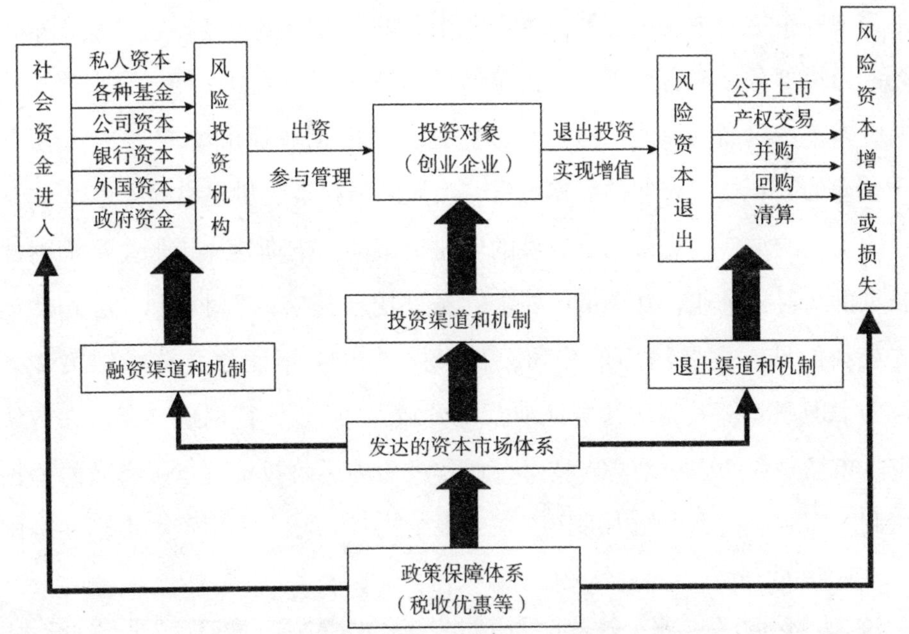

图 4－1　风险投资的运作体系及机制

（三）风险投资的资本市场

作为技术创新和金融创新的产物，风险投资需要有一个全新的资本市场体系来支撑它的运行，以满足风险投资融资—投资—退出的资金循环的要求。广义的风险投资资本市场是一个多层次的资本市场，它包括在融资环节为风险投资提供融资功能的私人股权资本市场、在退出环节为风险投资撤出提供渠道的创业板市场。狭义的风险投资资本市场主要指后者。通常人们所关注的也主要是后者，即为创业的高新技术企业提供后期融资，为风险投资提供退出、变现渠道的市场。

风险投资的特点决定了风险资本市场与传统的证券市场有很大不同。因为，高新技术企业虽然成长性好，但风险大、规模小，且在其成长过程中需要不断增加投资，各项指标难以达到传统证券市场的要求。因此客观上需要一个能为中小型高新技术企业服务的风险资本市场，它既是资本市场的组成部分，又有别于一般传统的资本市场——主板市场，它有着比一般资本市场更高的风险，这种市场就是所谓的创业板市场，[1]它主要服务于创业的高新技术企业的后期融资，为风险与投资提供退出的渠道。

美国的纳斯达克市场是典型的创业板市场。纳斯达克市场主要面对成长型的高科技企业，其上市所要求的条件比较宽松，“对赢利的公司和尚未获利但具有发展潜力的公司，凡根据‘1934 年证券交易法’第 2 条（g）款具备均等效力的法规注册的均开放”，所以，特别适合无法在传统资本市场融资的中小型高新技术企业，进而为风险投资提供了有效的退出机制。在纳斯达克市场内部还存在二板结构，它分为小型资本市场和全国

[1] 创业板市场又称二板市场，是主要服务于中小企业的股票市场，其相对于主板市场而言，上市的条件比较宽松，企业进入的门槛较低，比较适合于新兴的中小企业，尤其是具有增长潜力的高科技企业。许多国家和地区都设立了二板市场，如美国的纳斯达克（NASDAQ）市场、加拿大温哥华股票交易所的创业板市场、比利时的 EASDAQ 市场、英国的 AIM 市场以及 1999 年第四季度开始正式运作的香港创业板市场等。其中以美国的 NASDAQ 市场最为成功，约 30% 的美国风险投资都经由这一市场退出。

资本市场。通常的二板市场指的是纳斯达克小型资本市场，首次上市对有形净资产要求400万美元即可，特别适合中小型高新技术企业融资。中小型高新技术企业在第二板市场上市并逐步运行成熟后，可再升级到纳斯达克全国市场，该市场为第一板市场。纳斯达克市场系统的成功运行使得风险投资机构顺利实现投资收益，并为高新技术企业获得包括国际资金在内的广泛资金来源。风险投资机构所投资企业一旦上市，风险投资资本按规定撤出后，会再进行其他项目或企业的投资，不会出现在股票市场上进行投资。在纳斯达克市场上买卖股票的投资者，是一般的投资者。

在二板市场之外，风险投资资本市场的另一重要组成部分是场外交易市场，美国为风险投资服务的场外交易市场是OTCBB市场，即场外柜台交易系统，又称布告栏市场，它是由纳斯达克的管理者——全美券商协会（NASD）所管理的一个交易中介系统，所交易的股票由做市商通过纳斯达克工作站进行报价。OTCBB市场为初具规模，又急需资金却不能在证券市场和纳斯达克上市的高科技小公司提供交易渠道。OTCBB对企业上市没有任何标准，上市程序简单，只要有做市商愿意为该企业的证券做市即可，一般创业阶段的企业，只要具有健全的财务报表，财务报表及申报文件经会计师、律师审定签名后都可以找做市商直接要求上市。因此，OTCBB可以说是目前美国真正意义上的创业板市场，它以宽松、扶持、有利投资和交易为出发点，为风险投资和小企业的发展提供了资本交易平台。亦有人称其为三板市场。

第三节　风险投资的政府支持体系

风险投资的高风险性及运行的特殊性决定了它需要良好的社会经济环境和必要的政策扶持，政府的政策对风险投资的发展起着积极的引导和激励作用。世界各国政府对风险投资的支持，一般有直接支持和间接支持两种方式。

一、政府对风险投资的直接支持

政府对风险投资的直接支持是指政府直接将资金投入风险投资领域，一般有几种形式：

（一）政府出资建立风险投资基金（公司）

政府出资建立的风险投资基金带有很强的政策目的，主要是为了帮助处于种子阶段和早期阶段的创业企业或科技型创业企业。按照资金的来源，政府出资成立的风险投资基金有两种情况：一是完全由政府出资建立风险投资基金（公司）。我国风险投资业发展的早期所成立的风险投资机构大部分都是由政府直接出资设立的，如 1985 年 9 月成立的“中国新技术创业投资公司”、1999 年设立的“科技型中小企业技术创新基金”等。二是由政府资金与私人资本共同组建的风险投资基金（公司），通常把它称为混合基金。其中又有两种情况：由政府资金带头，并吸纳境内外私人资本参与，如爱尔兰软件开发基金、以色列的国家投资公司等；或者是政府以参股的方式投入到市场化企业的风险投资机构中，优先承担风险，最后分享利润。

根据投资方式来划分，由政府出资建立的风险投资机构既可以直接投资于创业企业，也可以投资于私人的风险投资机构。前者表现为各种类型的产业发展（战略）基金及各种专项基金，前面所提到的我国于 1999 年设立的“科技型中小企业技术创新基金”就是这种类型的风险投资基金。[1]后者又称为创业投资引导基金，主要目的是通过政府资金补充私人风险投

[1] 该基金是经由国务院批准设立的中央政府专项基金，主要资助对象是技术和研发方面具备较强实力的科技型中小企业，主要通过无偿援助、贷款贴息等方式对种子阶段的企业提供资金支持。

资的资本不足，同时又避免政府直接从事风险投资所带来的诸多不足，并最大限度地发挥财政资金的引导作用，是为“基金的基金”，又称为“母基金”。这种“母基金”在境外一个比较典型的模式是以色列的“YOZMA基金”以及美国的SBIC计划。❶ 我国2006年颁布了《创业投资企业管理暂行办法》，明确政府可以设立创业投资引导基金，之后，各级政府也纷纷设立政策性的创业投资引导基金。

政府出资建立风险投资机构的好处是有利于贯彻政府的政策目标。但其缺陷也是显而易见的。首先，政府设立的风险投资机构的投资计划必须要与政府的政策目标一致，明确投资的对象（特定的产业、行业、企业）及其所处的阶段或规模，并能保证其在政府的监控之下。但实际上这很困难。因为，政府设立的基金一旦投入运行，必须遵循风险投资的市场运行规则，其最终结构能否与政府的政策目标完全一致，很难说。其次，政府直接出资建立风险投资基金容易导致市场的失效，表现在两个方面：一是风险投资是一个竞争性极强的领域，政府资金直接介入这一领域，本身就是对市场机制的否定。即便是政府资金以股本形式注入风险投资机构，政府原有的政策目标仍会继续干预风险投资机构的运行。二是政府在收集市场信息、甄别投资机会的能力明显弱于市场，由政府主办风险投资机构，容易导致投资决策的失误。再次，风险资本是一项对监督、约束、激励等方面要求极严格的经济活动，它的运作过程是融资与投资的综合，由于融

---

❶ YOZMA基金是1993年以色列政府用1亿美元预算拨款设立的，由国有独资的YOZMA公司来进行管理和运作。该基金吸引境外经验丰富的风险投资基金管理公司加盟，共同建立了10个2000万美元的“子基金”，政府在每个子基金中出资800万美元。其余1200万美元资金主要由境外投资者提供。美国的母基金模式与以色列有所不同，它是通过SBIC计划来进行的。具体运作是：由美国小企业管理局（SBA）根据1958年《小企业投资法》，批准设立小企业投资公司（SBIC）。SBIC实质上是由置业投资人组建的投资管理公司，它要向投资人募集资金并组建有限合伙制的投资基金公司，再通过长期贷款、可转换债券、股权投资等方式向创业型的小企业提供资金支持。而SBA则通过受托机构在债券市场上募集资金，而后再通过担保债权、参与证券等方式向SBIC提供自有资金2~3倍的杠杆资金。SBIC按风险投资的做法选择投资项目，一旦决定投资，SBA还向SBIC提供最多达投资额三分之二的资金，并承诺在项目成功时让利于投资人，只分享10%的利润，其余10%的利润按照8：2的比例在投资者和基金管理人之间进行分配。项目失败，则由SBIC和SBA承担相应损失。

资的压力，才使风险投资机构的投资具有了约束机制。如果由政府提供资金，对资本运作而言，等于是越过了融资过程而直接进行投资，容易丧失约束机制，很难保证风险投资机构及所投资的企业能够有效运作。[1]

（二）政府贷款

政府贷款直接支持风险投资有两种模式。其一，为风险投资企业提供贷款支持，通过建立以开发性金融为平台的政策性资金支持体系，主要解决风险投资中处于成长期企业的资金供给问题。处于成长期的企业技术趋于完善，产品或服务进入开发阶段，费用继续增长，虽有部分客户，但没有什么现金流。此时，由于企业缺乏抵押物和相应担保的条件未改变，商业银行等金融机构资金仍不敢介入，而由于有较好的市场前景，企业通常不愿意进行股权融资，风险资本介入的成本也很高。为了解决这部分企业的资金供给问题，一些国家，包括我国采取开发性金融平台建设的方法。开发性金融具有政策性和商业性的双重特征，是这个阶段的风险投资企业的最好的资金供给者，其原因有二：一是它承担着开发新产品、新产业的政府责任，理应对有前景的产品或产业给予资金支持，分担一部分企业的风险；二是通过管理输出、资金供给，有利于完善企业的法人治理结构，防范和控制风险。在这方面具体操作的模式有企业知识产权抵押贷款、中小企业打包贷款等。

这类政府贷款计划的设计必须考虑几个问题：一是贷款的利率。政府的政策性贷款利率通常要比商业贷款利率低，否则达不到扶持的目的。但利率过低，容易“挤出”商业贷款。而且，由于利率低，企业还本付息的压力较轻从而容易忽视自身的风险控制。二是贷款的期限。处于发展早期的企业的现金流通常是负的，因此，设计的贷款期限的长短必须考虑这一

---

[1] 朱福兴．地方政府角色定位与风险投资模式选择［J］．徐州工程学院学报，2007（5）．

因素。三是政府贷款的“杠杆效应”。政府贷款计划主要来源于财政资金，而财政资金是有限的，所以，在设计政府贷款计划时，必须考虑如何最大限度放大政府资金的带动效应。在这方面，政府的贷款计划必须要有“杠杆贷款”的设计，即要求企业以获得其他渠道提供资金配套为前提，或政府仅是为企业募集的其他资金提供配套贷款。

其二，为风险投资机构提供长期债务资金，以补充风险投资机构的资金缺口。通常，政府贷款在利率、还贷期限方面还会提供相对于私人部门贷款优惠的条件，甚至，在风险投资机构的投资失败时，还给予债务的豁免。

政府为风险投资机构提供贷款的缺陷主要表现为两个方面：一是贷款失败的风险很难预测，一旦风险投资机构的投资出现问题而无法偿还贷款时，会对政府财政造成压力。二是贷款是风险投资机构面临还本付息的压力，从而促使其减少对创业企业的长期股权投资。或者促使风险投资机构的投资趋于保守，无法达到扶持早期企业的目的。

（三）补助及其他的资金资助

对风险投资采取补贴方式主要是指由政府出资建立的风险投资基金（创新基金）对扩张期的企业所给予的贷款贴息，以及对高新技术企业融资所给予的政府担保贷款代偿机制。此外，在我国设立的中关村国家自主创新示范区，还通过政府设立的各种专项资金或基金，对企业实施各种无偿的资金资助。

二、政府对风险投资的间接支持

政府对风险投资机构的间接支持主要表现在政府以股权担保和税收优惠方式间接地激励私人资本进入风险投资行业，以推动风险投资的发展。

（一）股权担保

股权担保的主要目的是降低风险投资机构对初创型企业进行权益投资所承担的风险，以激励风险投资机构对创业企业提供权益资金。股权担保采取的方式主要有两种：一是采取损失分担形式，即政府承诺当投资项目亏损时，与风险投资机构共同分担损失。但若项目开始赢利，则参加部分分红。二是采取参与证券的形式，即由政府担保帮助风险投资机构发行长期债券，债权产生的利息由政府代为支付。当风险投资机构获得了足够的资本增值时，一次性付清本金，政府参与其利润分配。相对于损失分担类型的股权担保，参与证券形式只是垫付了前期的债务利息，并没有分担权益投资带来的损失，所以，对政府而言，承担的风险较少。

（二）贷款担保

这里所指的贷款担保是政府为风险投资企业的贷款提供的信用担保。政府担保可以使金融机构明确贷款可能损失的最大程度，从而有利于释放风险投资企业信用风险，鼓励商业性的金融机构为拥有好项目却不能满足贷款质押要求的创业型企业提供资金。但是，由于贷款违约的损失承担由政府担保给予承诺，也可能导致借贷双方的“逆向选择”。贷款方放松对借款人的信用评估要求，而借款企业也有可能由此而忽视自身的风险控制，由此导致担保贷款的违约率提高。

目前各国对风险投资企业的贷款担保计划大都通过政府设立的特定机构（担保基金、担保公司）来进行，如美国的SBA为小企业提供的7（a）贷款计划，即为小企业从商业性金融机构获得最高不超过100万美元的短期和长期贷款提供75%的担保。我国各级政府也设立了各种类型的政府担保机构以及准政府性质的担保机构，为高新技术企业融资提供贷款担保，如北京市“瞪羚计划”、“集成电路设计企业专项担保贷款计划”、“软件

企业外包业务担保贷款计划”、“中关村留学人员创业企业小额担保贷款绿色通道”等。[1]

（三）税收优惠

税收优惠的主要对象是风险投资活动中的各参与者，包括投资者、风险投资机构、创业企业及管理者。通过对风险投资活动的参与者提供税收优惠，以吸引资金和人才参与风险投资及创业活动。激励风险投资的税收优惠涉及的税种主要包括个人所得税、企业所得税、资本利得税以及一部分财产税。就税收优惠的形式而言，包括投资抵免、加速折旧、R&D扣除、亏损结转、税收减免、递延纳税以及双重征税的免除等。从风险投资的全过程看，税收激励在风险资本进入和退出环节主要是对资本利得税的优惠，在投资环节，则涉及对公司所得税的优惠。如果就参与风险投资活动的各个主体分析，对风险资本所有者，可能的税收优惠涉及个人所得税的扣除、资本利得税的优惠以及财产税的减免；对风险投资机构，则是如何避免风险投资机构与投资者的双重征税问题以及风险投资机构在受资企业上市实现投资收益的税收减免；对创业企业可能涉及的是公司所得税的优惠，对创业企业的管理团队及有限合伙人，则有股票期权的递延纳税问题。

但是，实施对风险投资的税收激励，必须考虑三个问题：一是税收激

[1] “瞪羚计划”是由北京中关村科技园区管委会、中关村科技担保公司、中关村信用促进会、信用评级机构和协作银行共同发起的一项旨在促进科技园区中小高新技术企业融资的措施，主要面向中关村科技园区内的高成长性高新技术企业。企业必须为中关村信用促进会成员，且信用等级要达到ZC3以上。瞪羚企业可以享受园区管委会的贷款贴息，可以从中关村科技担保公司获得快捷的担保，并进入协作银行的快捷贷款审批程序获得利率优惠。“集成电路设计企业专项担保贷款计划”是由中关村管委会、中关村科技担保公司、协作银行及相关政府部门共同组织的一项专门针对集成电路设计企业的贷款和资金支持的计划，参与计划的企业可以获得担保和贷款方面的支持，包括优惠的利率、中关村管委会贷款利率50%和1%担保费的政策性补贴、以及从集成电路设计专项基金获取一定的资金支持。“软件企业外包业务担保贷款计划”是由中关村科技担保公司、北京市国际技术贸易协会、北极软件产业促进中心和中关村企业信用促进会等共同实施，针对软件外包企业特点，专门设计的专项融资担保业务服务。“中关村留学人员创业企业小额担保贷款绿色通道”是由中关村科技园区、中关村科技担保公司及协作银行共同发起，企业可通过此项担保计划获得期限在一年以内，额度在100万元以内的流动资金贷款。

励目标的定位。税收激励的目标是所有从事风险投资活动的主体，还是对其中某一环节的活动主体；是对风险投资机构，还是对风险资本的投资者，亦或是风险投资企业；对风险投资资本的激励是注重在风险资本的进入环节，还是退出环节；对于风险投资企业，是处于发展初期阶段的企业，还是成长期的企业。不同的政策目标要与不同的税收激励措施相对应。二是税收激励目标和税收优惠本身的政策设计要相匹配。其中包括税收优惠的力度是否足够产生对风险投资各环节、各主体的刺激；税收优惠的时间跨度是否能使风险投资机构有足够的时间进行正确的投资等。三是税收激励的政策成本。如风险投资税收优惠导致的政府税收收入的减少是否能与该项税收政策激励所能产生的收益（包括高新技术产业发展带来的税收收入的增加、产业结构升级带来的经济发展方式转变所导致的社会收益等）相抵消；税收激励是否会扭曲风险投资，降低资本市场的运行效率等。

从以上分析可以看出，政府的干预、支持在一定时期可以对风险投资的发展起到积极作用。但要注意的是，风险投资本质上是市场行为而非政府行为，所以，在风险投资发展的初期，一些政府的扶持是必要的。从长远看，风险投资的商业目标和政府职能的根本性矛盾决定了政府不适宜直接加入到风险投资业并长期充当投资主体。因此，政府对风险投资发展的扶持应着重于制定正确的引导性政策，创造有利于风险投资发展的人才环境、资本市场、法律体系等外部环境，积极引导民间资本进入风险投资领域，最终为企业成为创新主体构建基础条件。

第四节　我国风险投资体系的发展和完善

一、我国风险投资的发展历程

中国风险投资自 1985 年起步，已经过了 20 多年的探索和实践，大约

经历了四个阶段：

第一阶段：从1980年中期到1990年年初

1980年中期到1990年年初是中国风险投资发展的第一个阶段。1985年中共中央《关于科学技术体制改革的决定》中明确指出："以创业投资支撑迅速变化、风险较大的高新技术开发工作"。同年初，选择以深圳为代表的华南地域四个经济特区作为第一批研究风险投资可行性的调研地。9月，经国务院批准，第一家专营风险投资的全国性金融机构——中国新技术创业投资公司（中创公司）成立。它的成立标志着我国风险投资的开始。1987年全国第一家风险投资基金在深圳成立。由此，开始了探索我国风险投资发展的历程。该时段的风险投资完全是在传统的经济体制下运作，对风险投资的探索仅限于将西方国家风险投资简单地引入我国。

第二阶段：1990年至2003年

这一阶段，我国风险投资发展经历了从起步到规模化发展。1991年，国务院颁布《国家高新技术产业开发区若干政策的暂行规定》，提出"可以建立风险投资基金，用于风险较大的高新技术产业开发；条件成熟的可以创办风险投资公司"。1992年，沈阳市率先建立了科技风险投资基金。其后，在科技部的直接推动下，我国各省市纷纷成立了以科委为主管的创业投资机构，其中以山西省科技基金发展总公司、浙江科技投资公司、重庆科技投资公司等为代表。这一阶段的风险投资发展探索了在我国现行经济环境和法律环境下的风险投资运行中的一些具体的管理问题，如创业投资计划推动、投资项目科技导向、风险投资机构管理事业化等。但总体来说，这一时期的风险资金的投入仍沿袭了传统政府财政拨款的投资机制。与此同时，随着我国对外开放的进一步扩大和高新技术产业的迅速发展，外国风险投资公司和风险投资基金开始进入我国市场，1992年，中外合资的“北京太平洋优联风险技术创业有限公司”成立，它是美国国际数据集团所属的美国太平洋技术风险基金会与北京市优联科技发展公司共同创办的。该公司拥有注册资金1000万美元，投资总额达3000万美元。

1995年，中央提出要建立中国的创新体系。国务院发布《关于加速科技进步的决定》，指出：“要逐步探索建立支持科技产业发展的风险投资机制”。国家科委、国家体改委在《关于深化高新技术产业开发区改革，推进高新技术产业发展的决定》中也明确提出拓宽融资渠道，建立健全社会化融资体系的思路。1996年，国务院发布《关于“九五”期间科技体制改革的决定》，再次强调要发展风险投资。同年5月，《中华人民共和国促进科技成果转化法》正式颁布，该法明确提出国家鼓励设立科技成果转化基金或风险基金。6月，国务院批准国家经贸委实施“技术创新工程”，强调“企业应该成为创新工程的主体，和将新技术首次商业化的主体”。在这大背景下，各地方政府也纷纷出台了各种鼓励风险投资发展的政策。

进入20世纪90年代后期，我国的风险投资事业进入一个新的阶段，一批超大规模的风险投资基金开始形成。如1997年12月由中国国家科技部、深圳市科技局、深圳市投资管理公司、深圳国际信托投资公司以及国情证券有限公司联合发起成立的“深圳科技风险投资基金”，该基金的规模为10亿元。1998年在全国政协一号提案——民建中央《关于尽快发展中国风险投资事业的提案》的新闻效应作用下，我国掀起了风险投资热潮。各级政府纷纷出资积极支持并创办风险投资机构。

在这一阶段，我国的风险投资业对中国风险投资的发展进行了有益的探索，并取得了一些具有里程碑意义的探索经验，如创建于2000年的上海创业投资有限公司，借助于有限合伙原理，探索出了“培养一批人才、促进一批科技成果转化、带动一批社会资金”的母基金之路；深圳创新投资集团有限公司“出口导向”的市场化运作模式；广东省科技风险投资集团探索出的注重项目筛选、项目负责以及财务控制，最后集团化运作投资

模式；成都市创新投资有限公司探索出将成长期和初创期项目进行组合性投资的模式等。

第三阶段：2002 年至 2003 年

2002 年至 2003 年，我国的风险创投资遭受“冷处理”，在“寒流”中发展。2003 年国家资产管理委员会出于对于国有资产的保护，出台了有关国有资产管理的 9 条意见（简称国九条）。由于没有新的专门针对风险投资的意见或管理办法出台，国九条的出台，使得具有政府背景的国内风险投资机构基本上都要受到国九条的管理，迫使风险投资行业走上产业投资之路，转向创业后期的投资，丢掉了政府支持风险投资的本源。同时，国家出于稳妥的原因考虑，推迟了创业板上市的时间，这使得我国的风险投资业在高热的状态下遭受急冷影响。

尽管如此，我国创业投资业界，仍然在进行着持续的探索：如上海市创业投资中心对创业投资基金化运作的探索；国家证券会即将启动的创业板证券市场的研究和探索；北京和上海成立了专业的创业投资协会，探索以行业协会的形式，按照市场自律机制来管理和促进我国创业投资事业的发展模式。

这些探索，将我国的创业投资事业的发展推向了市场化的运作。这标志着我国创业投资事业进入了新的历史阶段，即已初步构建了创业投资业发展所需的基本环境和基本框架体系。这一阶段的特征是全面推开、全面地探索创业投资业发展的市场化运作和管理机制

第四阶段：2004 年至今

经过一段时期的低迷和调整后，2004 年我国的风险投资进入了全面复苏期。尽管在 2005 年年初受国家外汇管理局 11 号文件和 29 号文件的影响，风险投资受到一些挫折，但随着风险投资政策环境的回暖以及资本市

场体系的不断完善，我国的风险投资进入快速发展的轨道。

2004年，中国证监会正式批准深圳证券交易所在主板市场设立中小企业板块；2004年6月23日，由国家发改委和美国商务部共同主办的首届中美中小企业与创业投资论坛在北京举行。中美专家达成了四项共识：中国应加快建立创业投资机制，应尽快修改和完善《公司法》和《合伙企业法》，为创业投资基金的设立和运作提供更充分的法律保护；应尽快完善创业投资政策扶持体系；积极推进创业板市场建设，鼓励有条件的地方规范发展产权交易市场；尽快建立多层次的资本市场体系，为创业投资提供多元退出通道。2006年3月，经国务院批准，国家发改委、科技部、财政部、商务部、人民银行、国家税务总局、国家工商总局、银监会、证监会和国家外汇管理局十部委联合推出的《创业投资企业管理暂行办法》正式施行，为创业投资企业以私募方式募集资金、实行委托管理、承诺资本制度、建立成本约束机制以及建立对管理人的业绩激励机制等方面提供了法律保护，各地方政府开始纷纷设立创业投资引导资金；2007年6月，新《合伙企业法》开始实施，为有限合伙制的风险投资机构组建扫清了法律障碍；2008年10月，为配合《创业投资企业管理暂行办法》的实施，其配套政策《关于创业投资引导基金规范设立与运作指导意见》出台，该政策对我国创业投资引导基金进行了规范，从而更为科学地引导我国风险投资基金的募集和投资。随着《关于创业投资引导基金规范设立与运作指导意见》的出台，各地创业投资引导基金的设立进入高潮，安徽省、吉林省、云南省、江苏省苏州市、广东省中山市、深圳市、北京市等地纷纷设立政府引导基金，引导基金的规模呈现出逐年增长的趋势。同时，2008年多类金融资本也获准涉足股权投资领域：证券公司相继获准开展直投业务；社会保障基金获准投资经发改委批准的产业基金和在发改委备案的市场化股权投资基金；保险机构获准投资未上市企业股权；商业银行获准开办并购贷款业务等，使风险投资的资金来源渠道大为拓宽。

据中国风险投资研究院所发表的《2008 年中国风险投资行业调研报告》、《2009 年中国风险投资行业调研报告》数据显示，2008 年全年，新募集的可用于投资中国内地的风险资本总量高达 1018.67 亿元。2009 年已完成的 136 家风险投资机构（基金）的风险资本额为 963.29 亿元，其中，人民币基金的募资规模达 505.60 亿元，外币基金的募资规模为 457.69 亿元。另据《中国创业风险投资发展报告 2010》数据显示，2009 年全国创业风险投资机构 576 家，管理的资本达到 1605.1 亿元。截至 2009 年年底，中国创业风险投资机构累计投资 7345 项，累计总投资额 906.2 亿元，其中投资高新技术企业（项目）数达 4737 项，投资额为 405.1 亿元。同时，随着国内风险投资市场的逐渐成熟，越来越多的外资风险投资资本涌入，在国内设立人民币基金。截至 2010 年年底，仅在北京聚集的国内外各类 VC/PE 机构达到 510 余家，管理的基金规模折合人民币超过 1 万亿元。

二、我国风险投资体系建设中存在的主要问题

（一）风险投资主体单一并且资本来源狭窄

我国目前设立的风险投资机构相当部分是以政府发起创办或由企业发起设立、政府参股为主体，风险投资公司的资金来源大多有政府背景，各种金融及非金融机构的资金所占份额很小。纯粹由民间资本出资的风险投资机构很少，且规模小。这种政府主导风险投资的发展模式不仅不符合风险投资自身的性质，不利于引进创新、激励与竞争精神，而且限制了我国风险投资的资金来源，远达不到分散风险、建立投资组合的目的。同时，也容易出现政府对风险投资的具体运作上干预过多的现象。

（二）缺乏有效的风险投资退出机制

风险投资的最大特点是循环投资，退出机制是风险投资的核心环节。

我国目前的风险投资循环体系最突出的是缺乏有效的风险投资的退出机制，表现在：

第一，我国资本市场基本上是主板市场，仅是对成熟性产业服务的市场，上市门槛条件高。即便如此，由于市场容量有限，一般也是优先考虑大中型企业的上市要求，因此造成了风险企业要想在主板市场上市非常困难。2004 年在深圳证券市场中开设的中小企业板块，实际上也是主板市场的翻版，只是将企业资产的门槛稍微减低了一点，且容量有限，满足不了众多风险投资退出的需要。目前，风险投资企业提供退出途径的二板市场仍在酝酿之中。无法解决风险投资的出口问题。虽然有些地区试办非上市股份有限代办系统，但真正意义上的创业板市场并无建立。

第二，产权市场不完善。我国尚未建立全国性的产权交易中心，跨行业、跨地区的产权交易难以实现。此外，政府对现有的产权交易中心干预太多，企业产权不能完全自由自主的流通，这严重制约了风险投资的发展。由于缺乏成本较低的退出方式，造成“风险资本→风险企业→增值（或亏损）→风险资本退出→再投资”的循环链的运行不畅，阻碍了风险投资的发展。

（三）促进风险投资发展的政策和法律体系存在缺陷

第一，税收激励政策体系不够完善。我国虽然对风险投资持支持态度，但目前尚未有专门针对风险投资者的优惠政策，虽然实行了对高新技术产业的税收优惠政策，但是税收优惠的力度远远不及风险投资发达国家。且在税收优惠措施的使用上也存在一定问题，过分侧重于直接利益的让渡，如优惠税率、减免税等。这种税收优惠强调的是事后的优惠，只有企业取得利润才能享受此优惠，而高科技企业的风险性决定了这类优惠的政策效应缺乏刺激。此外，目前我国对风险投资的税收优惠主要集中于高

新技术企业，对投资于高新技术企业的风险投资者及机构几乎没有优惠[1]，对风险投资资本的双重征税问题也没有解决，无法有效地引导各种资本参与风险投资。

第二，政府的扶持力度还不够。政府对风险企业的各种资金支持主要集中在成长期和成熟期，种子期和创业期的投资偏少，这种资金投向的不合理，降低了风险投资企业的创新能力。

第三，政府缺乏对高科技风险企业的科学界定和评级标准，导致“假冒伪劣”的所谓高科技风险企业满天飞，进而影响了风险投资者的积极性。

第四，法律、法规建设滞后。风险投资作为一种新兴的投融资方式，其运作的机制和规则必须要由相应法律和法规来规范，并为其保驾护航。美国涉及风险投资的法律达 15 部之多，这些法律涉及风险投资的各个环节，构成了一个系统的体系。而我国有关风险投资公司和风险投资基金等方面的法律不完善，虽然 2006 年颁布了《创业投资企业管理暂行办法》及新的《合伙企业法》，并出台了相关的配套法规及政策，但仍缺乏专门以风险投资为调节对象的法律，与风险投资密切相关的《公司法》、《证券法》也存在一些不利于风险投资体系的条款内容，使我国的风险投资事业难以起步。2006 年出台的新的《公司法》，虽然降低了公司上市的门槛，但对风险投资公司的设立没有作区别性规定，按公司法设立的投资公司只能按一般公司的方式运作，这显然不符合风险投资公司的运作特点和要求。此外，公司法中规定，“对外投资不得超过公司净资产的 50%”，这将使风险投资公司（基金）的运作受到极大的限制。

---

[1] 根据我国现行的所得税制度规定，仅有对公司制创投企业做了规定：符合条件的创投企业采取股权投资方式投资于未上市的中小高科技企业 2 年以上的，可以按照其投资额的 70% 在股权持有满 2 年的当年抵扣该创投企业的应纳税所得额；当年不足抵扣的，可以在以后纳税年度结转抵扣。对合伙制创投企业及合伙人均无税收的优惠规定。

（四）风险投资专业人才匮乏

风险投资业需大量集技术、管理、营销、金融、法律等多方面知识于一身的高素质综合性人才。而从目前我国的情况看，虽然近几年风险投资从业人员的总体素质及能力有了较大提高，但仍然跟不上风险投资业发展的需要，真正懂得风险投资运作的专家不多，影响了我国风险投资业的发展。

三、完善我国风险投资体系的政策建议

（一）加强风险投资主体多元化建设

重点是改变目前风险投资主体单一的状况，构造多元化的投资者结构。政府的作用在于扶持、引导而不是主导，因此，风险投资的主要资金来源除了中央和地方政府资金外，还应包括大型企业和企业集团、比较富有的个人、机构投资者等。目前我国的居民储蓄存款余额数额巨大，如果能得到充分利用，特别是能有一个机制将其运作到风险投资领域，将对我国的风险投资的发展具有重要的意义。此外，在机构投资者中最有实力的是保险公司，目前由于保险法的限制使保险公司的资金难以进入风险投资领域。因此，适当放宽保险公司的限制是开辟风险投资资金的重要渠道。

（二）完善风险资本退出机制

事实表明，退出机制完善的国家，风险投资发展比较快，反之，则比较慢，而且退出机制与风险投资可以互相促进、互相强化。根据国际经验，风险投资的“出口”方式主要有三种：公开上市、兼并与回购、清算。相应地，建立和发展我国的风险投资退出机制也应如此。首先，我国创业板市场的技术准备已基本就绪，应抓紧对有关法规的制定或修订，争

取创业板市场尽快推出。其次，在我国创业板市场启动之前，通过股权转让的方式使风险资本退出投资应当成为目前主要的退出方式，包括企业兼并、收购与股权回购。最后，要加大力度规范现有的主板市场。对风险投资来说，规范的资本市场评价体系非常重要。如果这一体系不规范，非上市的股权转让活动就受其很大影响。我国要逐步改革和完善股票上市的流通制度，改变法人股不能流通的规定，为风险投资退出渠道保持通畅提供制度保证和便利条件。

（三）大力优化风险投资外部环境

第一，完善鼓励风险投资的税收政策体系。要完善对风险投资企业（高科技企业）的税收优惠，落实现有的各项税收优惠政策，增强税收政策的效应，同时，加快制定对风险投资机构和风险投资者的税收激励政策，以体现风险投资与一般经济活动的差异。

要区别风险投资的不同环节实施不同的税收激励政策。对风险投资企业，政策重点应侧重于鼓励技术的投入，税收手段的使用应以间接优惠为主。要针对风险投资企业技术投入比重大，且（无形）资产更新的速度快的特点，加大对研发费用的扣除及折旧的提取，鼓励企业的技术投入。对风险投资机构和风险投资者，对其的税收激励则应强调事前的激励。由于风险投资机构不具有实物性资产，因而加速折旧、投资税收抵免、税前列支扣除等间接优惠手段并不适用，所以，税收优惠应考虑的是对所得及资本利得的直接优惠，通过优惠税率、税收减免等实质性的税收利益的直接让渡，影响风险投资的预期收益率和风险，诱导社会资金对风险投资的投入，推动风险投资的发展。

第二，优化法律环境。建立规范风险投资运营机制的法律制度，如《风险投资法》、《风险投资公司法》、《有限合伙基金管理办法》等，对风险投资业作明确界定，防止风险投资机构演变成一般性非银行金融机构。

严格规定风险投资机构的性质、经营目标、投资方式、投资方向等，并就风险投资机构的创立、运营、风险转换等方面制定规范的管理办法。同时，对风险投资公司，在立法上应采取有别于一般公司的产权结构和治理结构，对风险资本如何进入创业企业以及投资中各方主体的基本权利和义务作出相应的法律规范，营造风险投资发展的良好的法律环境。

第三，完善中介服务体系。推动证券公司、投资银行、市场调查公司、会计师事务所和律师事务所等中介结构积极介入风险投资领域，提供战略制定、产品定位、市场研究、资金筹措等中介服务，为风险投资提供服务支撑。

第四，抓紧培养风险投资人才。高素质的风险投资人才是决定风险投资成败的关键因素。我国要推动风险投资事业的发展，首先必须建立起一个完善的风险投资人才教育培养体系，同时提供包括经济的、政治的、科技的等各方面完善的配套机制。

第五章　产业结构调整中财政金融支持的共振点

——政府担保

第一节　产业结构调整中政府担保的作用机制

一、政府担保的性质与内涵

（一）担保的含义

担保是伴随着商品交换的出现和商品经济的发展而产生和发展起来的社会中介活动，是指根据合同或当事人的约定，以财物或第三者信用来确保债务的清偿或其他义务履行的一种经济行为，其功能是保障债权的实现。

根据担保的定义可以把担保分为两类，一类是人的担保，即以第三者信用来确保债务的清偿或其他义务履行的一种方式，如保证；一类是物权担保，即以在债务人或义务人的财物上设定权利来确保债务清偿或其他义务履行的一种方式，这种权利可以使得债务人在不履行或没有充分履行义务时，用其财物来偿还债务，如抵押、质押、留置、定金都属于物权担保。

根据其担保事项的不同，担保可以分为融资担保、交易担保、税收担保、司法担保等。其中最为常见的是融资担保，融资担保主要是面向生产经营过程中所产生的资金短缺的企业。融资担保是一种契约关系，主要涉及三方的当事人：担保者、债权人和债务人，三者的关系可用图 5 - 1 来表示。

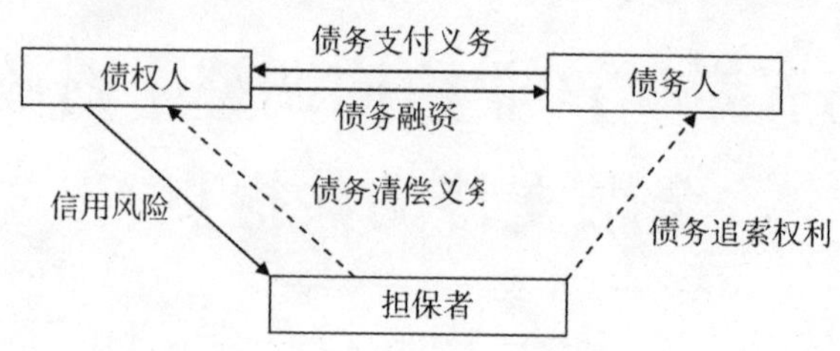

图 5 - 1　融资担保契约中相关利益主体之间的经济关系

通过图 5 - 1 可以看出，如果没有担保的引入，债权人将独立承担信用风险和由债务人违约造成的全部资产损失。这样债权人就会对债务人的信用和资产有较高的要求，否则债务人将很难通过债权人的“审核”。当引入担保以后，债权人就把全部或部分的风险转嫁给了担保者，当债务人出现违约时，债权人有权向担保者要求代为偿还，而担保者在事后有向债务人进行债务追索的权利，这样，担保者实际上是为债权人提供了一种信贷资产的保险服务。图中的虚线表示只有在发生债务人违约时才会出现这两种经济关系。

根据担保者提供担保的目的可以分为专业担保和非专业担保。非专业担保是分散的、没有统一的目标，往往是为满足与担保人有特定关系的债务人的个案需要。而专业担保可以提供集中的、系统的担保，从而引导资金和其他经济资源的配置。信用担保就是一种专业担保，它属于担保方式中的保证，因此也被称为信用保证，是指由专门机构面向社会提供的制度化的保证。信用担保的概念包含三个要点：（1）信用担保是由专门机构提供的担保，而不是一般法人、自然人提供的担保；（2）这种担保是制度化的担保，它是在一定的政策、法律、制度、规则框架安排体系之中的，是

标准化、规范化的业务；（3）是面向社会提供的担保而不是对内部关联机构或雇员提供的担保。信用担保具有经济杠杆的属性。

（二）政府担保的性质

1. 政府担保是一种信用担保

根据政策需要，由政府提供资金建立担保基金或担保机构提供担保，政府资金或政府本身承担代偿责任的一种信用担保形式即为政府担保。信用担保最早就是以政府担保的形式出现的。担保业在历史上经历了两个重要的时期：第一个时期是1925年，由于纽约股票市场暴跌，政府为了拯救经济，把信用担保纳入经济建设的主要内容；第二个时期是第二次世界大战以后，许多国家把信用担保制度作为战后经济恢复和发展的必要条件。可见，政府担保是一种重要的政策工具。

政府担保兼具资金融通和经济激励两大功能。资金融通是信用担保在微观领域的功能，而经济激励则是信用担保在宏观领域的功能。经济激励功能的作用机理是通过法律制度的安排，使符合国家产业政策的某些行业、从事某些特定经济活动的主体能够获得银行乐意接受的融资担保手段，使它们能够更容易地对债权人提供有效的担保，从而更容易地获得融资。其结果便是，符合政策方向的特定产业或经济活动将会因此而获得充分的资金支持，最终推动其更快的发展。[1]

2. 政府担保具有混合物品的性质

政府担保的服务对象是符合国家产业政策，有产品、有市场、有发展前景，有利于技术进步及创新的技术密集型、劳动密集型的各类中小企业。其目的在于通过优化资金配置，改善中小企业融资环境，增强中小企

[1] 政府担保主要是针对融资问题的，当然也有其他方面的内容，本书所述的政府担保只指融资担保。

业融资能力，这有利于中小企业的健康成长，也有利于创造就业岗位，增加国民收人，同时也有利于加速科技成果的转化，推动技术创新，转变经济增长方式。可见，政府担保具有一定的外部性，其外部效益的受益者是社会。同时，政府担保又具有不充分的非竞争性和排他性。政府在提供这种产品时也要承担一定的成本，如果过度消费，就会加大政府的成本。因此，政府担保是一种混合物品。政府担保具有收益与风险不对称的特征，即政府担保是以较低的收益承担较高的风险，或以固定的收益承担不确定的风险。风险的不可保证性和难以转嫁性，使政府担保集中了贷款银行的信贷风险和受保企业的经营风险、信用风险。在风险分散机制尚不健全的条件下，政府担保产品事实上成了承担风险的最终产品，其风险的不可保证性和难以转嫁性是显而易见的。

（三）政府担保的类型

1. 贷款担保

贷款担保是各国政府最常用的一种担保形式。贷款担保是指政府为金融机构发放贷款的一定比例提供担保，目的是促使金融机构向有发展潜力、但无法达到抵押贷款标准的中小企业贷款。其实质是政府以“政府信誉”为担保，带动银行资金和其他社会资金投向处于融资困境的企业。通常政府的贷款担保可使资金放大 10～15 倍。这种担保还可分为直接担保和间接担保。直接担保是指政府担保机构直接对需要融资的企业担保使其获得银行贷款。间接担保是指政府对向中小企业提供贷款担保的担保机构担保。

2. 股权担保

股权担保的服务对象一般是风险投资公司。其主要目的是降低投资者投资风险，并对投资者的部分损失提供补偿，从而保证投资者进行创业投资的积极性。一般来说，风险投资公司对单项投资的投资回报率期望值在 30%～50%之间，计入投资损失后，其投资组合的总回报率目标是 20%～

30%。有了政府的股权担保，部分投资损失可获得补偿，整个投资组合的回报率将相应提高，从而增强风险投资的吸引力。❶

股权担保主要有两种类型。一种是损失分担担保。1981年荷兰政府设立的私人投资担保计划（PPM）即为损失分担担保。该计划是针对向初创期企业投资的私人投资基金而设计的，它规定政府为经其认可而投资额不超过400万荷兰盾的风险投资项目承担50%的损失。1995年，荷兰政府认为风险投资业已基本成熟，PPM计划已没有继续存在的必要而将其终止。另一种是偿还借款豁免，如葡萄牙的“贴现和辛迪加基金”，主要对那些向高风险中小企业提供的投资提供再融资担保，在给定时期内可以偿还贷款的利率可以豁免，担保费只用来支付基金管理费，若此时期内投资人出现损失，则无须偿还贷款。

当然，政府担保根据其表现形式可分为显性担保和隐性担保，显性担保“以一个明确完整的担保合同作为依托，借此约束当事人相应的权利和义务”。相反，隐性担保是“一种没有明确完整的担保合同作为依托、没有严格法律约束力的担保形式”。❷ 如中央政府对国有企业亏损挂账的隐性担保、对国有资产管理公司的隐性担保等。隐性担保因为没有严格的法律约束力而难以管理，会给政府带来隐性的或有负债，加大财政风险。本书所讨论的政府担保是政府对企业的显性担保。

二、政府担保的作用领域及运作方式

（一）政府担保的作用领域

1. 劳动密集型中小企业

劳动密集型企业又称为劳动集约型企业，是指产品成本中活劳动量消

❶ 辜胜祖，徐绪松. 政府与风险投资［M］. 北京：民主与建设出版社，2001：170.
❷ 卢文鹏. 经济转型中的政府担保与财政成本［M］. 北京：经济科学出版社，2003：24.

耗占比重较大的企业。在劳动密集型企业里平均每个工人的劳动装备不高，比如纺织业、服务企业、食品企业、日用百货等轻工企业以及服务性企业等。劳动密集型企业的资本有机构成低，劳动者占用固定资产的数额较低，在产品成本中活劳动消耗所占比重较大。因而，它具有投资省，单位投资能吸收较多劳动力，技术操作要求较低，资金周转快的特点。一些劳动力资源丰富，而资金短缺，技术发展水平较低的发展中国家，注重发展劳动密集型企业，有利于充分发挥劳动力的优势，弥补资金和技术力量的不足，积累建设资金，加快经济建设。劳动密集型中小企业目前仍然占有相当大的比重，这类企业因为有增加就业的功能而应当成为政府担保的对象。

2. 技术密集型中小企业

技术密集型中小企业是指技术装备程度比较高，所需劳动力或手工操作的人数比较少的企业。技术密集型企业的单位产品所需资金投资较多，也需要集中熟练的较多的技术人员，同时耗费原材料较少。这类企业的比重在不断增加，虽然增加就业功能比较弱，但它们是创新的主体，理所当然成为政府担保的对象。

3. 风险投资

风险投资亦称风险资本，是指将资本投入到那些具有很大潜能和广阔市场前景的企业或机构，并承担巨大风险的活动。风险投资以承担风险为前提，以获得最大的资本增值为目的。它的目的不是对被投资企业股份的占有和控制，而是在投入的资本获得理想的增值后转让其产权并撤出该企业，进行其他的投资。[1]

风险投资的受资对象是高新技术企业或项目，这些企业或项目是技术创新的主体，而技术创新不光对于其他企业，对于整个产业结构的调整都

---

[1] 张元萍．创业融资与风险投资［M］．北京：中国金融出版社，2006：4.

是有利的，它是产业结构调整的动力，因此，具有正的外部性。风险投资的外部性和高风险性使得私人投资者望而却步，造成风险投资供给不足。这就需要政府给予一定的政策支持。许多国家或地区的政府为保证风险投资有充足的后续资金来源都制定了相应的政府担保政策，鼓励银行等金融机构和其他投资者进入风险投资领域。美国、英国、加拿大等国家都为其风险企业提供投资额70%～90%的政府担保。英国规定政府向金融机构对中小型高科技风险企业的贷款提供80%的政府担保，还在《信贷担保计划》中规定若风险企业不能偿还到期债务，英国贸工部将以2.5%的年息承担其债务额度的70%。实践证明，政府担保措施对风险投资的发展起到了极大的促进作用。

（二）政府担保的运作方式

1. 设立专门的行政机构负责操作

这种做法是指政府专门成立一个行政机构，并且直接负责操作担保计划。典型的如美国设立的小企业管理局，其属于永久性的联邦机构，负责中小企业贷款担保计划的管理与执行。每年要向国会听证会报告年度计划的执行情况，提出下一年度的预算申请。国会批准年度预算后，计划方可执行。这是政府直接操作担保计划的一种方式。采用这种方式的国家和地区还有加拿大（联邦工业部中小企业贷款管理局）、英国（贸工部中小企业贷款担保办公室）、中国香港（特区政府工业属于出口信用管理局）。

2. 设立独立于政府的非营利法人机构

这种方式的做法是由政府出资组建独立法人机构，而不直接参与担保计划的执行，该机构可采用市场化方式操作担保计划。典型的如日本的信用保证协会。有些国家设立专门的银行执行担保计划。如法国设立的中小企业发展银行。这些机构的资金主要来源于政府，也有部分资金来源于银行。政府对这些机构提供最终担保。

3. **建立专门的政策性担保公司**

这种做法是指以政府出资为主设立担保公司，坚持非营利性的原则，向符合国家产业政策的中小企业提供贷款担保。如我国的中国经济技术担保公司。政策性担保公司按市场化运作。

4. **建立担保基金**

这种做法是指以政府出资为主设立担保基金，建立基金账户，委托担保公司对基金进行管理的操作。这种方式的优点是能够按照国家产业政策的要求及时建立相应的担保基金，或撤销已经没必要存在的基金。

三、政府提供担保的客观必然性

（一）风险转嫁理论与政府担保

风险转嫁理论源于风险存在的客观性。在经济活动（尤其是投资、信贷活动）中，由于经济主体受到各种主、客观等不确定性因素的影响，常常面临各种风险和损失。比如，商业银行在信贷业务活动中，由于受到宏观经济条件、宏观经济政策、借款人经营状况、偿债意愿、经济实力以及其自身信贷经营管理水平、人员素质等各种错综复杂因素的影响，使其贷款债权不可避免地面临着无法预料的风险，以至于发生资金损失。因此，经济主体（债权人）为了最大限度地控制和减少经济活动过程中的债权风险，必然要寻求各种风险管理的有效途径。风险转嫁理论正是适应了这种客观要求。

所谓转嫁风险，是指某个经济主体（包括法人或个人）为了规避风险损失，而有意识地将损失或与损失有关的财务后果转嫁给其他经济主体（包括法人或个人）承担的方式。转嫁风险可以通过以下途径来实现：一是将担有风险的财产或活动转移给他人；二是将风险及损失的有关财务后果转嫁出去。

转嫁风险可分为控制型非保险转嫁、财务型非保险转嫁和保险三种形式。保险是一种将保险标的所遭受的损失后果转移给保险人承担的风险财务工具。控制型非保险转嫁与财务型非保险转嫁的区别在于：首先，控制型非保险转嫁所转移的是损失的法律责任，即通过合同或契约消除或减少转让人对受让人的损失责任和对第三者的损失责任，而财务型非保险转嫁则是转让损失的财务负担，即转让人通过合同或契约寻求外来资金补偿其确实存在的损失。其次，前者将财产或活动连同损失责任都转让给受让人，而后者则只转移损失，不转移财产或经济活动本身。可见，财务型转嫁风险便是通过抵押、质押和保证的形式实现的。尽管在转嫁风险的效果上，由于保证是将风险损失所引起的赔偿责任，通过合同条款，从合同的一方转移给另一方，不及抵押、质押方式安全，但因风险转让人的债权获得了债务人和保证人的双重信用保证，增加了债权受偿的机会。因此，保证方式受到广泛欢迎。也正因为保证仍是建立在信用基础上的行为，各国风险管理者特别是金融机构尤为重视保证人的资信等级与经济实力。对于那些无财产抵押、信用等级很低的投资或贷款对象，金融机构更期望专门提供保证业务的机构提供固定保证人，为其提供稳定的担保服务。政府担保无疑是最合适的保证人，因为一项担保的价值最终还是要依赖于担保者的可信度。从某种程度上讲，和私人部门的担保者相比，政府有较高的“资信和经济实力”，所以，政府的可信赖程度更高，因此政府往往更适合充当担保者的角色，这也是政府提供担保的贷款比其他组织提供担保的贷款更容易获得批准的原因。通常，国外贷款或跨国交易都基于国家信用的高信度而要求政府担保。特别是，在整个社会面临系统性风险威胁的背景下，政府担保作为一种信心支持手段经常能够到稳定某个部门经济走势和公众预期的效果。

（二）信息不对称理论与政府担保

信息不对称理论是指交易双方中的一方掌握相关信息而另一方则没有

这些信息，或者一方比另一方掌握的相关信息多，从而使得信息劣势的一方的决策受到不利的影响。信息不对称使得市场交易中出现各种各样的风险，最典型的就是逆向选择和道德风险。在交易前，信息不对称将会造成信贷市场中的逆向选择。在交易发生后，信息不对称会造成道德风险。

在信贷市场上，贷款者和借款者之间存在着信息的不对称性，即有关借款者的信誉、担保条件、项目的风险与收益等，借款者比贷款者知道得更多，具有信息优势。这种情况使贷款者在信贷市场上处于不利地位，为了消除不利影响，贷款者只能根据自己所掌握的借款者过去平均的信息来设定贷款条件，如作为贷款者只能根据借款者的平均风险水平确定利率，而不是根据风险程度的高低确定利率。这样更高比例的较喜欢冒风险的借款人（风险偏好型）将出来接受贷款人的出价，而不喜欢违约的较安全的借款人（风险规避型）将退出申请人的队伍，退出信贷市场，这一过程的不断重复，信贷市场上的借款者整体素质就会下降。受到这种认识的影响，银行会谨慎对待企业的融资要求，很有可能选择不发放或者少发放贷款，甚至被迫忽略健康成长、业绩优良的那部分企业。即产生所谓的“逆向选择”。显然，一旦发生了逆向选择，就意味着信贷资源没有得到有效的配置。

与逆向选择风险不同，道德风险往往发生在交易之后。贷款者发放贷款之后，借款者有可能从事那些贷款者不希望他进行的一些活动。因为这些活动可能会导致贷款难以偿还。例如，借款者获得一笔贷款之后，受高利润的引诱，很可能改变原来在贷款合同中承诺的用途，转而从事高风险的投资项目，或者将在贷款合同中规定用于投资的借款用于消费支出等。如此，显然会降低借款者归还贷款的可能性，从而会降低贷款者的预期收益。因此，由于道德风险的存在，也会降低贷款者发放贷款的意愿，这便导致了信贷市场的萎缩。逆向选择和道德风险的存在使得借贷双方交易成本增加，一旦发生逆向选择，可能导致信贷资源配置扭曲；而道德风险的

存在一方面会降低银行的放贷意愿导致信贷市场的萎缩，另一方面会增加银行的不良贷款。而担保机构利用其专业优势收集借贷双方的相关信息，为双方提供各自所需的信息资料，可以降低交易成本，优化信贷资源的配置，增进社会信用水平的提高。在市场发展的初期，这种担保行为是几乎没有利润的，而且担保机构本身就承担了很大的风险，于是各国通常在担保业发展的初期采用政府担保的方式。

（三）担保行业的高风险特征与政府担保

由于逆向选择的存在，担保机构不适宜制定过高的担保费率，从各国担保行业的运行实践看，担保费一般都小于保额的2%。可见，单纯从保费收入方面考虑，担保机构的收益并不高，而其面临的市场风险却比较高。假设一个商业性担保机构年初资本金为 K，其担保放大倍数为 a，则该机构一年的担保额为 aK；我们再令担保费率为 R_i，年运营费用为 F，银行利率为 r，反担保率为 R_f，担保损失率为 R_1。其中 R_1 = 担保代偿率 × 承保比例 ×（1 − 损失追偿率）。

再假设担保周期为一年，年初支付担保费收入；而代偿、追偿则发生在当年年末。这样年末担保机构收益可表示为：

$$aKR_i(1+r)+Kr\text{ ,}\qquad\text{（式5-1）}$$

担保机构的支出可以表示为：

$$aKR_1(1-R_f)+F\text{ ,}\qquad\text{（式5-2）}$$

若该担保机构一年内收支平衡，则有（式5-1）=（式5-2）推出：

$$aKR_i(1+r)+Kr=aKR_1(1-R_f)+F\qquad\text{（式5-3）}$$

由（式5-3）可以推出一个满足收支平衡的担保损失率为：

$$R_1=(1+r)R_i/(1-R_f)+(Kr-F)/[(1-R_f)aK]\qquad\text{（式5-4）}$$

我国当前的担保行业的担保费率一般在担保额的0.4%～2%，或者不超过同期银行贷款利率的50%；担保放大倍数在5倍左右；银行利率为1.98%（以2003年数据为例）。因此我们可以取 $r=2\%$，$a=5$，$R_i=1.5\%$，并假设担保机构的经营费用远小于担保基金，即 $F<<K$。由此可以得出表5-1：

表5-1 损益平衡情况下反担保率与担保损失率之间的关系

R_f	0.1	0.2	0.3	0.4	0.5	0.6	0.7	0.8	0.9
R_1	2.14%	2.40%	2.70%	3.20%	3.90%	4.80%	6.40%	9.60%	19.30%

由表5-1可以看出反担保水平越高，担保机构的可能损失也越小；而另一方面也反映了担保机构的高风险特征。中小企业大多是因为不能向银行提供足值的抵押资产才转而向担保机构申请贷款担保的，因此它的反担保率可能会比较低，这样担保机构面临的风险就会比较高。比如在承保比例为80%、损失追偿率为0.5、反担保率为0.2的情况下，要保证担保机构损益平衡，担保代偿率就不能超过6%；而当反担保率为0.5时，担保代偿率就不能超过9.6%。可见如果担保机构风险控制力度不够，担保的代偿率超出盈亏临界点的可能性是非常大的。从这个角度看，担保业高风险、低收益的行业特征会使得商业资本不敢轻易介入。因而世界各国纷纷建立政府担保机制，解决信贷分配问题的同时也引领商业资本进入担保行业。

（四）政府干预市场的政策工具选择与政府担保

在政府干预市场的政策工具中，政府之所以青睐担保手段，是因为政府担保具有其他政策工具不可比拟的优点：

第一，从接受政府担保的受益人角度审视，与政府直接贷款的方式相比，担保的形式更具灵活性，不受借款数额、期限和利率结构等方面的限制；

第二，担保可以使受益人直接与信贷市场接触，受益人接受信贷市场

大规模融资的可能性增大；

第三，和政府贷款相比，担保有助于分散和降低信用风险；

第四，担保因素导致的贷款增加并没有相应增加国家的放款负担，这种正面效应在政府面临较大借款要求的情况下表现得尤为明显；

第五，政府提供的廉价的担保实际上是财政补贴的一种独特形式，这种形式的补贴比较隐蔽，和其他形式的财政补贴，如直接现金支付、价格支持或者是其他要求即时现金支付或预算分配的形式相比，担保这种形式主要通过市场化运作，对市场的干预较为间接，更大程度上减少了政府对市场的直接干预；

第六，与直接的财政拨款方式相比，政府担保具有“四两拨千斤”的作用，可带动更多的社会资本投入政府拟支持的领域或产业。

四、中小企业融资困境与政府担保

（一）中小企业在产业结构调整中的作用

1. 中小企业是技术创新的主要力量

与大企业相比，中小企业具有更强的创新意识、改革意识和更为灵活的管理体制，所以，在技术进步和技术创新方面有着自己的优势：第一，中小企业因为规模小，管理上比较简单，大企业内部管理体系虽相对科学但比较复杂。一般来说，中小企业具有比大企业更大的经营自主权，能够根据市场的发展趋势较快地作出创新决策。第二，中小企业宽松的管理环境有利于创新活动的开展，而大企业的行政等级制度常常窒息研究人员的创新精神，中小企业的技术创新常常得益于大企业“溢出”的科研人员。第三，中小企业把创新作为竞争战略的核心，一旦技术创新有了重要突破，形成企业的核心专长，就会出现加速效应。国外相关的研究报告表明，较之于大企业，中小企业在技术进步较快的行业领域中对技术创新的贡献更大。20世纪初至70年代，美国小企业完成的科技发展项目占全国总数的55%，进入20世纪80年代后，大约70%的技术创新是由中小企业实现的，中小企业的人均创新发明是大企业的两倍，技术创新的商业化速度是大企业的1.5倍。中小企业的这些优势使其成为技术创新的主力军，从而在一国产业结构的调整升级中起着关键性作用。

2. 中小企业是就业的主要载体

中小企业由于劳动密集型的特征而成为就业的主要载体。随着工业化的进展，大企业越来越趋向于以资本代替劳动，这种资本强化趋势使大企业在经济发展过程中对劳动力的吸纳作用逐渐减弱，与此同时，中小企业成为新增劳动力的主要吸纳者。研究发现，中小企业具有较强的地区化倾向。在中小企业较多的地区，人们更倾向于建立自己的小企业，而不是受雇于大企业。中小企业的这种特点，产业结构调整中为产业的调整和劳动力的转移提供很好的支撑作用。

3. 中小企业是实现产业结构升级的主要推动者

从主体资格上看，中小企业在三大产业中占有相当大的比例，理所当然称为产业机构升级的主体。从主体功能上看，中小企业是技术创新的主要力量，而技术创新正是推动产业结构升级的主要因素。中小企业由于规模相对较小、经营变数多、风险大，随着具有新技术、新产品、新服务的新企业进入市场，一些老企业将在竞争中逐步被淘汰。在这一过程中，产业结构将随之优化升级。

（二）中小企业对政府担保的客观需求——融资困境分析[1]

企业融资缺口是指企业对资本和债务的需求高于金融体系愿意提供的

[1] 武巧珍，刘扭霞．中国中小企业融资——理论·借鉴·融资体系的建立［M］．北京：中国社会科学出版社，2007：209－210.

数额。虽然近几十年风险投资体系的飞速发展大大地减少了资本缺口，但资本缺口仍然是中小企业发展过程中面临的首要“瓶颈”，这在发展中国家问题显得尤其突出。

融资缺口使中小企业的经营灵活性优势难以得到发挥，它阻碍了中小企业的成长，导致宏观经济因投资需求得不到满足而难以达到其潜在增长率，造成就业不足从而造成社会总福利的降低。并且，融资缺口还可能加剧中小企业在财务上的脆弱性，这也是中小企业抗风险能力弱、倒闭率远远高于大企业的一个重要原因。

具体而言，中小企业的融资缺口表现在两个方面：一是在权益资本方面的融资缺口。中小企业在权益资本方面的融资缺口主要来自于以下几个方面：(1) 自有资本的缺口。中小企业的投资者往往是一些加入市场的新生力量，一般手中拥有的资本量都存在着较大的限制。(2) 资本市场的缺口。不论正式还是非正式资本市场，中小企业都由于规模、经营年限等原因很难上市融资。(3) 风险投资的缺口。近年来，资本市场上风险投资的发展在一定程度上减少了对中小企业资本性融资的缺口。但对许多中小企业来讲，正式的风险投资仍然不能解决问题。风险投资在小规模投资方面存在着规模不经济。由于风险投资是投资于股权而非债权，其回报是缺乏保障的。因此，风险投资公司或基金的管理人大多都倾向于对其投资的中小企业进行近距离的控制和监督，风险投资的固定成本成为许多中小企业难以寻求风险投资的障碍。

二是在债务资本方面的融资缺口。由于中小企业自有资本有限，因此在中小企业设立之后的运行中更加依靠银行贷款。国外经验表明，银行和其他金融机构的贷款是中小企业最大和最主要的债务融资渠道。在美国，金融机构的贷款占中小企业全部股本和债务额的26.66%，占全部债务额的53%。在英国，虽然银行贷款占中小企业外源性债务的比重从1987～1990年的60%减少为1995～1997年的49%，银行仍是中小企业主要的资金来源渠道。但中小企业规模小，资信度低，可供抵押的资产少，财务制度不健全，破产率高，因此商业银行认为其风险太高而产生惜贷现象，且由于其所需贷款一般单笔数量不大，频率又高，就使得银行对中小企业放款的单笔管理费用高于对大企业的相关费用。出于安全性、营利性原则考虑，银行就更不愿对其进行贷款。因此，中小企业在向银行和其他金融机构进行债务融资时，往往面临着其有效的资金需求无法得到充分满足的问题。许多中小企业即使可以提供抵押品或者可以接受较高的利率，仍然无法得到银行的贷款。有时，许多中小企业即使能够得到贷款，也不能得到满足业务需求的贷款数量了。与大企业相比，中小企业在获得银行和其他金融机构贷款方面处于劣势。

中小企业融资难的问题，与信息不对称也有一定的关系。如前所述，信贷市场是典型的信息不对称市场，存在着逆向选择和道德风险。相对于放贷方银行来说，借款企业具有信息优势。为了减少道德风险的发生，放贷的银行一般会根据企业的历史信誉、资本规模、经营状况、发展前景等选择借款企业，并要求提供一定的抵质押或者第三方担保。由于企业的规模与其信息可得性正相关，所以企业越小，关于企业的信息就越不易获得。特别是由于中小企业大多带有经营者个人特征，对其评价多为“软”信息，使得中小企业与银行之间难以形成顺畅的信息传递，形成信息不对称。这种信息不对称是中小企业融资难的一个重要原因。

风险的存在使得追求资金营利性、流动性、安全性统一的商业银行谨慎对待中小企业的融资需求，甚至迫使金融机构忽视健康成长的那部分中小企业对贷款的合理需求，这就为政府担保提供了很大的作用空间。

针对中小企业融资难问题，各国政府纷纷采取一定的手段帮助中小企业获得初创资金，其中最主要的方式就是建立信用担保机制。由于中小企业在经济发展中的特殊作用和担保行业高风险的特征，在信用担保发展的初期，往往以政府担保的形式出现，政府通过建立担保机构或担保基金的

方式为中小企业提供的融资担保。

（三）制约政府融资担保作用的因素

1. 政府融资担保到位与否

国际上普遍认为，中小企业的发展过程包括三个典型的不同发展阶段：第一阶段是中小企业通过自我筹资的方式自我发展的过程，相当于小鸡生长周期中的鸡蛋期；第二阶段是中小企业必须借助外部的政府优惠政策和融资担保支持才能孵化的企业发展阶段，相当于从鸡蛋孵化成小鸡的过程；第三阶段为成熟的企业成长发育到衰退的过程，相当于小鸡长成老母鸡的过程。尽管三个阶段构成一个完整的整体，但对中小企业成长起至关重要的还是第二阶段。如果没有政府担保融资的孵化器功能就不可能有中小企业发展成大企业的条件。从这个角度看，政府担保在鼓励特殊行业的发展，促进产业结构调整方面有着积极作用。但是，如果政府的融资担保选错了时期或者在孵化阶段不足以使中小企业从鸡蛋壳中孵化出来，则其孵化器的社会功效就无法获得，甚至出现所有中小企业都无法孵化成功的可能。

2. 信息不对称

信息不对称是政府介入担保领域的原因之一，但信息不对称反过来也会影响政府担保。首先，道德风险问题严重制约担保效率的积极发挥。信息不对称集中反映在中小企业对自己的期望收益和还款概率的信息优势，它使得银行与企业之间的监督成本加大，否则就会产生信贷市场上的道德风险。考虑到还款信息的非对称，逆向选择效应会降低市场配置效率：中小企业在拖欠贷款方面比银行拥有更多的信息，较高还款概率的借款人借款热情不高；而较低还款概率者的投资却受到过度鼓励，信贷市场出现低效率贷款。政府的担保在这里并不能完全消除信息不对称及其引致的道德风险和逆向选择问题。其次，融资担保只是为补充中小企业信用不足而提供的信用保证。政府担保保证了银行贷款给中小企业的平均收益等于无风险投资收益，这有可能导致银行不能谨慎地对借款申请者发放贷款，结果降低了平均还贷概率。而银行贷款给中小企业的期望收益率与银行投资于安全项目的收益之间的差额由政府来弥补。如果这笔款项需要政府通过增加税收来募集，则增加税收带来的额外损失就构成了政府融资担保计划的附加成本。对于任一政府支出方案，只有在支出的边际收益不低于其边际损失时才是可行的。

第二节 一些国家或地区的政府担保体系与运行机制

一、日本政府担保体系及运行情况

（一）基本情况

日本信用保证体系是典型的政府注资，市场化操作类型的。日本政府对企业的融资担保体系主要由两个相互关联的子系统组成：信用保证协会和信用保险公库（如图5－2所示）。它们共同承担着为中小企业融资提供信用担保的职责，其作用及职能、担保的规则要求均在《中小企业信用保证协会法》和《中小企业信用保险公库法》两部法律中给予明确规定。

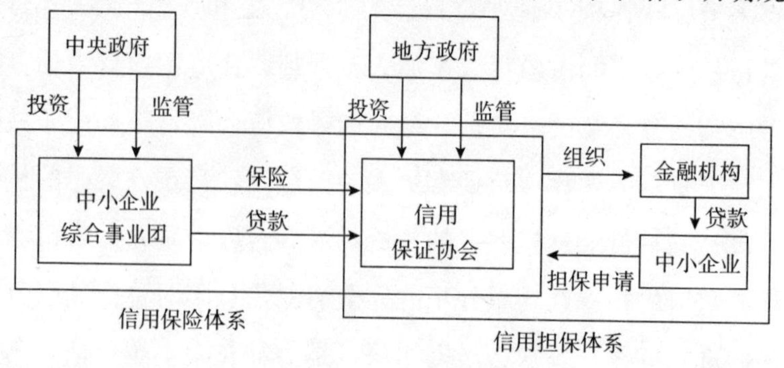

图5－2 日本信用保证体系基本构架

信用保证协会是为增强中小企业的融资能力而依法设立和经营的，因而它以中小企业为基本对象，主要承担借款信用保证。日本各都道府县按行政区域划分，设有52个信用保证协会，均具有独立的法人资格。截至2004年财政年度末，52个信用保证协会共拥有资本金近280亿美元，在保余额4800多亿美元，为近35%的中小企业提供了信用保证，但保额约占中小企业债务余额的15%，为中小企业的信用增级发挥了重要的作用。

日本信用保证协会的资产由基本财产和借入资金两部分组成。基本财产是协会的自有资产，由政府出资、金融机构捐款和累计余额构成，并以此作为保证基金，具体包括出捐金、负担金和基本准备金，承保金额的法定最高限额为基本财产的60倍。出捐金由大藏省每年列入国家财政预算，按照全国各地经济发展水平及信用保证协会规模的不同分别下拨给地方政府，地方政府根据地方财力状况，再拿出不少于大藏省拨付资金2倍的资金向各自的信用保证协会出捐。负担金是由金融机构按照其接受信用保证协会信用保证数额和代位补偿额的大小而向信用保证协会捐助的资金，因涉及税收方面的原因，金融机构将捐助直接计入其经营费用，因此称为负担金。基金准备金是信用保证协会每年收支差额的转入。以2004年数据为例，上述出捐金、负担金、基本准备金三部分占基本财产的比例大约分别为20%、10%、70%。[1]

借入资金是信用保证协会从国家和地方厅借入的资金。大藏省为了增强信用保证协会的资金实力，每年财政预算列支并通过中小企业信用保险公库融资给信用保证协会这部分资金称作融资资金，它没有回收期限，且利率为零。此外，中央政府和地方厅还将其支持中小企业发展的政策性资金借给信用保证协会，由信用保证协会存入融资机构，其借入利率通常是存款利率的1/2左右。借入资金不但增强了信用保证协会的代位补偿能

[1] 孔署东. 国外中小企业融资经验及启示［M］. 北京：中国金融出版社，2007.

力，而且给信用保证协会带来数额不小的利差收入，但保证协会不能用借入资金直接向中小企业贷款。

日本金融业把商业性融资与政策性融资分开。适应这个特点，借款信用保证分为普通保证和政策保证两大类。普通保证主要是商业性融资保证，政策保证是由政府机关作为实施特殊政策配套手段而设置的，在信用保证业务中占主导地位。以2004年数据为例，2004年度政策保证承保金额为201580亿日元，约占承保总额的67%，普通保证为98698亿日元，约占承保金额的33%。可见，政策保证在信用保证业务中占主导地位。

中小企业信用保险公库是由日本政府拨付资本金成立，其设立的目的则是为信贷担保协会提供再保险，为保障信用保证制度发挥作用。中小企业信用保险公库不同于一般的保险公司，属于非营利性质的特殊法人，国家对其收入全部免税，并由国家预算列支，逐年补充资本金。当信用保证协会发生代偿时，代偿资金的70%～80%由信用保险公库在两个月内拨付。根据《中小企业信用保险公库法》的规定，信用保证协会经对中小企业提供担保，便自动取得保险公库的保险。这种再保险制度，保证了中小企业信用保证协会的持续、有效运行。

（二）信用保证风险的控制方式

信用保证协会为了降低信用保证的风险，对信用保证总额实行定额控制，并通过优化自身资产结构，提取各种准备金来保证具有较强的补偿能力，体现了其稳健经营的原则。

一是控制信用保证总额。按照《信用保证协会定款条例》第7条规定，信用保证协会最高保证额是基本财产与该年度出捐金、负担金之和的若干倍（这个数定为A），目前有关制度规定小规模的信用保证协会为14～15倍、中等规模的为16～17倍、规模大的为18倍。由于对信用保证实行再保险制度，信用保证协会保证额的70%～80%部分由中小企业保险

公库再保险，一旦出现代位补偿，信用保证协会将承担20%～30%的保证责任。设定保险部分为B/10，则信用保证协会的保证倍率为：定款倍率=A/B/10。由于各信用保证协会的规模和再保险比例不同，因此定款倍率也不同，2004年，52家信用保证协会的定款倍率最高的为60，最低为35，全国平均为52。一旦定款倍率确定，各信用保证协会的最高保证额也就随之确定。实际上，全国承保额远远低于最高保证额。

二是优化资产结构比率。为保证信用保证协会资产的流动性，确保代位补偿资金的支付，特别规定：各协会支配的流动资产减去借人资金必须大于保证余额的2%；信用保证协会购置的不动产不得大于其基本财产与当年度出捐金及金融机构负担金之和的25%。

三是提取责任准备金。保证责任准备金是按照保证余额和逾期保证债务一定比例提取，并用于代位补偿支出的准备金。计提比例的表达式为：

保证责任准备金=期末保证余额×6‰+逾期保证债务×10%

（三）日本中小企业信用保证体系的特点

第一，较完备的担保体系和信用保险体系。较完备的担保体系和信用保险体系及两级保险制度是日本中小企业获得商业银行支持的重要条件和推动力量。为保障信用保证制度发挥作用，日本政府拨付资本金成立了中小企业信用保险公库，为信贷担保协会提供再保险。信用保证协会经对中小企业提供担保，便自动取得保险公库的保险。这种再保险制度，保证了中小企业信用保证协会的持续、有效运行。

第二，政府出资做后盾。日本信用保证协会和信用保险公库的主要资金均来源于政府，并列入财政预算，确保资金供给的持续性。信用保证协会除了可以依法享受减免税外，还可以从国家和地方借入资金，对不能回收的求偿权还给予最终补偿。政府资金的保障保证了日本政府担保体系的良性运行。

第三，贷款担保对象和贷款用途体现政府政策。日本信用保证协会贷款的对象主要是有经营业绩的中小企业，贷款用途主要为设备资金和流动资金贷款，但对流动资金借款额度比重很大，各地方保证协会都占90%以上。另外，借款信用保证分为普通保证和政策保证两大类。政策保证是由政府机关作为实施特殊政策配套而设置的，对利用者资格有一定限制，但同时给予很多优惠待遇，体现出政府对中小企业的扶持政策和方针。

第四，较完善法律制度及担保配套机制。一是健全的法制体系。健全的法制体系支撑是信用保证协会有效运作的保证。为了确保信用保证协会的运作，日本政府制定了一系列的法律，如《中小企业信用保证协会法》、《中小企业信用保险公库法》、《中小企业法》等，并随着经济发展的变化而不定期调整法律条文或出台新的法律。二是较完善的中小企业金融服务体系。具有较完善的中小企业金融服务体系，是中小企业信用担保发挥效用的体制基础，特别是商业银行积极应对国家中小企业金融政策，大力支持信用保证协会，使二者相得益彰。三是有效的资本扩充机制。有效的资本扩充机制是信用保证协会取得发展的前提条件。信用保证协会虽然是非营利性机构，但在基金管理上却非常灵活，除了收取保费外，还有同业拆借、基金存储获取利差等多方面的收入渠道，这保证了信用保证协会的资本扩充和自身的发展。

二、美国政府担保体系与运行情况

（一）基本情况

美国执行中小企业信用担保职能的机构是美国小企业管理局（简称SBA）。美国小企业管理局成立于1953年，是独立的联邦政府机构，局长由总统任命。其宗旨是在小企业创办之初或者为现有小企业的发展提供贷款、贷款担保、经营管理咨询等业务，以促进小企业的发展。其基本的职

责有四项：融资渠道、技术援助（教育、信息、培训）、政府项目承包（联邦政府采购）、宣传和维权。

小企业管理局的融资渠道功能主要是通过贷款和风险投资向小企业提供资金。贷款具体有三种方式：一是7（a）贷款，即为小企业从商业金融机构获得最高不超过100万美元的短期和长期贷款担保约75%。具体运作模式是商业金融机构通过小企业管理局地区办公室协调，而后提供由小企业管理局担保的7（a）贷款。向小企业提供贷款的利率不得超过主导利率的2.75%。二是504CDC贷款，即小企业管理局SBA通过非营利的注册开发公司（CDC）向成长企业提供诸如土地、厂房等主要固定资产的长期融资。三是小额贷款，即通过各社区的民间借贷中介机构网络向小企业提供最多不超过3.5万美元的小额贷款。这种贷款须由小企业管理局先向小额贷款中介机构提供资金，中介机构再贷给小企业。三种贷款中，7（a）贷款即为政府的贷款担保计划。小企业管理局的担保贷款不是全额担保，对15万美元以下的贷款提供90%的担保；对15万~75万美元的贷款只提供85%的担保。并对承保项目收取年承保额的2%作为担保收费。这样，通过小企业管理局的担保，把在资金上孤立无援的小企业与庞大的金融市场联系起来，把上述几方面的利益统一起来。❶

小企业管理局在全美有2000多个分支机构，与950个研究中心有业务联系，有13000名退休经理、会计、法律等专业人才组成的志愿服务咨询人员队伍。小企业管理局的经费由联邦和州财政分担。此外，小企业管理局为有效地开展担保业务，在全国设有600个咨询中心，为小企业免费提供诸如企业规划、账目管理、现金流量分析、贷款以及制定预算等服务。这些机构开支的费用由联邦和州政府解决。小企业管理局委托大学和研究单位所做课题研究的经费也由政府承担。

❶ 张陆洋，刘崇兴，范建年．风险（创业）资本市场研究［M］．上海：复旦大学出版社，2007：12-21．

（二）美国中小企业信用担保体系的特点

第一，对贷款担保做周密计划。根据政府的产业政策和中小企业法的规定，由联邦政府制订小企业担保贷款计划，这个计划对各项基金的用途、贷款条件、担保金额和担保费用、贷款利息标准以及执行机构的职责均做出明确详细的规定。小企业局负责管理计划执行和完成情况。另外，小企业局每年要向国会听证会报告计划执行情况，提出下一年度的预算申请。年度预算经国会批准后，计划方可执行。

第二，基金来源基本依靠政府财政。美国小企业管理局的资金来源主要是由联邦和州财政分担，而不像日本、韩国和中国台湾地区是由财政和金融机构共同承担。

第三，全面的服务网络和服务项目。小企业局在全国有许多咨询中心，并与许多研究中心有联系，为中小企业免费提供诸如小企业规划、账目管理、现金流量分析、贷款以及制定预算等服务。这些机构的开支和费用由联邦和州政府解决。小企业局还有一大批由退休经理、会计、法律等专业人才组成的志愿服务咨询人员队伍。

第四，规范而又灵活的业务操作程序。一是保费标准不完全确定，小企业管理局原则上对承保项目收取年承保额的2%作为担保收费，但对每个具体的项目要通过谈判来确定，给予业务人员一定的自主空间，以便根据项目的实际情况进行操作。二是不干预贷款机构的贷款决策，但可根据实际情况自主决定是否为贷款机构提供担保。三是小企业局根据金融机构的贷款经验和业绩对其进行分类并采取不同的审批程序。

第五，严格明确借款企业资格。为确保贷款用于有发展潜力的小企业和降低贷款风险，对借款企业资格做了如下规定：一是只有符合小企业标准的企业才有资格获得贷款担保；二是要求企业主动投入一定比例的资本金；三是要求企业的现金流量不仅能够偿还担保贷款，而且能够偿还所有

债务；四是要求借款企业有足够的流动资金保证企业正常营运；五是要求企业和业主提供一定数量的贷款抵押。

第六，根据资金用途分类管理。小企业管理局不仅考虑小企业的资金需求多样化特点，还考虑金融机构的不同经营特点，设置了流动资金贷款担保、固定资产贷款担保和风险投资担保等不同的业务种类，各种业务其侧重点不同，管理方法也不一样。

第七，金融机构的大力支持。私营的金融机构是小企业担保贷款的主要参与者。金融机构是否参与小企业管理局的担保贷款，是按照自愿和政府选择相结合的原则来确定的，但大部分的银行和部分非银行金融机构对此项工作给予了支持。

第八，分解风险。实行部分担保，建立金融机构、政府担保和企业三方的风险共担机制，有效分解风险。小企业管理局补偿贷款机构在担保限额内遭受的违约损失，小企业作为借款方仍有偿还全部债务的义务，小企业管理局有权追索企业所欠债务。

三、台湾地区政府担保体系及运行情况

我国台湾地区的中小企业信用担保体系是由在政府的监管下设立专门的信用担保机构负责运作。除以政府为主出资外，金融机构和社会团体等也参与出资。但在整个区域内只设一家主要信用担保机构，然后广设分支机构，贴近中小企业进行服务。

（一）基本情况

1974 年 1 月，台湾财政部推动成立中小企业信用保证基金。其宗旨在于：一方面对具有发展潜力但担保品欠缺的中小企业提供信用保证，协助其获得金融机构的资金通道，使其得以健康发展，进而促进整体经济的成长以及社会安定与繁荣；另一方面分担金融机构融资的风险，提高金融机

构对中小企业提供信用融资的信心。台湾地区中小企业信用保证基金是为协助中小企业融资而设立的专门机构，旨在配合当局政策，针对缺乏担保品的中小企业提供信用保证，使其顺利地从金融机构获得所需资金。

中小企业信用保证基金是当局及相关金融机构捐助成立的非营利财团法人属于“财政部”主管，凡符合保证对象的中小企业均可通过其往来银行获得信用保证基金的保证服务，但必须支付融资保证手续费。其主要功能包括：执行当局辅导中小企业的政策，排除中小企业申请融资时担保品欠缺的障碍，提高金融机构办理中小企业融资的意愿，配合有关部门辅导机构扩大辅导效果。

（二）台湾地区政府担保体系运行特点

1. 台湾地区信用担保机构基金的来源及运作

基金的资金来源主要由各级政府和金融机构共同捐助。基金创设之初，“政府”出资约占60%，银行和企业捐助分别占30%和10%。之后，政府的出资越来越多。目前，政府出资已占资金全部来源的84%。基金的后续补充在中小企业发展条例中立法通过，明列财政主管机构，应编列预算捐助该机构，金融机构也应配合捐助。基金按公司组织形式设立，成为独立法人机构，并按市场化原则进行运作，在性质上属于财团法人组织，但不以赢利为目的，受台湾地区财政部的直接领导并接受其监督。其最高决策机构为董事会，监督机构为监事会。

2. 台湾地区信用担保体系的担保对象

基金的信用保证对象主要依照企业的性质与规模，划分为生产事业、一般事业及小规模商业等三类以及创业青年和自主品牌企业。从目前情况看，除极少数行业外，均已纳入保证范围。基金的信用保证项目有两大类，与基金的资金构成相配套，分为一般基金所办理的保证项目和专案基金所办理的保证项目。其中，一般基金所办理的保证项目有十项，基本涵

盖了银行各种主要融资项目，诸如一般贷款的信用保证、商业本票保证的信用保证、小规模商业贷款的信用保证等；而专案基金所办理的保证项目则顾名思义，按照专案基金创设之目的提供保证，如青年创业贷款保证专案基金是专门为符合规定的创业青年申请贷款提供信用保证的。此外，为随时配合当局推行政策的需要，基金还办理其他各项特案保证。

3. **申请信用保证的三种途径**

第一种是向金融机构申请，信用保证基金与台湾各公营、民营银行、合作公库、“中央”信托投资公司等48家金融机构签有合同，办理信用保证融资，其分支机构2400多个，中小企业可以就近查询洽办；第二种是向信用担保基金申请，中小企业如果与金融机构尚无往来，或向金融机构申请有疑难，可以直接向基金申请，基金受理后，便请台湾中小企业银行或企业指定的金融机构依一般征、授信程式办理授信：第三种是向中小企业辅导机构申请“经济部”中小企业处等中小企业辅导机构，对申请综合辅导案件需要融资者，会同或移请金融机构办理诊断调查后，移送信用保证。

四、外国及台湾地区政府担保体系对我国的启示

（一）资金构成及运作呈现多元化，并有完善的补偿机制

纵观世界各国（或地区）政府担保体系的发展，各国（或地区）都在积极通过信用担保业务的开展改善中小企业融资环境，解决中小企业资金短缺问题。从资金来源看，政府虽然鼓励政府担保机构的资金来源多元化，但政府出资仍然是主渠道。通过上述介绍可以看出，政府担保机构的资金来源主要有几种情况：一是政府全额出资。如美国的中小企业信用担保机构的资金主要由联邦政府直接出资，国会预算拨款。二是政府出资为主，各界共同资助。如日本的中小企业信用保险公库除以中央政府的财政

拨款为资本金，还有来自于地方政府和金融机构捐助（其中金融机构捐助资金的比例较大）以及部分借入资金（主要来源于信用保险公库和地方财政的低息贷款）。中国台湾的中小企业信用保证基金则是由政府和银行及金融机构的捐助资金组成，政府出资约占基金的80%。而韩国信用保证基金的资金来源有60%以上来自金融机构。

从运作方式和机制看，各国（或地区）的中小企业信用担保体系因国情的不同其运作方式多种多样，政府出资的担保机构不一定由政府部门直接运作，而是交给有关部门的机构按市场化具体运作。如美国联邦政府的小企业贷款计划是联邦政府全额拨款，由联邦政府的代理机构——小企业管理局直接负责执行和管理。而日本、韩国和中国台湾则是政府出资，由协会和基金等专门机构进行具体运作，政府管理部门加以监控。可见，体系的运作主体既有政府的中小企业管理局，也有协会、公司及其他专门机构等。

同时，政府普遍建立起对中小企业信用担保机构的补偿机制。比如说日本，由于历史原因，日本逐步形成一种双层担保体系，操作较为复杂。由中小企业综合事业团为全国52个信用保证协会提供保险，当中小企业从金融机构中取得融资获得信用保证协会保证，信用保证协会的保证即会自动受到中小企业综合事业团的保险，并支付中小企业综合事业团保险费，保险费一般约为保证费的40%。一旦中小企业未能偿还其贷款时，由信用保证协会负责代位清偿，此代位清偿即成为保险事件，中小企业综合事业团支付信用保证协会代位清偿金额之70%或80%作为保险金。

（二）有比较明确的担保对象和政策目标

各国（或地区）的担保计划都明确规定了担保对象的规模和性质。被担保企业都要符合政府规定的中小企业标准，明确重点支持那些通过正常渠道不能获得贷款和融资又有发展潜力的中小企业。例如，美国《小企业

法》第七款第1条担保贷款（the Section 7（a）guaranty program）授权小企业局向不能从一般渠道获得合理条件贷款的小企业所获得的贷款提供担保；日本信用保证原来以所有中小企业为基本服务对象，1999年修改了日本关于中小企业政策基本法的《中小企业法》，政府的基本方针有了重大变更，即从援助所有中小企业的思想改为“培养、发展多样的、有活力的独立中小企业者”，也就是援助有发展前途的、努力奋斗的中小企业。韩国信用保证面向所有企业，但以中小企业为重点，在产业结构上以制造业为主。

其次，各担保计划都因地制宜地规定了担保重点，以体现政府的政策目标。由于信用担保体系是由政府推动，所以国家可以用它来体现政策意图，引导社会资源的优化配置，促进经济发展。因而各国（或地区）的中小企业信用担保体系都有着明确的政策目标，明确重点支持除那些通过正常融资渠道不能获得贷款和融资的中小企业，主要是没有抵押品，又有发展潜力的中小企业。在有些国家，担保计划还有一些特殊的扶持重点。如美国的担保计划特别为一些特殊群体，如妇女、残疾人、贫困地区等办的企业提供担保。日本的中小企业信用保证计划与政府的产业政策相结合，重点为符合产业政策的项目提供担保。韩国信用保证基金倾向于对制造业和出口创汇企业提供担保。中国台湾省信用保证基金则配合“政府”的中小企业发展计划，还特别设立对青年创业担保项目和企业自主品牌的担保项目来重点支持创业型中小企业。

（三）普遍建立了一套较完善的分散和规避风险机制

风险是客观存在的，信用担保过程中主要牵涉三方关系人，故企业违约风险必须在担保机构、银行和金融机构三者之间进行分散。作为信用担保机构，通常采用的规避和分散风险的手段主要有两种：其一是通过规定担保比例分散风险，即担保机构不进行全额担保，而是根据贷款期限和规模进行一定比例的担保，由担保机构和银行分散风险，建立银保共担风险的机制。日本以前提供的是100%信用担保，但目前已开始计划引入比例担保制度。美国的小企业信贷保证计划的担保金额一般不超过贷款的75%～80%。台湾也规定不超过80%。

其二，严格界定担保相关指标，对企业实行风险约束。在担保最大放大倍数上，日本最高为60倍，多数国家担保资金（或承诺保证）的放大倍数一般在10倍左右；在担保贷款期限上，美国最长为17年。在年担保费率上，最高的是美国为4%左右（每年0.5%的费用和2%～3.8%的安排费），最低的是台湾省的0.75%；在担保贷款限额上，一般都有最高限额，如美国为75万～100万美元。这些指标并不是通过市场博弈形成，而是由国家（或地区）综合各种因素在相关法律制度中明确规定的。而且这些国家（或地区）都建立严格的信用担保计划管理制度和担保项目的审批制度以及担保程序。❶

（四）有相关法律制度保障和规范

发达国家的法律体系健全，法律环境完善，无论是信用担保业务的开展，还是担保行业的运作，担保机构均有法可依，这是信用担保业得以顺利发展的重要条件之一。对于中小企业信用担保法律规范大体有两种立法模式，一是以日本为代表，以单行法律法规形式加以规范。例如，日本的《中小企业基本法》为中小企业的基本法，贯穿于所有中小企业制度的设立和运作。在此基础上，又设立了《中小企业信用保证协会法》和《中小企业信用保险公库法》，规定了信用保险公库和担保协会的职能、运作和担保规则等。与此相配套还颁布了《信用保证协会法施行令》和《信用保证协会施行规则》。

❶ 陈乃醒. 中国中小企业发展与预测［M］. 北京：中国财政经济出版社，2003.

二是以美国为代表，直接在《小企业法》中加以体现。美国《小企业法》和《小企业投资法》对信用担保计划的对象、用途、担保金额和保费标准等都进行了明确的规定，是对美国信用担保机构进行法律规范和保障的主要法律依据。健全的法律体系保证了中小企业信用担保计划的有效实施和有效运行。

表5-2　美国、日本、我国台湾的信用担保体系比较

	美国	日本	中国台湾
资金来源	中央政府	中央与各级政府	政府与银行
资金补充	政府固定补充	政府固定补充	自营收入
政策扶持目标	反垄断与创业	调整产业结构	产业型企业
合作伙伴	金融机构	金融机构	金融机构
是否有法律保护	是	是	小企业、金融机构
信用担保体系结构	一级	两级	两层

摘自陈乃醒．中小企业信用担保［M］．天津：南开大学出版社，2004.

第三节　我国政府担保体系及运行分析

一、我国中小企业信用担保体系发展总体情况

从20世纪90年代开始，我国开始着手构建中小企业的信用担保体系。1993年11月，我国第一家全国性的信用担保机构——中国经济技术投资担保有限公司成立，拉开了信用担保的序幕。随后几年，在深圳、西安等地的高新技术开发区相继出现了诸多服务于高新技术企业的担保机构及担保互助基金。1998年，我国提出了“一体两翼三层”的中小企业信用担保体系建设，全国试点工作广泛开展，北京等地相继出现专业的科技担保机构。1999年，《国家发展计划委员会关于当前经济形势和对策建议》中

提出“加快建立以中小企业特别是科技型中小企业为主要对象的信用担保体系，创造融资条件”。2000 年 8 月，国务院办公厅印发《关于鼓励和扶持中小企业发展的若干政策意见》，决定加快建立信用担保体系，并探索组建中小企业信用再担保机构。2003 年 7 月，财政部下发《关于加强地方财政部门对中小企业信用担保机构财务管理和政策支持若干问题的通知》，强调进一步规范中小企业信用担保机构的财务行为以防控风险，并提出各级政府进一步加大对中小企业信用担保机构的政策支持。2009 年 3 月，国务院签发了《支持中关村科技园区建设国家自主创新示范区》的批复，该批复中提出“北京市政府应积极建立科技型中小企业贷款风险补偿基金，完善科技型企业融资担保机制，鼓励银行加大对科技型中小企业的信贷支持”。2009 年 9 月，国务院下发了《关于进一步促进中小企业发展的若干意见》，提出加大财税信贷扶持力度，要求落实财政扶持与税收减免政策。2010 年 3 月，中国银监会、国家发改委、工业和信息化部、财政部、商务部、中国人民银行和国家工商总局联合发布了《融资性担保公司管理暂行办法》，确立了融资担保机构设立的审批制度及条件，规定了融资担保公司的业务范围和禁止行为，并对经营规则和风险控制、监督管理等内容作出了相应规定。同月，财政部也印发了《关于地方财政部门积极做好融资性担保业务相关管理工作的意见》，指导地方财政部门更好地履行职责，支持和促进融资性担保业务规范开展。2010 年 5 月，财政部、工业和信息化部联合印发了《中小企业信用担保资金管理暂行办法》，鼓励担保机构扩大资本规模，提高信用水平，鼓励为中小企业融资担保业务提供低费率担保服务，并要求对担保机构设置一定资金申请门槛。暂行办法明确担保资金将对相关机构采取业务补助、保费补助和资本金投入等方式进行支持。符合条件的担保机构、再担保机构可以按照相应比例享受专项补贴。

除了中央政府，我国各地方政府近两年亦针对中小企业信用担保体系的建设出台了诸多相关政策。表 5－3 为 2008 年至 2010 年部分地方政府所

采取的一些政策。

表 5－3　2008～2010 年部分地方政府针对中小企业信用担保体系建设的政策措施

地区	政策措施
广东	形成省市县三级中小企业信用担保网络；2009 年广东省财政安排 10 亿元资本金组建中小企业信用再担保有限公司，实现担保规模 80 多亿元
贵州	《贵州省融资性担保机构管理暂行办法》起草完毕，并启动全省融资性担保公司的清查工作；规定融资性担保机构注册资本最低限额为 500 万元
山东	进一步提高小额担保贷款额度，对符合条件的劳动密集型小企业发放的小额担保贷款最高额度提高到 300 万元
江西	制定《江西省中小商贸企业融资担保费用补助专项资金使用操作办法》，首次将中小商贸企业担保费用纳入补贴范围
江苏	出台"支持中小企业政府采购信用担保融资"相关政策，提出对有条件的金融机构要设立政府采购信用担保融资部门，专门负责中小企业政府采购信用担保融资
青海	加强"扶大育小"企业的信用体系建设，鼓励企业积极参加各种无偿的信用晋级活动
天津	下发《关于加快科技型中小企业发展的若干意见》，明确多方面措施，推动科技型中小企业实现突破性发展
宁夏	加强自治区、设区的市和县三级信用担保体系建设。其中，县级以上政府可以出资或与企业联合出资设立中小企业贷款担保机构，有条件的工业园区、行业协会、商会设立会员制或互助式中小企业担保机构
上海	印发《中小商贸企业融资担保费用补助专项资金使用管理办法（2010 年度）》

资料来源：各省市发改委网站.

上述政策措施的颁发和实施从多方面规范了担保行业的发展，推动了我国中小企业信用担保体系的建设进程。截止到 2010 年，我国中小企业信用担保机构已发展到 5 547 家。（如图 5－3 所示），筹集的担保资金 3 389亿元。仅 2009 年一年为 37 万户中小企业提供担保贷款额达 10 796 亿元，占全国中小企业贷款余额的 7.5%，受保企业同比增长 60.8%；新增担保贷款 7 240 亿元，占中小企业新增贷款总额的 21.4%；担保机构当年

实现收入180亿元，纳税16.4亿元，实现利润44.5亿元。❶

与资金来源对应，担保机构的组织形式也日趋多样：担保基金、有限责任公司、会员制互助基金和事业法人等形式不断涌现。

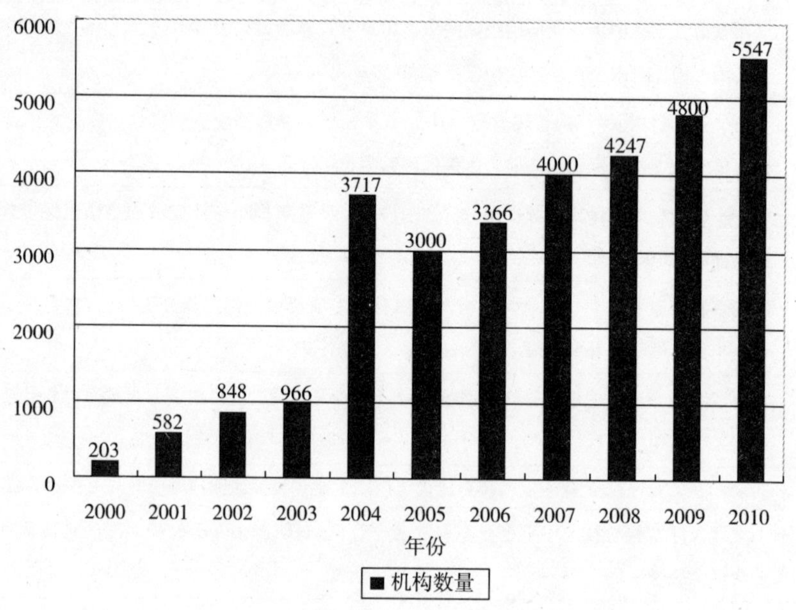

图5-3　近十年来我国担保机构数量规模图（单位：家）

在我国中小企业政府担保体系建设的过程中，政府担保一直发挥主导作用。实际上，我国中小企业担保体系的建设一开始就是从各地方政府为促进科技型中小企业的发展而设立各种担保资金（机构）起步的。2002年，在担保机构的出资总额中，各级政府出资比例占70%。随着信用担保市场的扩大，民间资本的进入呈现快速增长的趋势，但各级政府在信用担保方面的资金投入也在不断加强。2009年，国有及国有控股的担保机构（基金）达1501家，占担保机构总数的27%，政策性担保资金866.5亿元，占当年担保资金总额的25.5%。政府担保在整个中小企业信用担保中仍然占有重要地位。从政府担保体系建设的角度看，我国的政府担保体系

---

❶ 秦默．我国中小企业信用再担保体系研究［D］．江苏大学学位论文，2008.

是一种国家、省、市三位一体的政府担保体系，地市政府担保直接以本地市内的中小企业为担保对象，省政府担保为地市担保提供再担保，国家政府担保为省担保提供再担保，同时监督和指导省、地市政府担保的运行。为了防范担保风险，我国目前还没有建立全国性的政府担保机构。

我国法律禁止政府直接为企业提供担保。因此，各级政府通过建立担保基金和担保机构来提供担保。各地区根据自身产业结构发展的特点制定了适合本地区的担保体系。其中，北京、上海、深圳三地的担保工作比较成功，值得探讨。

二、北京市政府担保体系及运行分析

北京市是我国第一批信用担保试点城市之一。1997 年起北京市政府通过建立专业担保机构和担保基金的方式向中小企业提供担保，建立了担保业协会，出台了《北京市中小企业信用担保监督管理暂行办法》，使得北京市信用担保机制得到了不断的发展。北京市中小企业担保体系发展迅速的主要原因：一是北京市政府出资带动民间资金参与，积极扶持中小企业信用担保机构发展。二是北京市银行加强与信用担保机构合作、拓展中小企业信贷业务。三是信用担保机构抓住发展机遇推进创新、拓展业务。在北京市担保体系中，财政出资的政府担保占绝对的主导位置，其最直接的目的是解决中关村高新技术园区建设中的高科技企业的融资问题。

（一）北京市政府担保体系的主要构成

1. 第一家担保公司——首创投资担保公司

1997 年 12 月首创集团与中国经济技术投资担保有限公司签订合作协议，组建首创投资担保公司，注册资金 2500 万元，作为开展担保业务的载体。首创投资担保公司的建立标志着北京市担保业的开始。2003 年 7 月 1 日经北京市人民政府批准战略重组，注册资本金为 3. 065 亿元。

2. 北京市高新技术产业发展融资担保资金

北京市高新技术产业发展融资担保资金于1998年6月12日市长办公会议决定启动。由北京市财政局、北京市科委和北京国际信托投资公司组成管委会，由高新技术创业服务中心负责日常管理，担保业务则由高新技术创业服务中心委托北京国际信托投资公司操作。该资金主要为科技企业和科研机构的高新技术产业化项目进行融资担保，最高担保金额为“担保资金”的10倍，单笔担保业务最高金额为1000万元，最低为50万元。正如北京市市长刘淇同志在新闻发布会上的讲话所指出的：“这是第一个由北京市政府资助建立的担保资金，也是第一个带有风险投资性质的担保资金”。北京市高新技术产业发展融资担保资金主要来源于政府拨款资助和社会捐赠，首期启动资金5000万元人民币（市科技经费安排），到2000年总规模达到1亿元人民币。之后由于多种原因搁浅。

3. 北京新技术企业担保风险金

北京新技术企业担保风险金于1998年11月7日由北京市新技术产业开发试验区管理委员会与海淀实验区、丰台科技园区和昌平科技园区共同出资设立，专项用于试验区高新技术企业的融资风险担保，以促进科技成果转化和高新技术产业化。该风险金总规模1亿元人民币，一期到位6000万元人民币。北京市新技术产业开发试验区管委会委托其下属的北京市新技术产业发展服务中心负责人实施，以该风险金为基础，北京市新技术产业发展服务中心、中国经济技术投资担保有限公司、北京首都创业集团和北京市商业银行联合开展信用担保业务。协定规定对合作四方联合审查通过的项目，中国经济技术投资担保有限公司向北京市商业银行出具贷款额50%的担保，其余50%的风险由北京市新技术产业开发试验区管委会、中国经济技术投资担保有限公司、北京首都创业集团分别按90%、3%和7%的比例分担。

4. **北京市中小企业担保资金**

为解决中小企业融资担保问题，支持中小企业改革与发展，北京市和区县两级财政、中国经济技术投资担保有限责任公司、北京首都创业集团共同设立北京市中小企业担保资金，联合开展贷款担保业务。该担保资金于1998年12月20日正式启动。北京市中小企业担保资金由市和区县政府、中国经济技术投资担保有限公司、首创集团出资组成，规模不低于1亿元人民币。市和区县政府、中国经济技术投资担保有限公司、首创集团出资比例分别为90%、3%、7%。并决定今后根据担保业务发展的需要，经三方商定可同比例增资。在适当的时候可以吸收优秀企业参加，可以接收海内外社会各界的各种捐赠。该资金设立两个管理机构，一是中小企业担保资金监督管理委员会，由市财政局、北京首创集团、区县财政局等组成，负责监督管理；二是由北京首创投资担保公司负责中小企业资金的日常管理。担保总余额不超过中小企业担保资金总余额的10倍。而后，市财政局出台了《北京市中小企业担保资金管理办法》（京财工［1999］35号），为资金运作建立了制度保障。

5. **北京中关村科技担保有限公司**

北京中关村科技担保有限公司成立于1999年12月16日，注册资本4.23亿元，由中关村科技园区管委会，北京市国有资产经营有限公司等10家股东共同出资。这是市政府出资设立的第一家具有独立担保资格的担保机构。2000年4月正式经营，主营业务是为科技型中小企业和符合国家产业发展政策的中小企业提供各类信用担保业务。2000年当年就为22户企业提供贷款担保8010万元。2010年全年，该公司共为1886家企业提供担保，担保规模达102亿元。目前北京中关村科技担保有限公司与北京首创投资担保有限责任公司一样已发展成为北京市乃至全国最具实力、最有影响的担保机构。

6. **瞪羚计划**

为了解决高成长中小企业的融资困难，中关村科技园区于2002年7月实施了为高成长中小科技企业提供担保贷款服务的“瞪羚计划”。“瞪羚计划”将企业信用评价、信用激励和约束机制同担保贷款业务有机地结合起来，通过政府的引导和推动，构建高效、低成本的担保贷款通道；将企业信用与担保业务和银行信贷业务进行有机结合，形成了园区中小企业、商业银行、担保公司、信用中介机构之间的共赢机制。瞪羚计划由中关村科技园区管委会、中关村科技担保公司、中关村信用促进会、信用评级机构和协作银行共同发起，主要面向科技园区内的高成长性的高新技术企业，企业必须为中关村企业信用促进会成员，且信用等级要达到ZC3以上。瞪羚企业可以享受园区管委会的贷款贴息，可以从中关村科技担保公司获得快捷的担保。截至2010年上半年中关村科技担保公司已累计为1547家次的“瞪羚企业”，提供总额198.81亿元的担保支持资金。

除此之外，北京市政府担保为高新技术企业提供的贷款担保还有集成电路设计企业转型担保计划、软件企业外包业务担保贷款计划、中关村留学人员创业企业小额担保绿色通道等。北京市各区县政府也对中小企业担保进行了资金投入。

7. **北京中小企业信用再担保有限责任公司**

北京中小企业信用再担保有限责任公司为全国首家政府出资的再担保机构，于2008年12月成立。北京中小企业信用再担保有限责任公司由北京市国有资产经营有限责任公司联合北京首创投资担保有限责任公司发起设立，资本金为15亿元，首期注资5亿元。为增强再担保公司公信力，更好履行政策性职能，保障公司可持续发展，北京市财政将为其建立资本金补充和代偿补偿机制。未来5年内，市财政每年注入再担保公司的资本追加资金不低于1亿元，对于再担保公司开展符合政策导向的再担保业务产生的代偿，市财政将给予补偿。再担保公司将按照“政策性导向，市场化

运作，公司化管理”的原则开展再担保业务，在充分发挥公共财政政策效能的同时，有效控制风险。北京中小企业信用再担保公司在成立当天分别与北京市文化创意产业领导小组办公室、中关村科技园区管理委员会和北京市农村工作委员会签订了共同行动计划，重点为文化创意企业、高新技术企业和涉农企业提供再担保服务。同时，再担保公司与在京六家银行签订了战略合作协议，在防范金融风险前提下共同推动中小企业担保贷款规模的扩大；与北京市三家重点担保机构签订再担保合作协议，为担保机构提供分险增信服务；与北京中关村科技担保有限公司签订“中关村高新技术中小企业集合债券再担保协议”，为园区高新技术企业发行集合债券提供再担保支持。再担保公司对政府扶持的重点领域、产业担保项目，按照“两贴一补”的机制（通过补贴减收保费、受托贷款贴息，实现代偿补偿）原则，积极开展再担保服务。同时，再担保公司还可以开展创新性担保、短期资金运作等业务，建立起以政策性金融支持为目标，多渠道、全方位的综合性金融服务业务体系。

（二）成立北京信用担保业协会

北京信用担保业协会于2000年11月12日由北京地区担保机构、协作银行和个人自愿联合发起成立的。北京信用担保业协会的业务范围有以下9项：（1）受政府授权或委托，开展北京地区信用担保业调查、研究，结合实际向市政府有关部门提出政策意见和建议；（2）宣传贯彻国家及北京市有关信用担保行业的方针、政策与法规，制定信用担保行规、行约；（3）调查研究中小企业融资中的主要问题，向担保机构提出意见和建议；（4）参与北京市中小企业信用担保体系建设工作；（5）收集、整理担保信息和企业融资要求，定期向会员及有关单位发布、沟通市政府与会员单位之间的信息；（6）反映会员单位的要求和意见，协调会员单位的关系，维护会员单位的合法权益；（7）为会员和企业提供咨询服务，培训交流；

(8) 开展与海外担保业的合作交流；(9) 承担北京市中小企业担保监管联席会议办公室授权和委托的有关工作。

同时，北京市政府出台了《北京市中小企业信用担保监督管理暂行办法》，一方面提出了对担保机构的规范要求，明确了监管部门；另一方面明确了注册担保公司的必备条件，取消了繁杂的审批手续，设立了门槛，敞开了大门，促进了担保机构的发展。

三、上海市政府担保体系及运行分析

(一) 上海市政府担保体系

上海市政府担保主体是上海市采取各级财政出资建立财政预算安排的共同担保基金，集中委托专业机构管理的模式。上海市中小企业担保基金是市、区县两级财政共同出资 7 个亿。其中，市财政局出资 4 亿元，20 个区县财政共出资 3 亿元。同时，一部分区县还建立了小规模财政担保基金作为共同担保基金的补充，为一些微型小额贷款提供担保。目前，上海市财政共同担保基金是全国最大规模的财政出资的中小企业担保基金。

(二) 上海市政府担保体系运行特点

上海市政府担保体系运行具有以下特点：

1. 委托专业担保机构运作和管理共同基金

由于专业担保业务在我国还处于发展的初级阶段，担保专业人才短缺。为了利用专业人员，实现政企分开，市财政局委托中国经济技术投资担保有限公司上海分公司（以下简称中投保上海分公司）管理和运作共同担保基金，政府与专业担保公司签订委托管理协议。

2. 建立出资人之间的利益和风险分摊机制

担保基金的决策以担保公司为主。区县政府负责提供被担保企业的资信证明，具有担保项目的推荐权和否决权；中投保上海分公司最终决定是否担保。市财政部门基本不参与担保项目的决策过程，主要负责制定担保基金管理和运作规则，与受托担保机构签订合同，通过规范共同基金的运作机制来实现扶持中小企业发展的政策目标。担保责任由市财政与区县财政共担，并突出了市财政对高新技术企业的扶持。当发生担保代偿时，对一般中小企业，市财政和区财政各承担50%的责任；对高新技术企业，市财政担负60%的代偿责任，企业所在的区县财政承担40%的责任。根据市区县各自承担的风险比例分配担保费收入，盈余部分提取坏账准备金。

3. 市财政局与中投保上海分公司签订委托管理协议

《上海市小企业贷款信用担保资金委托管理协议》中明确规定，中投保上海分公司作为担保资金的日常管理机构，具有以下几方面主要职责：中投保上海分公司以政府的产业政策为导向，支持中小企业发展，不以营利为目的；严格按照上海市财政局制定的《关于小企业贷款信用担保管理的若干规定》和经批准的年度工作计划规范操作担保业务，接受上海市财政局的稽核、监督和检查；负责具体实施经上海市财政局批准的有关资金增值部分的分配和亏损弥补、核销呆账和坏账、变更资金规模的方案，并接受其稽核、监督和检查。

4. 担保审批程序规范透明，防止政府行政性干预

中投保上海分公司的中小企业担保审批程序是：第一步，企业向银行申请贷款；第二步，银行审查贷款要求。银行有意贷款，但需要担保的报给担保公司；第三步，按企业所在区县分别考核企业的信誉。由于大部分中小企业都是区县企业，企业所在区县财政局分管部门负责审查企业的纳税和财务情况，区县财政局根据审查结果签署同意推荐或不推荐意见。第四步，担保公司进行综合平衡，决定是否给予担保；第五步，担保公司与贷款银行签订保证合同。随着担保业务的开展，担保公司和银行的经验增加，为了规范和简化担保程序，方便中小企业，担保程序进行了改进。一方面，担保项目审查方式发生变化。由原来的财政、担保公司和银行分别审查，转变为授信担保和专项信用担保。另一方面，放松了反担保规定，由过去50万以下的免除反担保，提高到200万元以下免除反担保。但有些区县对部分企业要求提供反担保。

5. 与有关银行建立贷款担保协作网络

上海市财政局、中投保上海分公司现已与10家商业银行建立了贷款担保合作关系，联合开展授权贷款信用担保和专项贷款信用担保。在全市共设立了200个贷款担保受理点，方便了小企业，简化了贷款信用担保的操作程序。

上海模式主要有以下优点：首先，集中分散的资金，扩大担保基金盘子。目前，各级政府出资的担保机构面临的一个主要问题是分散出资导致每个基金规模较小，担保机构很难靠保费保持收支平衡。上海的模式解决了小规模分散出资的问题。其次，有利于实行政企分开，减少政府干预，发挥专业人员的作用，提高担保质量。最后，有利于引入竞争机制。实行委托管理，可以通过竞争招标的方式选择有信誉、业绩好的专业担保机构来管理和运作基金。

目前上海构筑了信用担保的三个网络：由市财政与区县财政部门联手，与上海银行、民生银行、建设银行、农村信用社联社等10家商业银行建立贷款担保协作网络，在全市设立了250多个担保贷款受理点；由市、区县两级财政建立担保资金网络；由专业担保机构会同有关部门、社会团体和中介机构等，建立贷款担保需求信息网络。与此同时，进一步完善了两个机制：市与区县财政出资建立的担保资金配套机制；担保资金与银行贷款的放大机制。截至2001年年底，上海运用财政出资设立的贷款担保资金，已为中小企业实施担保贷款项目3177个，担保贷款总额累计达52亿元，在国内率先建成了中小企业贷款信用担保体系。

四、深圳市政府担保体系及运行分析❶

深圳市中小企业信用担保体系的建设，始于1999年12月28日深圳市中小企业信用担保中心的挂牌成立，该中心2000年被列入全国中小企业服务体系建设试点范围。经过几年的努力，深圳市已形成“一体两翼”的中小企业信用担保体系，其中“一体”指的是由政府投资建立的以政策性担保业务为主的信用担保机构，即深圳市中小企业信用担保中心；“两翼”指的是民间资本或外资设立的营利性和社团性的信用担保机构。

深圳市中小企业信用担保中心是深圳中小企业信用担保体系中最早、也是最为重要的政策性担保机构，其运作模式如下：

（1）性质。是深圳市人民政府批准设立的事业法人单位，依法注册，自主经营，实行监管会领导下的主任负责制，坚持企业化管理、市场化运作，不以赢利为主要目的，独立承担民事责任。

（2）资金来源。担保中心由市财政投资2.2亿元人民币，注册资本2亿元人民币。

（3）担保对象。在深圳市注册成立的各类所有制中小企业，不论出身，一律实行国民待遇；对符合国家产业政策、成长性强、发展潜力大的生产型、科技型企业给予重点支持。

（4）初步受理条件。申请企业要求有市场、信誉好并最好具有一年以上的经营业绩；申请贷款一般为短期（一年以内）人民币流动资金贷款，或两年期的技术改造资金贷款担保，不承担外汇贷款担保。

（5）组织机构。组织机构设置中最高的监控中心是监管会，业务的具体运作由担保体系主任下设的资信评估部、担保业务部、风险管理部、综

---

❶ 赵尚梅，陈星．中小企业融资问题研究［M］．北京：知识产权出版社，2007：223－224.

合业务部来执行。

从风险管理的角度出发，深圳市政府担保体系现已形成，从严格的企业资信评估和贷款项目审核到担保中心、银行和企业三方责任分担，再到担保后跟踪管理等一套完备的事前、事中、事后控制制度均已建立。

五、我国政府担保体系及运行中存在的问题

（一）政府担保相关的法律不健全

近几年，中央和各级地方政府虽然陆续出台了一些有关企业担保的政策及管理办法，但在担保业的法律制度的建设方面力度仍显不足。一是目前我国除 1995 年颁布的《担保法》以外，没有其他法律法规为担保机构提供专门的法律依据和保障。而且现行的《担保法》主要致力于规范担保行为而非担保机构，侧重于保护债权人利益，对保证人的权益保护不够，同时规定担保的范围较宽，还要求保证人承担连带责任。这样，虽然《担保法》规定选择保证的方式有一般保证和连带保证两种，但是几大商业银行统一规定，分支机构无权更改的格式化保证合同规定一律采用连带责任作为唯一的保证方式，保证机构完全处于被动地位，法律的不完善无疑加大了担保的风险。二是担保机构的发展与部分法律条款有冲突。三是担保机构风险金的提取无章可循。担保行业是新兴行业，也是高风险的行业，建立一定的风险补偿机制是必要和合理的。财政部对中国经济技术投资担保公司提出了提取风险准备金的标准，即按照业务收入的千分之一到千分之五提取风险准备金，但对其他担保公司如何提取风险准备金没有作明文规定。对担保体系的进一步发展较为不利。

（二）政府担保机构本身缺乏规范

一是担保机构管理分散化，规模过小。从各地区来看，由于各地经济

发展状况千差万别，政府领导认识不一致，发起部门各异，因而担保机构的分布呈现出高度分散化的趋势。担保机构的主管部门有的是政府，更多的是相关部门如经贸委、财政局、乡镇企业局、工商联等。各机构的章程、担保办法是各搞一套，管理体制也各不相同。如华东地区一个城市按主管系统不同分别设立了工业担保中心、流通担保中心、外资担保中心、乡企担保中心等6个中小企业信用担保机构，其中有的中心已发生上千万元的代偿损失。在地方政府财力本来就有限的情况下，又分散出资，不可避免地造成担保机构普遍规模过小。

二是担保对象的选取没有针对性。企业的发展阶段可分为初创期、成长期、成熟期，政府担保计划应重点针对初创期的企业。企业在初创期缺乏资金且资信尚未形成，正需要政府担保获得贷款。因此，政府担保计划不能仅通过“技工贸收入”、“销售额”来判断是否予以担保，另外初创期的企业由于资信尚未形成，不能因此而判定其信用级别不高而不予担保，应以企业发起人的信用而不是以企业的经营业绩作为资助的考核标准。此外，一些地方政府为维护其资金安全性，节约财政投入成本，在组建担保基金的同时制定了一系列过于严苛的反担保规定，即中小企业在申请担保基金时必须提供一定的抵押或质押作反担保。这样，担保基金理应支持的中小企业由于企业能力问题无法提供反担保，从而不能申请到担保基金的资助，使得担保基金的服务对象变成了有一定资产规模和市场占有率的企业，丧失了政府设立担保基金的实质意义。

三是担保机构缺乏专业人才，内部管理混乱。由于我国过去专业担保机构少，近年担保机构的迅速扩张使得本来就稀缺的担保人才更加短缺。而且，由于我国目前尚没有建立担保从业资格准入制度和失信惩罚制度，造成了现有从业人员能力和素质偏低。不少地方政府出资的担保机构由政府官员担任，不熟悉担保业务，运作不规范。从内部管理来看，很多担保机构缺乏规范的担保保证金制度、集体审核制度、风险内控制度、运行监测制度、代偿制度和债务追偿制度等，担保过程中存在行政指令担保、人情担保和拍脑袋担保等现象，使得担保机构信用度降低，风险加大。

（三）政府担保缺乏资金补偿机制

政府组建的担保机构承载着政府的政策导向，不以赢利为主要目标，收取的担保费用很低，且经营的范围受到诸多限制，多从事商业性担保机构不愿进入的高风险的科技型小企业或新兴企业，从而决定了它缺乏自身成长功能，需要政府财政的持续注资。目前，我国的政策性担保机构资金来源以各级地方政府财政资金和资产划入为主，但地方财政资金和资产划入大都是一次性的，且规模不大，缺乏后续资金注入及补偿机制。现有大多数商业性担保机构把高担保费作为资金补偿来源，部分担保机构按同期银行贷款利率的一半收取担保费，一些机构的担保费甚至更高。而在国际上大多数国家的担保费一般为1%左右，法国为0.6%，我国台湾地区和香港特区仅为0.5%。由于政府担保机构缺乏资金补偿机制，使其承保能力弱、展业困难，从而一旦发生代偿就有财务亏损或破产的危险。

（四）政府担保缺乏风险分散机制

中小企业信用担保行业是国际公认的高风险行业，它在对收益放大的同时也在对风险进行同步放大。科技型企业经营本身亦具备较高的风险性，其信用担保更是相当于将多重风险叠加。在担保体系运行过程中，由于受保企业—银行—担保机构—政府这一关系链所涉及各方之间的信息不对称，容易引发“委托—代理”、“逆向选择”和“道德风险”问题，进而导致诸多潜在风险转化为现实风险，并通过该传导链条将风险扩散。对于政府的政策性担保机构或准政府的担保机构来说，这个问题更为突出。政府在与政策性担保机构之间的委托代理关系中扮演出资人的角色。政府期冀通过注资能使财政资金发挥政策杠杆作用，但在资金的具体运作方面政府却并不具备信息优势。因此在这一委托—代理关系中，政策性担保机构接受企业的担保委托要求，在收取了一定费用的同时亦承担了部分风险。一旦受保企业违约，担保机构的潜在代偿风险最终转化为实际代偿风险，信用担保异化为财政担保。政策性担保机构的或有债务就会变为现实债务，政府则需不断弥补此资金缺口。此外，由于政策性担保的运作考虑的不只是商业利益而是社会利益，因此其代偿率一般高于商业性担保，这也将增加经营者道德风险的发生。

一般来说，为了分散和规避风险，担保机构不是进行全额担保，而是根据贷款规模和期限进行一定比例的担保，在担保机构和银行之间分散风险。根据国际经验，担保机构承担责任的比例一般为70%～80%，其余部分由协作银行承担。而我国由于缺少明确的制度规范，在政府的担保体系运行中，许多银行都将中小企业的贷款风险转嫁给了担保机构，不少政府担保机构甚至被迫承担了100%的信贷风险。目前，绝大多数担保机构，尤其是商业担保机构一般是寻求反担保条款来分散风险，或者是提高担保收费转移风险。而中小企业的贷款之所以需要专门的担保机构，就在于他们自身信用低，缺乏合格的担保品，也很难找到非金融中介的担保人，而担保机构过多的反担保要求，增加了中小企业申请担保的难度，降低了融资效率，不利于解决中小企业贷款难的问题，也违背了建立中小企业政府信用担保体系的宗旨。

（五）政府担保缺乏退出机制

像风险投资一样，政府担保也是促进中小企业特别是创新型企业在初创期发展的暂时手段。风险投资的最终目的是要赢利，而赢利的最终手段是风险投资的退出。因此，退出机制是风险投资的重要环节。政府担保虽不像风险投资那样是营利性的，但在企业发展的成长阶段、成熟阶段，政府担保的作用是微弱的甚至可以说是有阻碍作用的，只有退出才能使企业更好地发展，才能使政府担保发挥其应有的作用。目前由于我国政府担保体系发展尚不完善，各地政府目前都在着眼于政府担保的有效作用，而忽略了政府担保未来的退出。正确认识政府担保的退出才能正确发挥政府担保的作用。

第四节　完善我国政府担保体系的对策建议

一、建立健全政府担保的相关法律法规

任何行业的产生、发展都需要有利的政策促进以及行业规范。政府担保不但具有高风险性，而且具有很强的政策性，尤其需要专门的法律法规来加以规范和指导。我国目前没有专门针对政府担保的法律，《担保法》对政府担保没有多少规定，对各地政府的担保体系缺乏统一的指导。政府担保仅仅依据《担保法》还不足以解决政府担保运行中存在的问题，可考虑出台专门针对政府担保的相关法律。国际上一些政府担保体系运行比较成功的国家或地区都有一套专门的法律。如日本的《中小企业信用担保协会法》、《中小企业信用担保保险公库法》等，对信用担保业务操作中的问题给予了明确的规定。

二、明确政府责任，建立科学的经营机制

（一）政府要切实履行作为出资者的职责

一方面，政府应减少不必要的行政干预，确保政策性担保机构独立的市场主体地位，防止政策性担保成为政府变相干预银行贷款的新手段。另一方面，政府应切实履行《公司法》和《担保法》中关于股东的相关权

责，建立完整的资信评级和监督考核机制。借助资信评级，既能促使政策性担保机构有效经营、控制风险，又能让政策性担保的合作者得到担保机构的客观、公正的信息，维护担保市场的公信力，防止担保风险。同时也要实行必要的考核奖罚制度，既要考核担保机构的运行情况和风险状况等，也要考核被担保企业的利税增加额，通过担保起到对产业结构的调整、对社会宏观经济的促进作用等。对社会效益好、运行管理规范的政策性担保机构给予一定的奖励，以激励担保机构把担保业务做优、做强。对于运作状况不好的政策性担保机构应要求在限定期限内进行整改。

（二）担保机构要建立起科学的经营决策机制

鉴于担保的高风险性，通过科学决策控制风险成为政策性担保机构的核心问题。为了防止不合理的项目运作行为的发生，政策性担保机构应该引入相关专业的行家里手，建立在保项目风险预警系统和健全的内部控制制度，形成科学合理的经营决策模式。在这个模式下实现政策性担保机构自主决策、发挥专家群体作用及对项目作充分可行性论证。只有这样，才能真正实现政策性资金的法人化管理和市场化运作，提高项目决策水平，将风险控制在较低水平。

（三）加强担保业人才的培养

加强担保业人才的培训，提高担保队伍素质，以满足担保机构经营与发展对人力资本的需要，是当前我国担保业发展的一项紧迫任务。国家应当着眼于担保业的长远建设，依靠政府有关部门、高等院校和行业协会等，对现有担保机构的人员进行担保业务培训和知识更新，同时向国外担保业发展比较成功的国家学习，利用外力发展自己。

三、建立政府担保机构的资本金补充机制

从担保市场需求、供给能力以及规模经济效益角度看，担保机构在发

展到一定阶段后，需要资本金的扩充。按照政府有关部门的统计口径，我国的中小企业数量占全国整个企业数量的90%以上。中小企业在产业结构调整、促进国民经济发展、增加就业供给和稳定社会局势方面有着越来越重要的地位和作用。但是，中小企业特别是科技型中小企业的融资渠道不畅始终没有解决，阻碍了中小企业的进一步发展和产业结构的调整。

面对中小企业巨大的融资需求市场，政府担保机构有必要进一步追加资本金以满足日益增长的担保需求。专业担保机构主要是靠自身的信用即大于其本金若干倍的信用能力来为中小企业的银行贷款提供担保。而担保机构的信用包括了履约意愿和履约能力两个方面。担保机构拥有良好的社会信誉和履约意愿是与银行合作的前提条件，而担保机构具备充足的资金实力和较高的识别防范风险能力是与银行合作的基础。从全国平均水平看，目前银行可以接受的担保机构放大倍数不会超过5倍。这意味着当担保机构的担保规模达到其本金的5倍时，就很难继续增加了。另外，担保机构只有在资本金扩充到一定程度、担保规模达到一定量级时才能发挥出规模经济效益，才有可能具备实现自负盈亏、良性循环的条件。担保机构的资本金扩充应该达到这样理想的平衡点，即在满足中小企业一定规模的贷款担保需求情况下，担保机构依靠保费收入和安全性投资收益可以基本保证正常的经营性开支并通过提取的风险准备金自我弥补代偿损失。

从长远发展看，担保机构应该通过自我努力来开拓资本规模扩充的有效途径。这些途径包括：吸引社会资本甚至外资的股权性投入、通过经营活动获取的利润转增资本以及各种机构或个人的捐赠等。但是近期看，由于绝大部分担保机构都是政府出资设立、以政策性扶持中小企业融资担保为主要经营目的，依靠自身经营来扩充资本的能力有限，因此在担保机构发展的初期，政府建立法律制度框架下的资本金补充机制是十分必要的。可以考虑通过制定地方性法规规定各级政府将财政预算超收（增收）的一定比例用于补充政府担保资金。也可以考虑在预算安排中将科技资金和企

业技改资金一定比例用于补充政府担保资本金。

四、建立政府担保的风险补偿机制

在建立了资本金补充机制后，也应该考虑为担保机构设立风险有限补偿机制。这是因为目前政策性担保机构在保费费率和投资方面受到政府政策规定的严格限制。而面向中小企业的融资担保又被普遍认定为是风险最大的担保业务，所以担保机构的收益与其所承担的风险十分不相称。如果没有适当的风险补偿机制，担保机构的担保本金有可能被侵蚀，担保能力会减弱，银行对担保机构的信任度会降低。与资本金补充机制相同，从政府担保机构长远发展看，应该建立担保机构风险自我补偿机制，以最终实现自负盈亏的发展目标。为担保机构设置风险有限补偿机制可以考虑如下几种方式：

第一，建立担保和再担保两层信用补偿机制。在这种机制下，担保机构直接面对中小企业，通过对中小企业进行信用风险分析评价为他们提供贷款担保。再担保机构直接面对担保机构，通过与担保机构签订再担保协议，在协议中明确双方的权利和义务来为担保机构提供一定比例的再担保或称为一定比例的风险补偿。这种两层担保机制既适当增加了担保机构的担保放大倍数、有利于担保规模的扩大，又分散了担保机构的部分风险。

当务之急，是要建立中央、省两级的再担保体系。首先，建立全国性中小企业信用再担保机构。中央政府应当尽快成立类似于美国中小企业局的专门负责该类型企业事务的管理机构，由它筹建全国性中小企业担保机构的设立，并在全国设立分支机构。全国性中小企业再担保机构原则上不为具体中小企业提供担保，但对于高风险与高发展并存的科技型企业集群可以有选择性的予以担保。其次，建立省级中小企业再担保机构，由省级政府出资负责组建。省级再担保机构主要提供再担保业务，并与财政等部门配合监管。目前，省级再担保机构已在我国部分省区建立，但并非大规模存在。地市级政府不设立再担保机构，仅建立中小企业信用担保机构，由各级地市政府出资组建，直接提供担保行为，并从省级再担保机构获得再担保。

第二，直接为政府担保机构设立风险有限补偿基金。中央和地方财政部门可以设立专项基金，专门用于为担保机构提供有限的风险补偿。如同再担保方式一样，风险有限补偿基金只有在满足了一定条件后才能被担保机构使用。目前，有些地方政府已对政府担保机构的风险补偿提出了政策，例如，北京市财政局于 2001 年颁布了《中关村科技园区信用担保机构风险有限补偿暂行办法》，暂行办法中规定，当担保机构上年度的代偿率不超过 6% 时，担保机构先用其预提的风险准备金进行自我补偿，自我补偿不足的部分由财政来补。同时，暂行办法还在担保对象、担保用途、担保平均额度以及代偿追偿等方面对担保机构作出了明确的规定。2002 年 2 月上海市促进小企业发展协调办公室出台了《上海市小企业贷款担保机构损账补贴暂行办法》，规定损账补贴对象是以小企业贷款担保为主要服务内容的互助性担保机构。补偿的方法是：按照“鼓励社会资金参与，合理分担担保风险”的原则，确定损账补贴的比例。2003 年 9 月杭州市经济委员会和杭州市财政局印发了修改后的《杭州市中小企业信用担保机构担保代偿损失补偿暂行办法》，补偿的方法是：担保代偿损失补偿按每个担保项目的实际代偿损失额的一定比例给予补偿，具体比例区分不同情况而定。上述这些地方政府的政策都未解决为担保机构的风险补偿建立持续性的补偿资金的来源问题。中央政府、省级政府和地市级政府应该分别建立政府担保机构风险补偿基金，专门用于本级政府担保机构的风险补偿。

五、建立有效的政府担保退出机制

（一）退出的时机

政府担保是在出现市场失灵时，政府干预市场的一种手段。政府担保

的退出即是政府从干预市场的行为中退出。随着市场经济的发展，当这种“市场失灵”通过市场自身的力量可以解决时，政府担保就没有存在的必要性了。当然，这并不是说政府担保应该彻底退出，而是从一个领域退出，转而投向另一个领域。退出的原因有两个方面：一是政府担保已解决了该领域的问题；二是出现了一种更有效的手段（通常是市场手段）可以代替政府担保解决问题。政府担保的退出的时机可从以下几个方面选择：

1. **达到了预定的产业政策目标**

正如前面所说，各地区的政府担保体系是根据各自的产业发展需要制定的。当政府担保达到其预定的产业政策目标时，就可以从这个领域退出，而投向另外一个领域。这表现在两个方面：一是，由于政府担保的对象主要是中小企业，当中小企业不断发展壮大，信用资质得以改善，自身融资能力得以提高时，政府担保就达到了其预定的政策目标；二是，对于风险投资的担保来说，政府担保随着风险投资的退出而退出。

2. **商业担保日趋完善**

担保是一种经济行为，只有当市场使用这种手段时，担保才能发挥它的最大效用。商业担保是市场配置资源的一种手段。目前，商业担保的发展尚不完善，主要是因为：一是我国商业担保起步较晚；二是我国没有形成一个良好的社会信用环境，没有建立一个良好的信用担保体系，在这种背景下，带有高风险特征的商业担保是很难发展起来的。商业担保对于担保机构、被担保对象、银行和政府来说都是有利的。商业担保机构在利益的驱动下，会对担保对象进行严格的审核，制定合理的风险分担比例，为了取得和银行的长期合作，会避免“道德风险”事件的发生。特别是，商业担保机构会运用市场化的方式来建立资金补偿机制，使之能够长久发展。此时，政府担保就有必要从商业担保涉足的领域退出，仅提供政策支持和引导，而投入到商业担保没有涉足的领域。

3. **证券市场日趋完善，社会资金配置合理**

完善的证券市场是使社会资金达到合理配置的有效手段。由于中小企业一般不被允许直接发行股票或债券，因此很难通过证券市场融得社会资金。随着经济的发展，证券市场会不断得到完善，更多的中小企业可以通过证券市场融资，政府担保就可以从中退出而投向那些在证券市场融资困难的企业。

（二）退出的方式

政府担保的退出实际上是减少政府对市场的干预，而不是彻底的脱离市场，因此政府担保也不是彻底的退出。政府担保的退出包括从一些企业退出而投向另一些企业，也包括从一些地区退出而投向另一些地区。退出的方式可有以下几种：

1. **减少政府出资**

对于由政府组建，政策性运行的政府担保机构（包括担保基金组织），当其达到政策目标时，首先要减少政策性干预，采用市场化操作，根据融资市场的供给调配担保。其次，要减少政府资金的注入，广泛吸纳社会资金。

2. **改变担保对象**

由于政府担保具有明显的政策性，其担保对象的选择也是符合产业发展需要的，因此可以随不同时期政策的改变而改变担保对象。

3. **减少担保贷款额度**

随着证券市场的不断完善，企业融资能力的增强，政府担保可以通过降低担保贷款的额度逐渐从这些企业退出。

4. **通过和银行的合作退出**

政府组建的担保机构或担保基金在达到目标以后可以选择组建中小企业贷款银行或把资金注入到开放银行而退出。

（三）相应的配套措施

1. 给予商业性担保机构政策优惠

政府担保退出后对于商业性担保机构要给予政策支持。中小企业信用担保业风险高，收入低，需要国家给予必要的扶持。为体现政府的政策导向，落实《中小企业促进法》的有关规定，加快推进中小企业信用担保体系建设，建议在已对三批纳入中小企业信用担保体系的担保机构给予减免三年营业税的基础上，对符合条件的信用担保机构继续给予税收减免等政策支持，例如，可以在营业税、所得税等方面实行税收减免政策，减免税全额增补信用担保机构的资本；根据支持中小企业的力度，为政府参与的中小企业信用担保机构确定合理的代偿率，在此范围内产生的担保损失，政府财政可以适当予以补贴。

2. 发展风险投资业

风险投资是一种新型的中小企业融资方式。风险投资通过吸收社会上包括私人、保险公司、养老基金、企业等在内的资金组成风险投资公司（基金），将分散的资金积少成多地集中起来，组成更大的资金量，而后又通过风险投资公司（基金）对风险投资的成功运作，获得比投入高出许多的收益。风险投资的对象虽然是具有较高风险的项目或企业，但风险投资的资金来源是多元的，这样其项目或企业的风险就由各个投资者分担了，另外，风险投资公司采取组合投资的形式，从而降低与分散了风险投资的运作风险。风险投资为高科技产业的创立期、扩展期提供资金，同时参与企业管理、协助经营、分担创业风险，为企业创造良好的环境，是一种有效的企业融资方式。

3. 发展中小板市场

中小板市场即二板市场一般是指中小企业的市场、小盘股市场、创业股市场，是在服务对象、上市标准、交易制度等方面不同于主板市场的资本市场，是交易所主办市场之外的另一证券市场，其主要目的是为新兴中小企业提供集资途径，帮助其发展和扩展业务。主板市场对企业上市资格要求严格，对于那些刚刚步入扩张阶段和稳定成熟阶段的小型高科技企业来说，存在难以逾越的障碍，不可能通过主板市场获得急需的资金。中小板市场的开设将会弥补主板市场的不足，为新兴中小型企业提供新的融资渠道。

主要参考文献

一、著作

[1] William Petty. Political Arithmetic [M]. 陈东野译. 北京：商务印书馆，1928.

[2] 阿瑟·刘易斯〔美〕. 二元经济论 [M]. 北京：北京经济学院出版社，1989.

[3] 艾伯特·赫希曼〔美〕. 经济发展战略 [M]. 北京：经济科学出版社，1991.

[4] 西蒙·库兹涅茨〔美〕（1923）. 现代经济的增长：发现和反映 [M] //现代国外经济学论文选. 第2辑. 北京：商务印书馆，1981.

[5] W. W. 罗斯托〔美〕. 从起飞进入维护增长的经济学 [M]. 成都：四川人民出版社，1998.

[6] 舒尔茨〔美〕. 报酬递增的源泉 [M]. 姚志勇等译. 北京：北京大学出版社，2001.

[7] M. 波特〔美〕. 国家竞争优势 [M]. 李明轩，邱如美译. 北京：华夏出版社，2002.

[8] M. 波特〔美〕. 竞争论 [M]. 高登北，李明轩译. 北京：中信出版社，2003.

[9] H. 钱纳里. 工业化的经济增长的比较研究 [M]. 广州：暨南大学出版社，1997.

[10] 约瑟夫·阿洛伊斯·熊彼特 [美]. 经济发展理论 [M]. 北京：商务印书馆，1990.

[11] 爱德华·肖〔美〕. 经济发展中的金融深化 [M]. 上海：上海三联书店，1988.

[12] 雷蒙德·W. 戈德史密斯〔美〕. 金融结构与金融发展 [M]. 上海：上海人民出版社，1996.

[13] 罗纳德·麦金农〔美〕. 经济发展中的货币与资本 [M]. 上海：上海三联书店，1997.

[14] 休·T. 帕特里克〔美〕. 欠发达国家的金融发展和经济增长 [M]. 北京：商务印书

馆，1991.

[15] 潘强恩，马传景. 经济结构与经济增长［M］. 北京：经济科学出版社，1998.

[16] 张培刚. 发展经济学教程［M］. 北京：经济科学出版社，2001.

[17] 吴敬琏. 中国增长模式抉择［M］. 上海：上海远东出版社，2005.

[18] 孙福全. 产业结构调整微观论［M］. 北京：中国经济出版社，2006.

[19] 冯梅，陈志楣. 北京信息服务业发展问题研究［M］. 北京：经济科学出版社，2007.

[20] 王伟光. 自主创新、产业发展与公共政策——基于政府作用的一种视角［M］. 北京：经济管理出版社，2006.

[21] 林毅夫. 自力更生、经济发展与转型现［M］. 北京：北京大学出版社，2004.

[22] 许正中. 高新技术产业：财政政策与发展战略［M］. 北京：社会科学文献出版社，2002.

[23] 科学技术部专题研究组. 我国产业自主创新能力调研报告［M］. 北京：科学出版社，2006.

[24] 周冯琪. 产业结构调整的关键因素［M］. 上海：上海人民出版社，2003.

[25] 喆儒. 产业升级——开放条件下中国的政策选择［M］. 北京：中国经济出版社，2006.

[26] 江小涓. 体制转轨时期的产业政策［M］. 上海：上海人民出版社，1999.

[27] 周冯琪. 产业结构调整的关键因素［M］. 上海：上海人民出版社，2003.

[28] 洪银兴等. 经济增长方式转变研究［M］. 南京：南京大学出版社，2000.

[29] 郭克莎. 结构优化与经济发展［M］. 广州：广东经济出版社，2000.

[30] 张杰，高晓红，李宏瑾. 全球经济演进：结构、逻辑与中国因素［M］. 北京：中国人民大学出版社，2007.

[31] 安顿·沙赫. 促进投资与创新的财政激励［M］. 北京：经济科学出版社，2000.

[32] 苑广睿. 促进产业结构调整的财政政策［M］. 北京：中国财政经济出版社，2004.

[33] 国家税务总局政策法规司. 中国税收政策前沿问题研究（第三辑）［M］. 北京：中国税务出版社，2006.

[34] 龚辉文. 促进可持续发展的税收政策研究［M］. 北京：中国税务出版社，2005.

[35] 许正中，靳万军，时红秀. 面向二十一世纪的中国税收［M］. 北京：国家行政学院

出版社，2005.

[36] 朱承斌. 税收优惠的经济分析［M］. 北京：经济科学出版社，2005.

[37] 刘常勇. 科技创新与竞争力——建构自主创新能力［M］. 北京：科学出版社，2006.

[38] 楼继伟. 政府采购［M］. 北京：经济科学出版社，1998.

[39] 刘小川，王庆华. 经济全球化下的政府采购［M］. 北京：经济管理出版社，2001.

[40] 黄少军，何华权. 政府经济学［M］. 北京：中国经济出版社，1998.

[41] 杨灿明，李景友. 政府采购问题研究［M］. 北京：经济科学出版社，2004.

[42] 陈志楣，杨德勇. 产业结构与财政金融协调发展战略研究［M］. 北京：中国经济出版社，2007.

[43] 吴晓求，赵锡军，瞿强等. 市场主导与银行主导：金融体系在中国的一种比较研究［M］. 北京：中国人民大学出版社，2006.

[44] 梅强等. 中小企业信用担保理论、模式及政策［M］. 北京：经济管理出版社，2002.

[45] 陈文晖. 中小企业信用担保体系国际比较［M］. 北京：经济科学出版社，2002.

[46] 王小兰，赵弘. 中关村发展蓝皮书：突破融资瓶颈——民营科技企业发展与金融创新［M］. 北京：社会科学文献出版社，2006.

[47] 卢文鹏. 经济转型中的政府担保与财政成本［M］. 北京：经济科学出版社，2003.

[48] 孔曙东. 国外中小企业融资经验及启示［M］. 北京：中国金融出版社，2007.

[49] 陈乃醒. 中国中小企业发展与预测［M］. 北京：中国财政经济出版社，2003.

[50] 赵尚梅，陈星. 中小企业融资问题研究［M］. 北京：知识产权出版社，2007.

[51] 张陆洋，刘崇兴，范建年. 风险（创业）资本市场研究［M］. 上海：复旦大学出版社，2007.

[52] 张元萍. 创业融资与风险投资［M］. 北京：中国金融出版社，2006.

[53] 武巧珍，刘扭霞. 中国中小企业融资——理论·借鉴·融资体系的建立［M］. 北京：中国社会科学出版社，2007.

[54] 刘常勇. 科技创新与竞争力——建构自主创新能力［M］. 北京：科学出版社，2006.

[55] 辜胜祖，徐绪松. 政府与风险投资［M］. 北京：民主与建设出版社，2001.

[56] 孙厚军．中小企业信用担保［M］．杭州：浙江大学出版社，2003.

[57] 刘新来．信用担保概论与实务［M］．北京：经济科学出版社，2003.

[58] 王铁军．中国中小企业融资28种模式［M］．北京：中国金融出版社，2004.

[59] 陈乃醒．中小企业信用担保［M］．天津：南开大学出版社，2004.

[60] 杨娟．中小企业融资结构：理论与中国经验［M］．北京：中国经济出版社，2008.

[61] 辜胜祖，徐绪松．政府与风险投资［M］．北京：民主与建设出版社，2001.

[62] 中国投资担保有限公司．2008中国担保论坛［M］．北京：中国财政经济出版社，2009.

[63] 任曙明，郑洋，张婧阳．科技型中小企业资本结构决策与融资服务体系［M］．北京：科学出版社，2010.

[64] 周叔莲，裴叔平，陈树勋．中国产业政策研究［M］．北京：经济管理出版社，1990.

[65] 王洛林．中国战略机遇期的经济发展研究报告［M］．北京：社会科学文献出版社，2005.

二、论文

[1] 林毅夫，苏剑．论我国经济增长方式的转变［J］．管理世界，2007（11）.

[2] 郭玉清．内生创新增长理论研究评述（上）［J］．经济学动态，2007（8）.

[3] 安体富，郭庆旺．内生经济增长理论与财政政策［J］．财贸经济，1998（11）.

[4] 谢伏瞻．经济结构战略性调整的方向与政府作用［J］．经济学动态，2000（12）.

[5] 占建芹，孙仁宏．促进科技进步的财政税收政策选择［J］．经济研究参考，2003（4）.

[6] 张清山，张金成．高技术企业风险投资的财政政策探析［J］．科学管理研究，2009（2）.

[7] 戴晨，刘怡．税收优惠与财政补贴对企业R&D影响的比较分析［J］．经济科学，2008（3）.

[8] 杨克泉，吕立伟，李晶．促进企业技术创新的财税政策变迁及未来取向［J］．经济纵横，2008（10）.

[9] 房汉廷，张缨．中国支持科技创新财税政策述评（1978—2006年）［J］．中国科技论

坛，2007（9）.
[10] 华国庆. 我国科技自主创新机制完善的税法研究［J］. 安徽大学法律评论，2007（2）.
[11] 甘行琼，尹磊，薛佳. 促进高新技术企业自主创新的财税政策［J］. 财政研究，2008（4）.
[12] 曲顺兰，路春成. 完善财税政策 促进自主创新［J］. 财政研究，2006（5）.
[13] 张平. 鼓励自主创新的财税政策的国际比较与启示［J］. 江苏商论，2008（6）.
[14] 丁小义，潘申彪，余红娜. 政府直接资助与浙江省企业 R&D 投入分析［J］. 科学学研究，2007（12）.
[15] 董再平. 支持我国科技自主创新的税收政策探讨［J］. 税务与经济，2007（1）.
[16] 刘艳. 论促进企业增加研究开发投入进行自主创新的财税政策［J］. 经济研究导刊，2008（18）.
[17] 谢富纪，王旭东. 构建科技自主创新财税政策体系［J］. 东岳论丛，2008（6）.
[18] 夏杰长，尚铁力. 自主创新与税收政策：理论分析、实证研究与对策建议［J］. 税务研究，2006（6）.
[19] 杨绍媛. 我国促进科技创新的税收政策及其评价［J］. 涉外税务，2006（6）.
[20] 罗宏斌，赵彬. 企业技术创新的税收政策研究［J］. 涉外税务，2006（6）.
[21] 毕秋丽. 促进科技进步的税收政策探讨［J］. 税务研究，2004（10）.
[22] 深圳市国际税收研究会课题组. 促进企业自主创新的税收激励政策研究［J］. 涉外税务，2006（12）.
[23] 张志东. 高新技术产业发展的税收优惠政策选择［J］. 中国审计，2006（8）.
[24] 潘明星. 促进企业自主创新的税收政策研究［J］. 山东财政学院学报，2006（6）.
[25] 赵志耘. 促进自主创新的税收政策——（实施〈国家中长期科学与技术发展规划纲要（2006—2020 年）〉的若干配套政策）的税收政策分析［J］. 中国税务，2006（5）.
[26] 中国税务学会学术研究委员会第一课题组. 支持企业自主创新的税收政策研究［J］. 税务研究，2007（4）.
[27] 王保平. 基于自主创新战略下税收激励思考［J］. 税务研究，2007（4）.
[28] 李林木. 从国际比较看我国激励创新的税收政策选择［J］. 税务研究，2007（4）.

[29] 李文. 创新税收激励的国际比较与借鉴 [J]. 税务研究，2007 (4).
[30] 岳树民，孟庆涌. 构建税收激励机制提升企业自主创新能力和动力 [J]. 税务研究，2006 (6).
[31] 曹鉴燎. 世界各国高新技术产业税收政策比较与借鉴 [J]. 经济研究参考，2000 (59).
[32] 曾庆斌，何志静. 税制改革与产业结构优化 [J]. 暨南学报（哲学社会科学版），2005 (3).
[33] 李文. 税收政策对产业结构变迁的影响：需求角度的分析 [J]. 税务与经济，2006 (1).
[34] 彭月兰. 运用税收政策促进产业结构调整 [J]. 经济问题，2005 (9).
[35] 郭瑞祥. 我国税收优惠制度分析 [J]. 中国财经信息资料，2004 (22).
[36] 马海涛. 政府采购政策功能探析 [J]. 中国政府采购，2006 (1).
[37] 韩霞. 政府采购与高技术产业的发展 [J]. 财贸经济，2003 (11).
[38] 刘慧. 政府采购对科技创新具有巨大的推动作用 [J]. 中国政府采购，2005 (12。
[39] 徐焕东，罗兰. 我国政府采购制度完善中的重点问题研究 [J]. 中国政府采购，2007 (9).
[40] 杨小强. 政府采购对中小企业优先规定之评析 [J]. 现代法学，2006 (2).
[41] 袁杜鹃. 加入《政府采购协定》谈判中政府采购实体问题研究 [J]. 中国政府采购，2008 (1).
[42] 曹亮. 完善中国政府采购体制的国际经验借鉴与对策研究 [J]. 财政研究，2008 (11).
[43] 田晓萍.《政府采购协议》框架下我国政府采购立法之考量 [J]. 深圳大学学报，2008 (4).
[44] 魏龙，李雪.《政府采购协议》对我国政府采购制度的影响 [J]. 武汉理工大学学报，2006 (6).
[45] 干冀春，吕海平，王爱君. 我国政府采购政策功能的缺失及原因分析 [J]. 商场现代化，2009 (1).
[46] 邓乐元，成良斌. 技术创新取向的政府采购 [J]. 中国科技论坛，2003 (5).
[47] 伍艳红. 中小企业发展与税收 [J]. 中南法学学报（社会科学版），2004 (2).

[48] 傅进，吴小平. 金融影响产业结构调整的机理分析 [J]. 经济与金融，2005 (2).

[49] 胡翔海，梅声洪. 资本市场作用于产业结构调整的机制分析 [J]. 中山大学学报论，2007 (7).

[50] 李卫兵，胡红菊. 我国产业结构调整中的金融支持模式研究 [J]. 武汉金融，2008 (5).

[51] 尚美玲. 产融结合：企业融资渠道的新视角 [J]. 经济理论研究，2006 (2).

[52] 王春雷. 论政策性金融在经济增长中的作用——日本战后经济发展的经验与借鉴 [J]. 财经问题研究，1998 (7).

[53] 徐丹丹. 产融结合的理论分析 [J]. 学术交流，2006 (5).

[54] 徐佳宾. 经济发展、产业升级与市场形态 [J]. 财贸经济，2007 (3).

[55] 向君. 产业结构调整中的金融支持模式与政策选择 [J]. 时代金融，2007 (1).

[56] 张旭，伍海华. 论产业结构调整中的金融因素——机制、模式与政策选择 [J]. 当代经济，2002 (1).

[57] 韩慧敏. 产业结构调整中的金融支持 [D]. 中共中央党校博士学位论文，2006.

[58] 中国高新技术产业发展中的金融支持 [J]. 城市金融论坛，2001 (1).

[59] 郭建果. 我国风险投资税收激励政策研究 [D]. 厦门大学博士论文，2006.

[60] 单冰. 投资的关系型特征及其治理机制 [J]. 郑州航空工业管理学院学报（社会科学版），2007 (6).

[61] 朱福兴. 地方政府角色定位与风险投资模式选择 [J]. 徐州工程学院学报，2007 (5).

[62] 朱福兴. 地方政府角色定位与风险投资模式选择 [J]. 徐州工程学院学报，2007 (5).

[63] 巴曙松. 中国高新技术产业发展中的金融支持 [J]. 城市金融论坛，2001 (1).

[64] 黄明元. 我国风险投资存在的问题及对策 [J]. 现代企业，2007 (1).

[65] 陈工孟. 2008 年中国风险投资行业调研报告 [C]. 中国风险投资研究院，2009.

[66] 陈工孟. 2009 年中国风险投资行业调研报告 [C]. 中国风险投资研究院，2010.

[67] 张矢的，魏东旭. 风险投资中双重道德风险的多阶段博弈分析 [J]. 南开经济研究，2008 (6).

[68]《创新型企业成长的融资机制研究》课题组. 发展政府型担保机构促进高科技型中

小企业融资 [J]. 经济纵横，2009 (4).

[69] 欧阳康，李树根. 中小企业互助担保机构发展与政府行为问题探究 [J]. 企业经济，2004 (5).

[70] 李寅庚，李菁. 中小企业融资担保体系亟待解决的几个问题 [J]. 理论与实践，2001 (9).

[71] 苏旺胜，施祖麟. 信用担保制度提高信贷市场绩效的理论与方案 [J]. 清华大学学报（哲学社会科学版），2003 (1).

[72] 顾海峰，陈晓红. 我国中小企业信用担保体系所存在的制度性金融缺陷及对策研究 [J]. 工业技术经济，2008 (4).

[73] 王素莲. 论中小企业信用担保体系的组织取向 [J]. 当代经济研究，2005 (1).

[74] 贾康. 中小企业信用担保与财政资金的运用 [J]. 经济研究参考，2002 (48).

[75] 汪玲. 中小企业信用担保：他国的模式及借鉴意义 [J]. 国际经济合作，2005 (8).

[76] 周新玲. 科技型中小企业自主创新融资机制研究 [J]. 经济问题，2006 (9).

[77] 孙林杰，孙林昭，李志刚. 科技型中小企业融资能力评价研究 [J]. 科学学与科学技术管理，2007 (5).

[78] 王传东，王家传. 中小企业信用担保与政府关系的探讨 [J]. 华东经济管理，2006 (1).

[79] 王珊珊. 政府在中小企业信用担保体系中的法律地位探析 [J]. 经济问题研究，2007 (10).

[80] 王丽珠. 我国中小企业信用担保体系的国际借鉴——以日本为为例 [J]. 国际金融研究，2009 (7).

[81] 江曙霞，戴晓彬. 扶持科技型中小企业发展的国际经验及启示 [J]. 福建金融，2009 (1).

[82] 陈晓红，张卓琳. 中小企业信用担保机构的框架设计 [J]. 经济管理，2005 (5).

[83] 顾海峰. 金融交易中信用担保风险形成的外部机制研究 [J]. 金融理论与实践，2008 (7).

[84] 李明. 浅谈中小企业信用互助担保融资模式 [J]. 发展，2011 (1).

[85] 刘降斌，洪菲. 中小企业政策性担保机构存在的问题及对策分析 [J]. 商业经济，2010 (1).

[86] 杨腾，罗能生，谢里. 我国中小企业信用担保的财政支持及其效果初析 [J]. 经济与管理研究，2010 (1).

[87] 李志军，李富生. 促进政策性信用担保机构发展的财政政策研究——以北京市政策性担保机构为例 [J]. 经济与管理研究，2008 (5).

[88] 陈玉荣. 完善科技型中小企业融资体系研究 [J]. 理论探讨，2009 (4).

[89] 章敏. 对建立我国区域多元化信用担保体系的思考 [J]. 金融与经济，2008 (10).

[90] 徐慧贤. 加大贷款风险补偿，推动科技型中小企业融资 [J]. 北方经济，2009 (17).

[91] 狄娜. 推动担保业发展，服务中小企业 [J]. 银行家，2009 (5).

主要参考网站：

国家财政部网站：http://www.mof.gov.cn/index.htm

国家税务总局网站：http://www.chinatax.gov.cn/n480462/index.html

国家统计局网站：http://www.stats.gov.cn

国务院发展研究中心信息网：http://www.drcnet.com.cn

中国税务协会网站：http://www.chinatax.gov.cn

中国政府采购网：http://www.ccgp.gov.cn

中国担保协会网站 http://www.cncga.org

中关村国家自主创新示范园区网站 http://www.zgc.gov.cn

后 记

《产业结构调整中的财政金融支持体系建设》是作者承担的北京教委重点资助项目“北京市财政金融协调发展战略研究”子课题研究的后续成果。在课题的研究和本书的构思、写作过程中得到了北京工商大学科技处和经济学院领导的大力支持，为课题研究和本书的撰写提供了良好的条件。陈志楣教授、吴强副教授、郭毅副教授、徐振宇副教授对本书的思路和框架结构提出了宝贵的意见，郭纳、徐蒽、郭晓燕、赖金昌、张岳、龙花兰、范舟等研究生扎实、认真地进行了大量的调研、资料收集、甄别和整理工作，保证了课题研究和本书的撰写工作顺利进行。在本书付梓出版之际，借此机会真诚地感谢关心和支持我完成这本书的各位同仁。

本书得以出版，还要感谢知识产权出版社领导及责任编辑兰涛女士，他们为本书的出版付出了很多辛劳。

本书作为一项研究成果，难免有不足之处，敬请各位专家批评指正。

李友元

2011 年 7 月